读客文化

U0125351

# 讲透
# 资治通鉴 25

通篇大白话，拿起来你就放不下；
古人真智慧，说不定你一看就会。

华杉 著

江苏凤凰文艺出版社
JIANGSU PHOENIX LITERATURE AND
ART PUBLISHING

**图书在版编目（CIP）数据**

讲透《资治通鉴》. 25 / 华杉著. —— 南京：江苏
凤凰文艺出版社, 2024.1
　ISBN 978-7-5594-7996-9

　Ⅰ. ①讲… Ⅱ. ①华… Ⅲ. ①《资治通鉴》－研究
Ⅳ. ①K204.3

中国国家版本馆CIP数据核字(2023)第185342号

# 讲透《资治通鉴》. 25

华　杉　著

| | |
|---|---|
| 责任编辑 | 丁小卉 |
| 特约编辑 | 王晨睿　　李文结 |
| 封面设计 | 余展鹏 |
| 封面插画 | 张　遥 |
| 责任印制 | 杨　丹 |
| 出版发行 | 江苏凤凰文艺出版社 |
| | 南京市中央路165号，邮编：210009 |
| 网　　址 | http://www.jswenyi.com |
| 印　　刷 | 三河市龙大印装有限公司 |
| 开　　本 | 710 毫米×1000 毫米 1/16 |
| 印　　张 | 18.5 |
| 字　　数 | 270 千字 |
| 版　　次 | 2024 年 1 月第 1 版 |
| 印　　次 | 2024 年 1 月第 1 次印刷 |
| 标准书号 | ISBN 978-7-5594-7996-9 |
| 定　　价 | 59.90 元 |

江苏凤凰文艺版图书凡印刷、装订错误，可向出版社调换，联系电话：010-87681002。

# 目　录

编者注：为了保证阅读流畅性，本书目录列出每卷"主要历史事件"和"主要学习点"的页码，方便读者查找。

**【主要历史事件】**

**【主要学习点】**

【主要历史事件】

【主要学习点】

【主要历史事件】

【主要学习点】

卷第二百二十五　唐纪四十一

大历九年（774）正月至大历十四年（779）七月，共5年7个月 / 129

【主要历史事件】

【主要学习点】

【主要历史事件】

【主要学习点】

【主要历史事件】

【主要学习点】

# 肃宗文明武德大圣大宣孝皇帝下之上

## 乾元二年（公元759年）

### 邺城之战

**1** 春，正月一日，史思明筑坛于魏州城北，自称大圣燕王；任命周挚为行军司马。李光弼说："史思明得魏州而按兵不进，这是想要让我们松懈，疏于防备，然后以其精锐发动突袭。建议与朔方军一起进逼魏城，向他挑战。他吸取嘉山之败的教训，必定不敢轻出。这样僵持下去，把他拖在魏城，必定可以攻拔邺城。安庆绪一死，他就失去驱使军队的政治号召力了。"鱼朝恩认为不可，于是停止此计。

**2** 正月十日，皇帝祭祀九宫贵神，这是采纳了王玙的建议。

正月十一日（原文为"乙卯日"，根据柏杨考证修改），皇帝亲耕天子藉田。

**3** 镇西节度使李嗣业攻打邺城，被流箭射中，正月二十八日，薨逝；兵马使荔非元礼接任，统领他的部众。当初，李嗣业表奏举荐段秀实为怀州长史，主持留后事务。当时诸军屯戍日久，财竭粮尽，唯独段秀实能运送粮草，招募士兵，购买马匹，以供应镇西行营，路上行人络绎不绝。

**4** 二月十五日，月全食。

之前，百官请加皇后尊号为"辅圣"，皇帝问中书舍人李揆，李揆回答说："自古皇后没有尊号，只有韦皇后有，岂能效法她？"皇帝惊道："庸人差点误我！"正逢月食，于是这件事被搁置下来。皇后与李辅国内外呼应，横行禁中，干预政事，请托办事，无穷无尽。皇帝颇为不悦，但是也没有办法。

**【华杉讲透】**

张皇后如果成了"辅圣"，太子就岌岌可危了。从韦皇后到张皇后，都在学习武则天。武则天的成功，激起了她们无限的欲望。李亨已经对张皇后的行为不满，但是又"无如之何"，无可奈何，没有任何办法。他为什么无如之何呢？还是人性的弱点，为过去的恩情所牵累。但是，当皇后以恩情为资本越界干政，这恩情就应该被重新"管理"了。李亨对张皇后的放纵，最终害了她。

**5** 郭子仪等九节度使包围邺城，修筑营垒两重、壕沟三道，又堵截漳水，引水灌城。城中水井、泉眼都满溢，城中人架起吊脚楼居住，从冬天到春天，安庆绪坚守以待史思明，粮食吃尽，一只老鼠要卖四千钱，平时用杂谷皮掺杂泥土筑墙，现在把墙中的谷皮用水泡了淘出来喂马，马的粪便也被重新用水淘洗，淘出植物纤维做马粮。唐军人人都以为攻克邺城就在朝夕，但是诸军既无统帅，进退调动也不知道该禀告谁；城中想要投降的，碍于水深，又出不来。城池久攻不下，唐军上下离心解体。

史思明于是从魏州引兵奔赴邺城，命诸将离城各五十里扎营，每营战鼓三百面，不停摇动，遥遥威胁唐军。又每营选精骑五百人，每日于城下抄掠，官军出动，就散归还营；唐军落单的人马牛车每天都有损失，打柴都非常艰难，白天防备，敌军就夜晚来；夜晚防备，敌军就白天来。当时天下饥馑，运送粮饷的车船南自江、淮，西自并、汾，舟车相继。史思明多派壮士，窃取官军号令，催促运粮士兵，斥责他们速度太慢，动则杀人，运者惊骇恐惧；舟车聚集的地方，就秘密纵火焚烧；他们来回聚散，自己相互辨识，而官军无法逻捕。由此唐军开始缺粮，人人都只想自己逃生。史思明这才引大军直抵城下，官军与他约定日期决战。

三月六日，官军步骑兵六十万列阵于安阳河北，史思明自将精兵五万迎战，唐军望见兵少，以为是游军，没有在意。史思明直冲向前奋击，李光弼、王思礼、许叔冀、鲁炅先与其交战，双方死伤相当；鲁炅被流箭射中。郭子仪在他后面，还未来得及布阵，大风忽起，吹沙拔木，天昏地暗，咫尺之间都不能相辨。两军大惊，官军溃逃向南，贼军溃逃向北，被抛弃的辎重堆积在路上。郭子仪以朔方军截断河阳桥保护东京。战马一万匹，只剩三千，盔甲、武器十万套，遗弃殆尽。东京士民惊骇，散奔山谷，留守崔圆、河南尹苏震等官吏南奔襄州、邓州，诸节度使各自溃逃回归本镇。士卒所过之处，一路抢掠，官吏不能制止，过了十天才安定下来。唯独李光弼、王思礼整勒部伍，全军以归。

**【华杉讲透】**

邺城之战，可谓战史上的奇葩！谁胜谁败？两军都败了，惊恐过度，各自逃命，散了，不打了。唐军败在没有统帅，没有统帅就没人负责，也没有计划，这样的军队，无论有多少人，都是一盘散沙，一群羊羔。唐军最高统帅实质上是鱼朝恩，鱼朝恩是监军，他的头衔是"观军容宣慰处置使"，比监军又多了"处置"两个字，实际掌握了决策权，所以他之前否决了李光弼的计划。但是，他有权力，却没有责任，打仗的责任还在将军们身上。所以，皇帝的这一安排，实际上就是让大军去送死了。

《孙子兵法》讲究"先胜而后战"，李亨做了一个"先败而后战"的组织架构。

## 史思明杀安庆绪

郭子仪到了河阳，准备守城，但是军心惊恐，于是又逃到缺门。诸将陆续抵达，部众集结到数万人，商议说放弃东京，退保蒲州、陕州。都虞候（军法官）张用济说："蒲州、陕州饥荒，不如守河阳，贼军到了，并力拒战。"郭子仪听从。派都游弈使、灵武人韩游瑰率骑兵五百人前往河阳，张用济以步卒五千人继后。史思明的行军司马周挚引兵争河阳，后到，不得进城，离去。张用济督促所部士兵修筑南、北两个城堡据守。段秀实带着将士们的妻子、儿女及公私辎重从野戍渡黄河南下，在河清南岸安顿待命，荔非元礼抵达，就在那里扎营。诸将各自上表请罪，皇帝一律不问，只削除崔圆官阶及封爵，贬苏震为济王府长史，削夺他的银青光禄大夫官阶。

史思明得知官军溃去，就在沙河收整士众，还军屯驻在邺城南。安庆绪收集郭子仪等营中粮食，得六七万石，与孙孝哲、崔乾祐密谋关闭城门，再抗拒史思明。诸将说："现在岂能再次背叛史王？"史思明不主动和安庆绪联系，又不南下追击官军，只是每天在军中大宴士卒。张通儒、高尚等对安庆绪说："史王远来，臣等都应该去迎接感谢。"安庆绪说："你们想去，可以自己去。"史思明见了他们，哭泣流泪，厚赠礼物，再送他们回去。过了三天，安庆绪不来。史思明密召安太清，让他引诱安庆绪来，安庆绪窘迫，不知所为，于是派安太清上表称臣于史思明，请史思明解甲入城，他将奉上玺绶。史思明看了奏表，说："何至如此！"然后拿出奏表，遍示将士，将士们都高呼万岁。史思明于是亲笔写手疏给安庆绪，不称臣，说："愿为兄弟之国，更作藩篱之援。鼎足而立，或许可以；北面之礼，实在不敢接受。"并把安庆绪的奏表封起来还给他。安庆绪大悦，乘势请求歃血同盟，史思明许诺。安庆绪带三百骑兵到史思明军营，史思明令军士身穿铠甲，手执兵器，严阵以待，带安庆绪和他的弟弟们走入庭院。安庆绪再拜稽首说："臣不克荷负，弃失两都，久陷重围，想不到大王以太上皇（安禄山）之故，远垂救援，让臣应死复生，臣就算粉身碎骨，也无法报答您的大德。"史思明忽然翻脸，震怒说："弃失两都，都是小事。你身为人子，杀父夺位，天地不容！我今天为太上皇讨贼，岂能受你谄媚？"即刻命左右牵出，连同他的四个弟弟及高尚、孙孝哲、崔乾祐全部杀死；张通儒、李庭望等则授以官职。史思明勒兵入邺城，接收安庆绪的兵马，以府库财物赏赐将士，安庆绪之前所有的州、县及兵都归了史思明。派安太清将兵五千攻取怀州，并留下镇守。史思明准备西征长安，考虑到自己根本未固，于是留他的儿子史朝义守相州，自己引兵回范阳。

**6** 三月十八日，回纥骨啜特勒、帝德等十五人从相州奔还西京，皇帝在紫宸殿宴请他们，赏赐各有差异。三月二十四日，骨啜特勒等告辞回行营。

**7** 三月二十五日，任命荔非元礼为怀州刺史，并暂时代理镇西、北庭行营节度使。荔非元礼再次用段秀实为节度判官。

**8** 三月二十八日，任命兵部侍郎吕諲为同平章事。

三月二十九日，任命中书侍郎、同平章事苗晋卿为太子太傅，王玙为刑部尚书，都被罢免宰相职务。任命京兆尹李岘代理吏部尚书，中书舍人兼礼部侍郎李揆为中书侍郎，与户部侍郎第五琦一起担任同平章事。皇帝对李岘恩宠尤厚，对其期望尤高，李岘也以经济天下为己任，军国大事多由李岘独自决断。当时京师盗匪横行，李辅国请选羽林骑士五百人以备巡逻。李揆上疏说："当年西汉以南北军相互牵制，所以周勃以南军统帅身份进入北军，于是拯救刘氏皇族。我朝设置南、北牙，文武官员都被区分，以相互伺察。如今以羽林替代金吾巡夜，如果忽然有非常之变，如何制止？"李辅国的建议于是被制止。

**【胡三省注】**

金吾卫属于南牙，羽林卫属于北牙。巡逻本是由金吾卫负责，李辅国想要以羽林卫夺金吾卫的职权，所以李揆制止。至于李揆说周勃以南军统帅身份进入北军，与史实不符。

**9** 三月三十日，任命郭子仪为东畿、山东、河东诸道元帅，暂时代理东京留守。任命河西节度使来瑱代理陕州刺史，兼陕州、虢州、华州节度使。

**10** 夏，四月四日，泽潞节度使王思礼于潞城东击破史思明部将杨旻。

## 李岘举报李辅国专权乱政，李辅国借马坊押官案打击李岘

**11** 太子詹事李辅国，自从皇帝在灵武时期，就担任判元帅行军司马事，一直侍奉皇帝左右，宣传诏命，四方文书奏折，印章符契，早晚军队号令，全部委任给他。回到京师之后，专掌禁兵，常居住在宫里，制敕必须经辅国签署，才能发布施行，宰相和百官在非上朝时间紧急奏事，都通过李辅国汇报，并传达皇帝旨意。李辅国常在银台门裁决国事，事情无论大小，李辅国口述制敕，写下来付外施行，事情办完了才奏闻皇帝。又设置察事数十人，令他们在民间听察细微小事，一旦发现线索，即刻逮捕审判；他要查谁抓谁，各衙门都没人敢阻挡。御史台、大理寺的重罪囚犯，有的审理还未完毕，李辅国就下令押到银台门，立即全体释放。三司、府、县审判的案件，都先到李辅国处请示，轻重随意，以皇帝制敕名义施行，谁也不敢违抗。宦官不敢称呼他官衔，都称

他为五郎。李揆是山东世家大族，见李辅国执子弟礼，称他为五父。

后来李岘为相，在皇帝跟前叩头，说制敕都应由中书省发出，又详细陈述李辅国专权乱政的情况，皇帝感悟，赞赏李岘正直，对李辅国所办的事情，很多都加以变更，又撤销了他的察事特务。李辅国由此辞让行军司马，请求回归本官（太子詹事），皇帝不许。

四月六日，皇帝下制："近来因为军国事务繁多，有时口头传达敕令处分。从今往后，各种名目的索取及杖配囚徒，全部停止。除非中书省正式宣布，不得执行。朝廷和地方各种事务，各归有关部门处理。英武军虞候及六军诸使、诸司等，近来或许因为相互竞争，抢着追捕犯人，自今往后，一切必须经过御史台、京兆府。如果有关机关审判不公，可以向朕奏闻。诸律令除十恶、杀人、奸、盗、造伪外，其余烦冗条文一律删除，仍委托中书、门下与法官制定细则奏闻。"李辅国由此忌恨李岘。

**12** 四月八日，设置陈、郑、亳节度使，由邓州刺史鲁炅担任；任命徐州刺史尚衡为青州、密州等七州节度使；任命兴平军节度使李奂兼豫州、许州、汝州三州节度使；仍各于境上守捉防御。

九节度使在相州溃败时，鲁炅所部兵抢掠尤其严重，听闻郭子仪退屯河上，李光弼还师太原，鲁炅惭愧忧惧，服毒自杀。

## 史思明称帝，肃宗以李光弼代替郭子仪

**13** 史思明自称大燕皇帝，改年号为顺天，立其妻辛氏为皇后，儿子史朝义为怀王，以周挚为丞相，李归仁为大将，改范阳为燕京，诸州为郡。

**14** 四月十二日，任命鸿胪卿李抱玉为郑州、陈州、颍州、亳州节度使。李抱玉，是安兴贵的后人，为李光弼裨将，屡有战功，自陈耻于与

安禄山同姓，所以被赐姓李氏。

**15** 回纥毗伽阙可汗去世，长子叶护早先被杀，国人立其少子，是为登里可汗。回纥打算以宁国公主殉葬。公主说："回纥向慕中原风俗，所以娶中原女为妇。如果要依从回纥本俗，何必结婚于万里之外？"但是也割破自己脸皮，为可汗哭丧。

**16** 凤翔马坊押官（马厩管理员）做强盗抢劫，天兴尉谢夷甫将他逮捕处死。马坊押官的妻子讼冤。李辅国是飞龙厩出身，用皇帝敕令，命监察御史孙蓥调查，调查结果是，没有冤情。又命御史中丞崔伯阳、刑部侍郎李晔、大理卿权献调查，调查结果与孙蓥相同。马坊押官的妻子仍然不服。又派侍御史太平人毛若虚调查。毛若虚是阴险伶巧之人，迎合李辅国的意思，归罪于谢夷甫。崔伯阳大怒，召毛若虚诘问，准备弹劾他。毛若虚抢先觐见皇帝汇报，皇帝让毛若虚藏在帘下。崔伯阳很快赶到，说毛若虚谄媚讨好宦官，判决不公。皇帝怒，呵斥崔伯阳出去，贬其为高要县尉，权献被贬为桂阳县尉，李晔与凤翔尹严向都被贬为岭下县尉，孙蓥被除名，终身流放播州。吏部尚书、同平章事李岘上奏说崔伯阳等无罪，处罚太重，皇帝认为他们是朋党，五月十六日，贬李岘为蜀州刺史。右散骑常侍韩择木觐见，皇帝对他说："李岘想要专权，如今被贬到蜀州，朕自己还觉得对他太宽大了。"韩择木回答说："李岘只是说话比较直，并非专权。陛下对他宽大，也增益陛下圣德。"毛若虚不久被任命为御史中丞，威震朝廷。

【华杉讲透】

### 区分办事与弄权，才能搞懂每个人在做什么

什么叫弄权？李辅国和毛若虚所做的就是弄权。李辅国要找一个案子，显示自己的权威，打击李岘，就找到这么一个马坊押官案。那马坊

押官的妻子，对于这么多大臣调查的铁案，她有什么不服？她的不服又怎能让朝廷继续调查？这都是因为有李辅国在背后指使她。而毛若虚在这过程中读懂了李辅国的意图，果断投靠，翻云覆雨，皇帝就落入了他们的圈套。

在一个组织里，总是有办事的人，也有弄权的人。你以为他是在办事，其实他是在弄权。区分办事与弄权，才能搞懂每个人在做什么。

**17** 五月十七日，任命滑州、濮州节度使许叔冀为汴州刺史，兼滑州、汴州等七州节度使；任命试用汝州刺史刘展为滑州刺史，兼节度副使。

**18** 六月二十三日，分割朔方，设置邠州、宁州等九州节度使。

**19** 观军容使鱼朝恩厌恶郭子仪，借他战败的机会，向皇帝说他坏话。秋，七月，皇帝召郭子仪回京师，以李光弼替代他为朔方节度使、兵马元帅。士卒涕泣，拦住传旨宦官，请求留下郭子仪。郭子仪骗他们说：“我只是给钦差饯行，并不是要走。”然后跃马而去。

李光弼希望能任命一位亲王做元帅，自己做他的副帅。七月十七日，皇帝任命赵王李系为天下兵马元帅，李光弼为副帅，仍让李光弼统帅各节度行营。李光弼率河东骑兵五百人驰赴东都，夜里进入朔方军营，接收兵权。李光弼治军严整，刚刚抵达，号令一经施行，士卒、壁垒、旌旗，精气神全部焕然一新。当时朔方将士都喜欢郭子仪的宽松，畏惧李光弼的严厉。

左厢兵马使张用济屯驻河阳，李光弼以檄书召他。张用济说：“朔方兵团并非叛军，李光弼却在黑夜闯入，为何猜疑到这个地步？”他与诸将密谋以精锐突入东京，驱逐李光弼，请郭子仪回来；命令他的士兵都披甲上马，衔枚以待。都知兵马使仆固怀恩说：“邺城之溃，郭公最先离开战场，朝廷问责元帅，所以罢免他的兵权。如今我们驱逐李公而强请郭公回来，违拒朝命，那是造反啊，这样可以吗？”右武锋使康元宝说："您以兵请郭公，朝廷必定怀疑是郭公指使您做的，这是让他家破人亡的事。郭公家中百口人，是有什么地方辜负了您吗？"张用济于是停止。李光弼以数千骑兵东行到汜水，张用济单骑来谒见。李光弼斥责他没有收到命令就立即赶到，将他斩首，命部将辛京杲代领其众。

**20** 仆固怀恩接着赶到，李光弼引他入座，和他谈话。一会儿工夫，守门人报告说："蕃、浑骑兵五百人抵达。"李光弼脸色改变。仆固怀恩走出，召麾下将，假装斥责他们说："告诉你们不要来，为什么要违背我的命令？"李光弼说："士卒跟随将领，这有什么罪？"命令给牛酒招待。

【华杉讲透】

## 学习博弈策略才能生存

中国历史文化中的世俗梦想，就是"荣华富贵"四个字，而郭子仪，就是五千年历史文化中"荣华富贵"的超级符号，他的故事刻在中国民间住宅的砖雕上，包括"位极人臣""荣华富贵""多子多福""健康长寿""一生平安"等关于人生赢家的所有关键词，总之"福、禄、寿、喜"他都占全了。而他的成功关键，可以说是三个绝对：绝对有本事，对皇帝绝对忠诚，对皇帝绝对不设防。第三个绝对，最为关键，他在理念上认为自己的生命是属于皇帝的，只要皇帝想取走，随时可以取走。他这种一以贯之的心怀、坦荡不设防的态度，完全得到了皇帝的赏识，所以尽管鱼朝恩多次想害他，皇帝对他都始终保持信任。这次皇帝召他回京，他在士兵们拦住宦官不让他走的情况下，扯个谎骗士兵们，拍马就走，就是这种表现。以后他这样的表现还有很多次。

《资治通鉴》就是一部"博弈论"，郭子仪的博弈策略，在博弈论中被称为"小狗策略"，就是他能让"大狗"——皇帝放心，我是小狗，永远没有做大狗的野心。

李光弼吸取郭子仪的教训，请求任命一位亲王做元帅，自己只做副帅，这也是一个博弈策略——引入新的、更多的利益相关方，把棋局做大。这样，就不会像郭子仪一样，独自面对一个监军鱼朝恩。鱼朝恩要再做什么，就是针对亲王李系——那是皇帝的儿子——而不是针对李光弼了。

张用济性格轻率，他的博弈计划，是带兵驱逐李光弼，要求朝廷派回郭子仪，这个荒唐主意被大家劝阻之后，他又以为没事了，单人匹马去谒见李光弼，结果掉了脑袋。

仆固怀恩的博弈呢？他虽然没有害人之心，但是防人之心却不含糊，谒见新主帅，他还带了五百骑兵自卫，而李光弼也理解，两人打个哑谜就和解了。

**21** 任命潞沁节度使王思礼兼太原尹，并充任北京留守、河东节度使。

当初，潼关之败，王思礼的马中箭而死，有一个骑兵、鳌屋人张光晟即刻下马，把自己的马让给他，问其姓名，不告而去。王思礼暗中记住他的相貌，但是一直找不到。后来到了河东，有人进谗言指控代州刺史、河西人辛云京，王思礼愤怒，辛云京恐惧，不知道该怎么办。张光晟当时在辛云京麾下，说："我曾经有德于王公，但是一直不敢说出来，是耻于以此取赏而已。如今使君有急，请让我去见王公，必定为使君解除危难。"辛云京喜悦，即刻派他去。张光晟谒见王思礼，还未说话，王思礼就认出了他，说："噫！这不是故人吗？为什么这么晚才相见？"张光晟告以实情，王思礼大喜，拉着他的手，流泪说："我之所以有今日，都是你的缘故，我找你找了很久了。"引他同榻而坐，约为兄弟。张光晟乘势从容谈起辛云京的冤枉。王思礼说："云京的过失也不小，今天我特意为故人赦免他。"即日擢升张光晟为兵马使，赠送金帛田宅，待遇非常丰厚。

**22** 七月二十七日，任命朔方节度副使、殿中监仆固怀恩兼太常卿，进爵为大宁郡王。仆固怀恩跟从郭子仪，为其前锋，勇冠三军，前后战功居多，所以赏赐他。

**23** 八月十二日，襄州将领康楚元、张嘉延占据本州作乱，刺史王政逃奔荆州。康楚元自称南楚霸王。

**24** 回纥因为宁国公主没有儿子，允许她回国；八月二十三日，抵达京师。

**25** 八月二十五日，皇帝派将军曹日昇前往襄州慰谕康楚元，贬王政为饶州长史，任命司农少卿张光奇为襄州刺史；康楚元不从。

**26** 八月二十九日，任命李光弼为幽州长史、河北节度使。

**27** 九月，甲午（九月无此日），张嘉延袭破荆州，荆南节度使杜鸿渐弃城逃走，澧州、朗州、郢州、峡州、归州等州官吏听闻，争相逃窜进山谷。

**28** 九月五日，又下令绛州铸造乾元重宝大钱，加以双重轮廓，一钱当五十钱；在京百官，之前因为战乱，都没有俸禄，现在用新钱给他们发放冬季俸禄。

**29** 九月二十四日，任命太子少保崔光远为荆州、襄州招讨使，充任山南东道处置兵马都使；任命陈州、颍州、亳州、申州节度使王仲昇为申州、沔州等五州节度使，统领淮南西道行军兵马。

## 史思明被李光弼攻打溃逃

**30** 史思明派他的儿子史朝清守范阳，命诸郡太守各自将兵三千跟从自己向河南挺进，分为四道，派他的部将令狐彰将兵五千从黎阳渡黄河取滑州，史思明从濮阳，史朝义从白皋，周挚从胡良渡黄河，在汴州会合。

李光弼正巡视黄河沿岸诸营，听到消息，回到汴州城，对汴滑节度使许叔冀说："你能守汴州十五日，我就将兵来救。"许叔冀许诺。李光弼回到东京。史思明抵达汴州，许叔冀与他交战，不胜，于是与濮州刺史董秦及其部将梁浦、刘从谏、田神功等一起投降。史思明任命许叔冀为中书令，与他的部将李详一起镇守汴州；厚待董秦，把他的妻子、儿女送到长芦做人质；派他率领南德信与梁浦、刘从谏、田神功等数十人攻略江淮地区。田神功，是南宫人，史思明任命他为平卢兵马使。不久，田神功袭击南德信，将他斩首。刘从谏脱身逃走。田神功率领部众降唐。

史思明乘胜向西攻打郑州，李光弼整军缓缓前行，抵达洛阳，对留守韦陟说："贼乘胜而来，我军利在按兵不动，不利于速战。洛城不可守，您有什么主意？"韦陟建议留兵于陕郡，退守潼关，占据险要地势，以挫敌军锐气。李光弼说："两敌相当，贵在进攻，不宜撤退，如今无故抛弃五百里土地，那贼军气势就更大了。不如移军河阳，北连泽潞，利则进取，不利则退守，表里相应，使贼军不敢西侵，这是猿臂之势。要论朝廷之礼，我不如您；论军旅之事，您不如我。"韦陟无言以对。判官韦损说："东京是皇宫所在，侍中为何不守？"李光弼说："要守，则汜水、崿岭、龙门都应该部署军队，你是兵马判官，你看守得住吗？"于是下文书命留守韦陟率东京官属向西进入潼关，命河南尹李若幽率官吏、百姓出城避贼，使东京成为一座空城。李光弼率军士运油、铁等物资到河阳准备守城，李光弼亲自率五百骑兵殿后。当时史思明游兵已经抵达石桥，诸将请示李光弼："现在是从洛阳城北绕过去呢，还是直接从石桥通过呢？"李光弼说："就从石桥通过。"到了日暮时分，李光弼燃起火炬，缓缓前行，部曲严整，贼军引兵跟在后面，但是不敢逼近。李光弼夜里抵达河阳，有兵二万人，粮食只够吃十天。李光弼检阅守备，部署士卒，无不严办。

二十七日，史思明进入洛阳，城空，一无所得，畏惧李光弼攻他身后，不敢入宫，退屯白马寺南，筑月城于河阳南以拒李光弼。于是郑州、滑州等州相继陷落，韦陟、李若幽都寓居于陕郡。

**31** 冬，十月四日，皇帝下制，要亲征史思明；群臣上表劝谏，于是作罢。

**32** 史思明引兵攻打河阳，派骁将刘龙仙到城下挑战。刘龙仙自恃其勇，把右脚跷到马脖子上，谩骂李光弼。李光弼回头问诸将："谁能取下他人头？"仆固怀恩请行。李光弼说："这不是大将的活儿。"左右说："裨将白孝德可以去。"李光弼召他来，白孝德请行。李光弼问："要带多少兵？"他回答说："我一个人就够。"李光弼壮其志，但还是坚持问他要多少人。白孝德回答说："愿选五十骑兵出垒门为后继，并请大军协助鼓噪以增气势。"李光弼拍拍他的背，派他出击。白孝德挟着两把长矛，策马蹚水而进，走到黄河中间，仆固怀恩祝贺说："拿下了。"李光弼说："还未交锋，你怎么就知道？"仆固怀恩说："看他揽辔安闲，就知道他有万全把握。"刘龙仙见白孝德独自前来，根本没当回事；稍近，刘龙仙准备发动，白孝德摇手示意，好像不是来打仗的样子，刘龙仙不知道他什么意思，停下来。两人相距十步，白孝德才和他说话，刘龙仙谩骂如初。白孝德停下马，过了好一阵，瞋目问他："贼认识我吗？"刘龙仙说："你是谁？"白孝德回答："我，白孝德。"刘龙仙说："是什么狗东西！"白孝德大呼，运矛跃马搏击。城上鼓噪，五十名骑兵继进。刘龙仙来不及发箭，拨马沿着河堤逃走。白孝德追及，斩首，把人头带了回来。贼众大骇。白孝德，本是安西胡人。

史思明有良马一千余匹，每天在黄河南岸沙洲上轮流沐浴，循环不休，以示其多。李光弼命收集军中母马，得五百匹，把它们生的小马驹都拴在城内。等史思明的马到水边，就把母马全部放出去，母马嘶鸣不已，史思明的马全部浮渡过河，唐军把它们全部驱赶入城。史思明怒，列战船数百艘，泛火船于前，战船跟随在后，想要顺流烧掉浮桥。李光弼事先准备百尺长竿数百支，固定在巨木上，竿头上用毛毡裹着铁叉，迎着火船叉住。火船无法前进，一会儿工夫自焚而尽。又以叉抵住战船，在桥上发抛石机攻击，被打中的船都沉没，贼不胜而去。

史思明在河清检阅部队，准备断绝李光弼粮道，李光弼军在野水渡戒备。当天晚上，李光弼回到河阳，留兵一千人，派部将雍希颢把守栅栏，说："贼将高庭晖、李日越、喻文景，都是万人敌，史思明必定派其中一人来劫我。我暂且离去，你待在这里。如果贼军来，不要与他交战。如果贼军投降，就带他们一起回来。"诸将都不知道什么意思，都在偷笑。继而史思明果然对李日越说："李光弼的强项是守城，如今他出来在野外，正好可以擒了他。你带铁骑兵夜里渡河，为我把他擒来，如果捉不住，就不要回来。"李日越率骑兵五百人于早晨抵达栅栏下，雍希颢和士卒们都在战壕后休息，瞪着李日越军，有的呐喊，有的吹口哨。李日越觉得奇怪，问："司空在吗？"回答："昨夜已经走了。"问："你们有多少兵？"答："一千人。"问："将领是谁？"答："雍希颢。"李日越默计良久，对部下说："如今丢了李光弼，把雍希颢抓回去，我死定了，不如投降。"于是请降。雍希颢与他一起见李光弼，李光弼厚待他，任以心腹。高庭晖听闻，也来投降。有人问李光弼："为什么这么容易就招降二将？"李光弼说："这是人之常情。史思明常恨不得野战，听说我在外面，以为必定可取。李日越抓不到我，一定不敢回去。高庭晖才勇超过李日越，听闻李日越被宠任，必定生出压过他的念头。"高庭晖当时为五台府果毅。十月六日，任命高庭晖为右武卫大将军。

史思明再次攻打河阳，李光弼对郑陈节度使李抱玉说："将军能为我守南城两天吗？"李抱玉说："两天后怎么办？"李光弼说："过了两天，如果救兵不至，允许你弃城。"李抱玉许诺，勒兵拒守。城池将要陷落，李抱玉骗敌军说："我粮食吃尽了，明天早上投降。"贼军喜悦，收兵等待。李抱玉修缮守备，第二天，再次请战。贼怒，急攻。李抱玉出奇兵，内外夹击，杀伤甚众。

董秦跟从史思明入寇河阳，夜里率领部众五百人，拔起栅栏突围，投降李光弼。当时李光弼自己率军屯驻中潬，城外设置栅栏，栅栏外再挖壕沟，深二丈，宽二丈。十月十二日，贼将周挚舍弃南城，并力攻中潭。李光弼命荔非元礼率劲卒进驻羊马城（在城外筑的类似城圈的工事）以拒贼。李光弼自己在城东北角竖起小红旗（指挥旗），坐镇观战。贼军仗恃人多，直进逼城，以车载攻城装备跟随，督促士兵填平壕沟，在三个方向，兵分八道通过，又砍开栅栏。李光弼望见贼军逼城，派人问荔非元礼："你看见贼兵填平堑沟，砍开栅栏，通过士兵，却晏然不动，这是为何？"荔非元礼说："您是要守，还是要战？"李光弼说："要战。"荔非元礼说："既然要战，那贼兵为我们填平堑沟，为什么要阻拦呢？"李光弼说："好，我没想到这一层，你好好努力！"荔非元礼等栅栏打开，率敢死队突出击贼，贼军退走数百步。荔非元礼考虑到贼军阵势正强，不易攻陷，又引兵后退，准备等敌人懈怠之后再攻击。李光弼望见荔非元礼撤退，怒，派左右召他来，要将他斩首。荔非元礼说："战正急，召我做什么？"于是退入栅中。贼兵也不敢逼近。过了很久，鼓噪出栅门，奋击，击破贼军。

周挚收兵，改攻北城。李光弼即刻率众入北城，登城望贼，说："贼兵虽多，嚣而不整，不足为畏。不过日中，保证为诸君击破他们。"于是命诸将出战。到了中午，胜负未决，李光弼召诸将问道："根据以往经验，贼军军阵哪一方最强？"诸将回答："西北角。"李光弼命部将郝廷玉前往。郝廷玉请骑兵五百人，李光弼给他三百。又问第二强在哪儿。回答："东南角。"李光弼命部将论惟贞前往。论惟贞请铁骑三百人，李光弼给他二百。李光弼下令诸将说："你们看着我的指挥旗作战，我慢慢挥旗，你们根据自己的判断战斗；我急速挥旗，三次接触地面，则万众齐入，不顾生死，退一步就斩首！"又把短刀塞到靴子里，说："战争，是危事。我是国家三公，不可死于贼手。万一作战不利，诸君前死于敌，我自刎于此，不让诸君独死。"诸将出战，一会儿工夫，郝廷玉奔还。李光弼望见，惊道："廷玉退，我的事危险了！"命左右取郝廷玉首级，郝廷玉说："马中箭，不是我敢撤退。"使者驰报。李光弼下令给他换马，遣回战场。仆固怀恩和他的儿子开府仪同三司仆固玚稍微退却，李光弼又命取他们首级。仆固怀恩父子回头看见使者提刀飞驰而来，转身向前决战。李光弼连续挥旗，诸将齐进致死，呼声动天地，贼众大溃，斩首一千余级，俘虏五百人，溺死者一千余人。周挚率数名骑兵遁去，官军生擒贼军大将徐璜玉、李秦授。贼军河南节度使安太清退守怀州。史思明不知周挚已经战败，还在攻打南城，李光弼把俘虏带到黄河边展示，史思明逃遁。

十月二十四日，任命李日越为右金吾大将军。

**33** 邛州、简州、嘉州、眉州、泸州、戎州等州蛮夷造反。

**34** 十一月一日，任命殿中监董秦为陕西、神策两军兵马使，赐姓李，名忠臣。

**35** 襄州变兵首领康楚元等部众发展到一万余人，商州刺史兼荆、襄等道租庸使韦伦发兵讨伐，驻扎在邓州境内，招抚晓谕投降的人，优厚安排；抓住叛军稍微懈怠的机会，进军出击，生擒康楚元，他的部众全部溃败；缴获他所抢掠的租税二百万缗，荆州、襄州全部平定。韦伦，是韦见素的堂弟。

**36** 朝廷征发安西、北庭兵屯驻陕郡，以防备史思明。

**37** 第五琦制作乾元钱、重轮钱，与开元钱三品并行，民间争相盗铸，钱币贬值，谷价暴涨，人民大量饿死，饿殍相望。上言者都归咎于第五琦，十一月七日，贬第五琦为忠州长史。御史大夫贺兰进明被贬为溱州员外司马，因为他是第五琦一党。

**38** 十二月二日，吕諲兼任度支使（掌管财政）。

**39** 十二月十三日，韦伦押送康楚元到皇宫门前献俘，斩首。

**40** 史思明派部将李归仁率铁骑兵五千人入寇陕州，神策兵马使卫伯玉率数百骑兵，将他们击破于礓子阪，缴获战马六百匹，李归仁逃走。朝廷任命卫伯玉为镇西四镇行营节度使。李忠臣与李归仁等战于永宁、莎栅之间，李忠臣屡次将李归仁击破。

# 上元元年（公元760年）

**1** 春，正月十九日，任命李光弼为太尉兼中书令，其余官职如故。

**2** 正月二十四日，任命于阗王尉迟胜的弟弟尉迟曜代理四镇节度副使，并暂时代管本国事务。

**3** 党项等羌族部落不断吞噬边境地区，并将逼近京畿。朝廷分邠州、宁州等州节度为鄜坊丹延节度，也称为渭北节度；任命邠州刺史桑如珪兼领邠宁节度副使，鄜州刺史杜冕兼领鄜坊节度副使，分道招讨。

正月二十六日，任命郭子仪兼领两道节度使，但是人留在京师，只是假借他的威名以镇抚。

**4** 皇帝祭祀九宫贵神。

**5** 二月，李光弼攻怀州，史思明救援。二月十一日，李光弼逆战于沁水河岸，击破史思明军，斩首三千余级。

**6** 忠州长史第五琦已经出发上任，有人告发第五琦收受贿赂黄金二百两，皇帝派御史刘期光追上去调查。第五琦说："我身为宰相，不可能手里提着二百两黄金走来走去；如果查出谁给的、谁收的，都有凭证，请依法治罪。"刘期光即刻上奏说第五琦已经服罪。二月十八日，第五琦被除名，终身流放夷州。

**【华杉讲透】**

陷害一个人，就这么容易，第五琦的话，怎么解释也不能说这是承认受贿，但刘期光就说他承认了。第五琦在流放的路上，刘期光单独来审他，没有旁证，回去汇报什么，都是刘期光说了算。所以，我们从中得到教训，对于这样重大的事情，不能拐弯抹角，你如果没有收，就要明明白白说"没有"，不要"加戏"。你不"加戏"，别人就没法断章取义或曲解。要把你只有两个字的"没有"改成"有"，他的心理压力和风险都会加大。

**7** 三月二十三日，改蒲州为河中府。

**8** 三月二十九日，李光弼于怀州城下击破安太清；夏，四月二日，于河阳城西沙洲上击破史思明，斩首一千五百余级。

**9** 襄州将领张维瑾、曹玠杀死节度使史翙，占据本州造反。皇帝下制，任命陇州刺史韦伦为山南东道节度使。当时李辅国掌权，节度使都出自他的门下。韦伦既为朝廷所任命，又不去谒见李辅国，不久就被改任为秦州防御使。四月二十九日，任命陕西节度使来瑱为山南东道节度使。来瑱抵达襄州，张维瑾等都投降。

**10** 闰四月七日，加授河东节度使王思礼为司空。自从武德年（唐朝开国）以来，王思礼是第一个没有做过宰相而直接拜为三公的。

**11** 闰四月十四日，改封赵王李系为越王。

**12** 闰四月十九日，赦天下，改年号为上元。

**13** 追谥太公望姜子牙为武成王，选历代名将为亚圣、十哲。其余中祀、下祀并杂祀全部停止。

开元十年，开始设置太公尚父庙，以留侯张良配祀。出师命将，出发之日，到太公庙祭拜出师，以古代名将十人为十哲，配享。本年，尊姜太公为武成王，以历代名将十人为十哲像，坐侍：白起、韩信、诸葛亮、李靖、李勣列于左，张良、田穰苴、孙武、吴起、乐毅列于右。

昊天上帝、五方帝、皇地祇、神州宗庙为大祀。日月、星辰、社稷、先代帝王、岳镇、海渎、帝社、先蚕、孔宣父、齐太公、诸太子庙为中祀。司中、司命、风师、雨师、众星、山林、川泽、五龙祠等及州县社稷、释奠为小祀。杂祀，就是一些小鬼神，比如杜将军、窦鸡之类。

【华杉讲透】

战争年代，军事优先，其他都不顾了，一切聚焦在打仗。

**14** 当天，史思明进入东京。

**15** 五月十七日，任命太子太傅苗晋卿代理侍中。苗晋卿熟悉政务，但只是小心谨慎地保护和巩固自己的官位，时人把他比作胡广。

【华杉讲透】

胡广，字伯始，是东汉重臣，封安乐乡侯，历任尚书郎、尚书仆射、汝南太守、大司农、司徒、太尉、录尚书事、太傅等职，活到八十二岁去世，谥号"文恭"。其追赠及葬礼规格，为东汉中兴以来人臣之最。

同时，胡广是一个标志性人物，什么标志呢？就是官场超级大混子的标志。对他的评价，有一副对联："万事不理问伯始，天下中庸有胡公。"又说他"多方善柔，保位持禄"，就是说，他什么都懂，但是他什么事也不干，人生的唯一事业和目标，就是"保位持禄"，保住自己的权位和利禄。

不干事，只管保住自己位子的官员，他们的"祖师爷"就是胡广了。

**16** 宦官马上言收受贿赂，为人求官于兵部侍郎、同中书门下三品吕諲，吕諲为他补授官职。事情被发觉，马上言被判乱棍打死。五月二十三日，吕諲免职，转任太子宾客。

**17** 五月二十四日，任命京兆尹、南华人刘晏为户部侍郎，兼任度支、铸钱、盐铁等使（全国财政、铸币、盐铁专卖都集于他一人之身）。刘晏善于使财政增收，所以用他。

**18** 六月六日，桂州经略使邢济上奏：击破西原蛮二十万人，斩其帅黄乾曜等。

**19** 六月七日，凤翔节度使崔光远奏报，击破泾州、陇州境内羌、浑部落十余万人。

**20** 三种钱币（开元钱、乾元钱、重轮钱）长期在市场上并行，正逢本年闹饥荒，一斗米价格到了七千钱，人相食。京兆尹郑叔清抓捕私铸钱者，数月间，乱棍打死八百余人，仍然不能禁止。皇帝于是敕令京畿地区，开元钱与乾元小钱都一枚当十枚，重轮钱一枚当三十枚，其他各州听候指示。当时史思明也铸造"顺天钱""得一钱"，一枚当开元钱一百枚。在叛贼辖区，物价更贵。

**21** 六月二十六日，兴王李佋薨逝。李佋，是张皇后长子，她还有一个幼子，定王李侗。张皇后数次想要危害太子，太子常以恭敬谦逊的态度，希望取得她的包容。现在李佋薨逝，而李侗年纪尚幼，太子的地位于是安定下来。

**22** 六月二十七日，凤翔节度使崔光远于普润击破党项。

**23** 平卢兵马使田神功奏报：于郑州击破史思明之兵。

## 李辅国逼迫李隆基迁居西内

**24** 上皇李隆基喜欢兴庆宫，从蜀郡回来之后，就住在那里。皇帝李亨有时从夹城前往，问候起居，上皇有时候也到大明宫。左龙武大将军陈玄礼、内侍监高力士长期侍卫上皇；皇帝又命玉真公主，如仙媛，内侍王承恩、魏悦及梨园弟子时常娱侍左右。上皇经常登上长庆楼（南临大道），路上经过的父老往往瞻拜，高呼万岁，上皇常在楼下设置酒食，赏赐给他们；又曾经召将军郭英乂等，上楼赐宴。有剑南奏事官经过楼下，跪拜叩头，上皇命玉真公主、如仙媛当主人，设宴招待。

李辅国出身微贱，虽然暴贵掌权，上皇左右都轻视他。李辅国怀恨在心，并且想要立奇功，以巩固自己的恩宠，于是对皇帝说："上皇居住在兴庆宫，每天与外人交通往来，陈玄礼、高力士密谋不利于陛下。如今六军将士都是灵武勋臣，都心怀疑惧，焦虑不安；臣晓谕他们，也不能解除他们心里的疙瘩，不敢不向陛下报告。"皇帝哭泣说："圣皇慈仁，怎么可能这样？"李辅国回答说："上皇当然没有这个意思，但是他下面那些人怎么样呢？陛下为天下之主，应当为社稷考虑，把祸乱消灭在萌芽状态，岂得遵循匹夫之孝？况且兴庆宫与民间街闾相邻，宫墙又低，不是至尊所宜居之处。皇宫大内，戒备森严，把上皇奉迎回来居住，与那边又有什么区别？又能杜绝小人荧惑圣听。如此，上皇享万岁之安，陛下有三朝之乐（周文王做世子时，每天朝见父亲三次），有什么坏处呢？"皇帝不听。

兴庆宫之前有三百匹马，李辅国假传皇帝敕令取走，只留下十匹。上皇对高力士说："我儿为李辅国所惑，孝心不能善始善终了。"

李辅国又令六军将士，号哭叩头请愿，要求迎上皇居住西内（大明宫为东内，太极宫为西内，兴庆宫为南内）。皇帝哭泣不应。李辅国惧怕。正巧皇帝生病，秋，七月十九日，李辅国谎称皇帝传话，迎接上皇游览西内，到了睿武门，李辅国率射生军骑兵五百人，拔出大刀，拦在道路中间上奏说："皇帝因兴庆宫潮湿狭窄，迎上皇迁居大内。"上皇惊恐，几乎坠马。高力士说："李辅国何得无礼！"喝令他下马。李辅国不得已而下。高力士于是宣上皇慰问说："将士们好！"将士都收刃入鞘，再拜，高呼万岁。高力士又呵斥李辅国，让其与自己一起牵着上皇马缰，侍卫进入西内，居住在甘露殿。李辅国率众而退。所留的侍卫，才几个老兵，陈玄礼、高力士及旧宫人都不能留在左右。上皇说："兴庆宫，是我做亲王时居住的地方，我几次让给皇帝，皇帝不接受。今天搬家，也是我的心愿。"当天，李辅国与六军大将素服觐见皇帝，请罪。皇帝迫于诸将压力，于是慰劳他们说："南宫、西内，又有什么区别？卿等担心小人蛊惑，防微杜渐，以安社稷，有什么害怕的呢！"刑部尚书颜真卿率领百官上表，问候上皇起居。李辅国厌恶他，上奏贬他为蓬州长史。

## 【华杉讲透】

### 视情况随时调整人际关系

李隆基被撵出兴庆宫，迁入皇宫，实际上是被软禁起来，高力士负有责任。他有什么责任呢？他不应该轻视李辅国。他的职责，是保护和陪伴李隆基安度晚年，但他却得罪了李辅国，没有完成自己的使命。

人和人的关系要随时调整，尤其是当过去比我地位低的人超过我的时候，要立即调整过来，如果他对我有生杀予夺的大权，就更要小心谨慎。高力士只记得李辅国出身微贱，心里想着我身居高位的时候你在哪里，自己心里舒服了，那是自欺欺人的舒服，李辅国不仅是他而且是上皇李隆基都惹不起的人，惹了李辅国，后果就是这么严重。

反过来，他要巴结李辅国却很容易，因为他是当年权倾朝野的人，是当年的李辅国心中的神，如果他能向李辅国行个礼，请求李辅国对上皇李隆基和自己予以保护，那李辅国在心理上就能得到极大的满足，他保护上皇的使命就圆满完成了。李隆基和李亨的父慈子孝也能善始善终。

坏事是坏人干的，但往往也是好人惹出来的。坏人一定是要干坏事的，但好人不能看不到自己的责任，你惹他干什么呢？

**25** 七月二十五日，敕令天下重棱钱（双重轮边钱）都一枚当三十枚，与京畿地区一样。

**26** 七月二十八日，高力士被流放巫州，王承恩被流放播州，魏悦被流放溱州，陈玄礼被勒令退休；如仙媛被安置到归州，玉真公主出居玉真观。皇帝另选宫女一百余人，安排在西内，负责洒扫，令万安、咸宜二公主（都是上皇李隆基的女儿）服侍上皇饮食起居；四方所献珍异，都先献给上皇。但是上皇一天比一天沉默悲伤，因为不吃荤，然后又辟谷（不吃五谷杂粮，而以药食等其他之物充腹，或在一定时间内断食，是古人常用的一种养生方式），所以渐渐患病。皇帝开始时还前往问安，继而皇帝自己也生病，只派人去问候起居。其后皇帝稍稍悔悟，厌恶李辅国，想要诛杀他，但是畏惧他手里掌握兵权，竟犹豫不能决断。

**27** 当初，哥舒翰于临洮西关磨环川击破吐蕃，在那个地方设置神策军基地。后来安禄山造反，军使成如璆派部将卫伯玉率一千人进京勤王。既而驻军基地又落入吐蕃之手，卫伯玉留屯于陕郡，一路升迁到右羽林大将军。八月十三日，任命卫伯玉为神策军节度使。

**28** 八月三十日，追赠兴王李佋的谥号为恭懿太子。

**29** 九月七日，设置南都于荆州，以荆州为江陵府，仍设置永平军团练兵三千人，以扼守吴、蜀要冲，这是听从节度使吕諲的请求。

**30** 有人上言："天下未平，不应该让郭子仪闲着。"九月八日，皇帝命郭子仪出镇邠州；党项遁去。九月二十一日，皇帝下制："子仪统诸道兵自朔方直取范阳，再还师平定河北，征发射生军、英武军等禁军及朔方、鄜坊、邠宁、泾原诸道番、汉兵共七万人，都受子仪节度。"制书下达十天，又被鱼朝恩阻挠破坏，竟没有执行。

**31** 冬，十月十九日，设置青州、沂州等五州节度使。

**32** 十一月六日，泾州部队击破党项。

## 刘展之乱

**33** 御史中丞李铣、宋州刺史刘展二人，都兼领淮西节度副使。李铣贪暴不法，刘展刚愎自用，所以当他们上级的人多厌恶他们；节度使王仲昇先上奏李铣罪状，将他诛杀。当时有谣言说："手执金刀起东方。"王仲昇派监军使、内左常侍邢延恩入宫上奏说："刘展倔强，不听命令，他的姓名又和谣谶相应（'金刀'就是'刘'字），请将他除掉。"邢延恩又跟皇帝说："刘展与李铣是一体之人，如今李铣被诛，刘展不自安，如果不除掉他，恐怕他作乱。但是，刘展正手握强兵，应该用计铲除。建议任命刘展为江淮都统，替代李峘，等他交出兵权前往上任时，在中途将他逮捕，那有一个勇士的力量就够了。"皇帝听从，任命刘展为都统淮南东、江南西、浙西三道节度使；再下一道密敕，令原旧都统李峘及淮南东道节度使邓景山图谋他。

邢延恩把皇帝制书授给刘展，刘展起疑，说："我原是陈留的参军，几年就做到刺史，可以说是暴贵了。江、淮是朝廷租赋所出之地，如此重任，我既没什么功劳，又不是皇亲国戚，一朝之间，恩命宠擢如此，不会是有谗人在离间吧？"言罢泣下。邢延恩惧怕，说："您一向有才望，主上以江、淮为忧，所以破格提拔用您。您反而怀疑，这是为何？"刘展说："如果真的不是骗我，印信和符节可以先给我吗？"邢延恩说："可以。"于是飞驰前往广陵，与李峘密谋，解下李峘的印信和符节，交给刘展。刘展得了印节，于是上表谢恩，发文书给江、淮地区的亲朋故友，将他们全部用作心腹，淮南东、江南西、浙西三道的官署也遣使迎贺，申报地图和户籍，使者络绎不绝，相望于道路，刘展动员宋州兵七千人，南下广陵。

邢延恩知道刘展已看穿了他的骗局，还奔广陵，与李峘、邓景山发兵拒战，移檄州县，说刘展造反。刘展也移檄说李峘造反，州县不知道该听谁的。李峘引兵渡江，与副使、润州刺史韦儇，浙西节度使侯令仪屯驻京口，邓景山率一万人屯驻徐城。刘展一向有威名，御军严整，江、淮人望风畏惧。刘展倍道兼行，先期抵达，派人问邓景山说："我奉诏书前往上任，你这是什么兵？"邓景山不回答。刘展派人在阵前呼喊说："你们都是我辖区的人民，不要阻挡我的军队。"派他的部将孙待封、张法雷发动攻击，邓景山军崩溃，与邢延恩一起逃奔寿州。刘展引兵进入广陵，派部将屈突孝标率军三千人夺取濠州、楚州，王晅率军四千人攻略淮西。

李峘开辟北固为战场，插木阻塞长江口。刘展驻军于白沙，设疑兵于瓜洲，点燃许多火把，擂打战鼓，做出要攻打北固的样子，如此多日。王晅将精锐全部集中在京口，严阵以待。刘展突然从上游渡过长江，袭击下蜀。李峘军接到消息，不战而溃，李峘逃奔宣城。

十一月八日，刘展攻陷润州。昇州军士一万五千人密谋响应刘展，攻打金陵城，不能攻克，逃遁。侯令仪惧怕，把后事委托给兵马使姜昌群，弃城逃走。姜昌群派部将宗犀找刘展投降。

十一月十日，刘展攻陷昇州，任命宗犀为润州司马、丹杨军使；命姜昌群兼领升州，由自己的侄子刘伯瑛做他的副手。

## 【华杉讲透】

### 听信谗言会导致国破家亡

谗言啊，谗言！多少国破家亡，都是谗言惹的祸！李辅国的谗言，让一生仁孝的李亨背叛了父亲；王仲昇、邢延恩的谗言，则激起刘展之乱，让在安史之乱中一直都没有遭祸的江淮地区生灵涂炭！李辅国是个"脓包"，但是离得近，危及自己的人身安全，李亨不敢戳破；刘展并没有"化脓"，因为离得远，李亨就轻率地去戳他。

谗言可以离间父子、君臣，可以让朋友、兄弟反目。进谗言的人，出发点都是为你好，或者为你打抱不平。之所以听信谗言，也是因为自私。

**34** 李光弼攻打怀州，一百余日，攻拔，生擒安太清。

**35** 史思明派遣部将田承嗣将兵五千人前往淮西，王同芝将兵三千人前往陈州，许敬江将二千人前往兖州、郓州，薛鄂将五千人前往曹州。

**36** 十二月二十日，党项入寇美原、华原、同官，大掠而去。

**37** 贼帅郭㥄等引诸羌族、胡人军队击败秦陇防御使韦伦，杀监军使。

**38** 兖郓节度使能元皓攻击史思明兵，击破。

**39** 李峘放弃润州时，副使李藏用对李峘说："当国家高官，拿着优厚的俸禄，却临难而逃，这是不忠；坐拥数十州的军队和粮食，三江、五湖之险固，不发一箭就抛弃，这是无勇。不忠不勇，何以侍奉君王？请让我收集余兵，竭力拒敌。"李峘于是把后事全部交给李藏用。李藏用收集散卒，得七百人，向东至苏州招募壮士，得二千人，树立栅栏，以抵御刘展。

刘展派部将傅子昂、宗犀攻打宣州，宣歙节度使郑炅之弃城逃走，李峘逃奔洪州。

李藏用与刘展部将张景超、孙待封战于郁墅，兵败，逃奔杭州。张景超于是占据苏州，孙待封进兵攻陷湖州。刘展任命他的部将许峄为润州刺史，李可封为常州刺史，杨持璧为苏州刺史，孙待封兼领湖州刺史。张景超进逼杭州，李藏用派他的部将温晃屯驻余杭。刘展任命李晃为泗州刺史，宗犀为宣州刺史。

刘展的部将傅子昂屯驻南陵，准备攻打江州，夺取江西十地。于是屈突孝标攻陷濠州、楚州，王暅攻陷舒州、和州、滁州、庐州等州，所向无不摧靡，聚兵万人，骑兵三千，横行江、淮间。寿州刺史崔昭发兵拒战，由此王暅不得西进，止步而屯驻庐州。

当初，皇帝命平庐都知兵马使田神功率所部精兵五千人屯驻任城；邓景山既败，与邢延恩上奏，乞请皇帝敕令田神功救援淮南，没有得到批复。邓景山派人催促，并且许诺以淮南金帛子女为贿赂，田神功及所部将士都喜悦，全军南下，到了彭城，皇帝令田神功讨伐刘展的敕令送达。刘展听闻，脸上开始有惧色，从广陵将兵八千人拒战，选精兵二千人渡过淮河，于都梁山攻击田神功，刘展战败，撤退到天长，以五百骑兵在桥头拒战，又败，刘展只带了一个骑兵渡江逃走。田神功攻入广陵及楚州，大肆抢掠，杀死经商的胡人数以千计，为了搜索藏起来的财物，几乎掘遍城中土地。

**【华杉讲透】**

当初，皇帝为了请回纥兵帮忙，承诺打下长安后，子女金帛全部归回纥，让其任意拿取，幸得太子向回纥叶护叩头求情，长安人民才免于劫难。如今，为了让官军平叛，竟然将沦陷地区人民的生命和财产，交由官军任意处置，这种"奉旨奸淫掳掠"，也是历史的常态。叛军还会保护他们所占领的地区，官军则完全是外来的抢劫团伙。

**40** 本年，吐蕃攻陷廓州。

卷第二百二十二　唐纪三十八

上元二年（761）正月至宝应元年（762）六月，共2年6个月

# 肃宗文明武德大圣大宣孝皇帝下之下

## 上元二年（公元761年）

**1** 春，正月十七日，史思明改年号为应天。

**2** 张景超引兵攻打杭州，于石夷门击败李藏用部将李强。孙待封从武康向南出动，打算与张景超会合，攻打杭州，但李藏用另一部将温晃占据险要地形，击败了孙待封；孙待封脱身逃奔乌程，李可封献出常州城，向官军投降。

正月二十一日，田神功派特进杨惠元等将一千五百人向西攻击王暅。

正月二十五日夜，田神功先派特进范知新等率四千人从白沙渡江，向西进攻下蜀；邓景山等率一千人从海陵渡江，向东进攻常州；田神功与邢延恩率三千人驻军于瓜洲，正月二十六日，渡过长江。刘展率步骑兵一万余人列阵于蒜山；田神功以船运送士卒前往金山，赶上大风，五条船漂到金山下，刘展将两条船的士卒全部屠杀，又击沉另外三只船，田神功不能再渡，撤回瓜洲。而范知新等军队已抵达下蜀，刘展攻击，不能取胜。弟弟刘殷劝刘展引兵逃入海岛，可以拖延一段时间再看，刘展说："如果大事不成，何必多杀他人父子？死，是早晚的事！"于是重新率众力战。将军贾隐林射击刘展，射中眼睛，刘展倒下，于是贾隐林将他斩首。刘殷、许峄等都战死。贾隐林，是滑州人。

杨惠元等于淮南击破王暅，王暅引兵向东逃走，走到常熟，投降。孙待封到李藏用处投降。张景超聚兵至七千余人，听闻刘展已死，把军队全部交给张法雷，派他攻打杭州，而自己逃亡海上。张法雷抵达杭州，被李藏用击破，余党全部被平定。田神功军大肆抢掠十余日。安史之乱，没有波及江、淮地区，至此，江、淮才遭到兵祸荼毒。

**【华杉讲透】**

叛军造成的破坏并不大，主要是沦陷地区所有人民和财产都成了官军的战利品，田神功部挖地三尺，将所有财产席卷一空。

3 荆南节度使吕諲上奏，请求将江南的潭州、岳州、郴州、邵州、永州、道州、连州，黔中的涪州，都隶属荆南管辖；皇帝听从。

4 二月，奴剌、党项入寇宝鸡，火烧大散关，南侵凤州，杀死刺史萧愧，大肆抢掠，然后返回西方；凤翔节度使李鼎追击，将他们击破。

5 二月十三日，新罗王金巏入朝，并请求留下担任皇帝宿卫卫士。


## 肃宗催逼李光弼攻打洛阳，大败

6 有人说："驻守洛阳的将士都是燕人，久戍思归，上下离心，现在攻击，可以击破。"陕州观军容使鱼朝恩信以为然，屡次跟皇帝说，皇帝敕令李光弼等进取东京。李光弼奏称："贼军锐气尚在，不可轻进。"

朔方节度使仆固怀恩，勇敢而刚愎自用，麾下都是番、汉劲卒，仗恃功劳，多为不法。郭子仪对其宽厚包容，每次用兵临敌，也靠他成事；李光弼性格严厉，一切都依法办事，没有一点情面。仆固怀恩对李光弼既害怕又厌恶，于是附和鱼朝恩，说东都可取。由此宦官一个接一个地来，督促李光弼出师。李光弼不得已，命郑陈节度使李抱玉守镇河阳，与仆固怀恩率军会合鱼朝恩及神策节度使卫伯玉攻打洛阳。

二月二十三日，列阵于邙山。李光弼命令依靠险要地形列阵，仆固怀恩列阵于平原，李光弼说："依靠险要，则可以进，可以退；如果列阵于平原，一旦作战不利，就全军覆没了。对史思明，不可轻视。"下令向险要处移动，仆固怀恩却加以阻止。史思明乘唐军阵型未定，进兵攻击，官军大败，死者数千人，军资器械全部被抛弃。李光弼、仆固怀恩渡河退保闻喜，鱼朝恩、卫伯玉奔还陕州，李抱玉也抛弃河阳逃走，河阳、怀州全部陷落。朝廷听闻，大惧，增兵屯驻陕州。

## 【华杉讲透】

### 理解等待，学会等待，就能无为而成

李亨催逼李光弼攻打洛阳，和当年李隆基催逼哥舒翰出潼关攻打安禄山时的前因后果都一样，都是心急，不能等。

最重要的军事行动，往往就是等待；或者说，不管军事、政事、企业的事、个人的事，等待，都是一个独立的、正式的行动。理解等待，学会等待，就能少犯好多错误，无为而成。为什么呢？《孙子兵法》说得很清楚，仗不是你打赢的，是敌人自己败了，你再上去帮忙打一下。

孙子曰："昔之善战者，先为不可胜，以待敌之可胜。不可胜在己，可胜在敌。故善战者，能为不可胜，不能使敌之必可胜。故曰：胜可知，而不可为……故善战者，立于不败之地，而不失敌之败也。是故胜兵先胜而后求战，败兵先战而后求胜。"

古代真正善于作战的人，先规划自己，让自己成为不可战胜的，然

后等待可以战胜敌人的时机。是否不可战胜在于你自己能否战胜敌人，是否可战胜在于对方有没有给你时机。所以说善战者，能够做到让自己不被敌人战胜，却做不到让敌人一定被我战胜。所以说：胜利可以预见，但如果条件不具备，是不可以强为的。

所以，善于作战的人，先让自己立于不败之地，然后不会错失敌人露出败象的机会。打胜仗的军队，总是在获得胜利地位，获得取胜条件之后，才投入战斗。而打败仗的军队，总是冲上去就打，企图在战斗中捕捉机会以侥幸获胜。

一句话，要先胜后战，赢了再打，要胜中求战，不要战中求胜。所以说，战胜敌人靠什么？主要靠等待！

**7** 李揆与吕諲同为宰相，不和。吕諲在荆南，以善政闻名，李揆担心他再次入朝拜相，上奏说把湖南划入荆南战区，对国家不利（指吕諲本年正月奏请的事），又秘密派人到荆、湖地区，收集吕諲的过失。吕諲上疏指控李揆之罪，二月二十八日，贬李揆为袁州长史，任命河中节度使萧华为中书侍郎、同平章事。

## 史朝义造反杀死史思明，即帝位

**8** 史思明多疑残忍，动不动就杀人，下面的人稍不如他意，就全族屠灭，以致人人不能自保。史朝义，是他的长子，经常跟从史思明带兵，颇为谦虚谨慎，爱护士卒，将士们大多依附他，但是他无宠于史思明。史思明爱少子史朝清，派他镇守范阳，经常想要杀了史朝义，立史朝清为太子，左右则泄露了他的阴谋。史思明击破李光弼之后，想要乘胜西入潼关，派史朝义将兵为前锋，从北道袭击陕城，史思明从南道率大军继后。

三月九日，史朝义兵抵达礓子岭，卫伯玉逆击，击破。史朝义数次进兵，都被陕兵击败。史思明退军屯驻永宁，认为史朝义胆怯，说："始终不足以为我成事！"想要按军法斩史朝义及诸将。

　　三月十三日，史思明命史朝义筑三角城（一角依山，只需要修筑三个角），准备用来贮藏军粮，约期一天完成。史朝义筑完，只是墙上还未涂泥，史思明抵达，大怒诟骂，令左右骑在马上监工涂泥，一会儿就完成了。史思明又说："等攻克陕州，终将斩了此贼。"史朝义忧惧，不知道该怎么办。

　　史思明在鹿桥驿，令心腹曹将军将兵宿卫；史朝义宿营在逆旅亭，他的部将骆悦、蔡文景对史朝义说："我等与大王，马上就要死了！自古有废立，请召曹将军谋议。"史朝义低头不应。骆悦等人说："大王如果不许，我们今天就去投降唐朝，大王也不能保全。"史朝义哭泣说："你们好好去做吧，不要惊吓了圣人（史思明）！"骆悦等于是令许叔冀之子许季常召曹将军，抵达之后，将密谋告诉他；曹将军知道诸将全都怨恨，恐怕引火烧身，不敢违背。当天晚上，骆悦等率史朝义部兵三百人身披铠甲，抵达鹿桥驿，宿卫兵觉得奇怪，但是畏惧曹将军，不敢动。骆悦等引兵进入史思明寝室，正巧史思明上厕所去了，问左右，还没来得及回答，已经杀了数人，左右指示史思明所在。史思明听闻有变，翻墙到马厩中，自己备马骑乘，骆悦的随身差役周子俊射击他，射中手臂，史思明坠马，于是被擒。史思明问："作乱的是谁？"骆悦说："奉怀王（史朝义）命。"史思明说："我白天说错话，应该有这种下场。但是现在杀我还太早，为什么不等我攻克长安？现在事情干不成了。"骆悦等把史思明送到柳泉驿，囚禁起来，还报史朝义说："事成了。"史朝义问："没有惊吓圣人吧？"骆悦说："没有。"当时周挚、许叔冀率后军在福昌，骆悦等派许季常前往通告，周挚惊倒于地；史朝义引军回来，周挚、许叔冀来迎接，骆悦等劝史朝义逮捕周挚，把他杀了。大军抵达柳泉，骆悦等担心众心不一，于是缢杀史思明，以毛毡裹了尸体，用骆驼负驮回洛阳。

　　史朝义即皇帝位，改年号为显圣。秘密派人到范阳，敕令散骑常侍张通儒等杀史朝清及史朝清的母亲辛氏，以及平时不依附自己的几十个人。范阳各官员们互相攻击，城中战斗持续了数月，死者数千人，范阳才安定下来。史朝义任命他的部将柳城人李怀仙为范阳尹、燕京留守。此时洛阳四面数百里，州、县都化为废墟，而史朝义所部节度使都是安禄山旧将，与史思明级别相同，史朝义召他们，大多不来，只是勉强维持一个隶属关系而已，并不能指挥他们。

**9** 李光弼上表，坚持要求自贬；皇帝下制，命他以开府仪同三司、侍中身份，兼领河中节度使。

**10** 术士、长塞镇将朱融与左武卫将军窦如玢等密谋尊奉嗣岐王李珍作乱，金吾将军邢济告发。夏，四月一日，废李珍为庶人，溱州安置，他的党羽全部伏诛。李珍，是李业（李隆范，睿宗李旦的儿子，李隆基的弟弟，为避李隆基的名讳改为李范，封岐王。李范薨逝后，其子李瑾暴卒，以薛王李业之子李珍继承岐王爵位）之子。

四月二日，左散骑常侍张镐被贬为辰州司户，因为张镐曾经购买李珍的住宅。

**11** 四月五日，任命吏部侍郎裴遵庆为黄门侍郎、同平章事。

**12** 四月二十一日，青密节度使尚衡击破史朝义军，斩首五千余级。

**13** 四月二十三日，兖郓节度使能元皓击破史朝义军。

**14** 四月二十八日，梓州刺史段子璋反。段子璋骁勇，跟从上皇在蜀有功，东川节度使李奂上奏将他免职，段子璋举兵，于绵州袭击李奂。路过遂州，刺史、虢王李巨仓皇间以属郡之礼迎接他（遂州属东川节度管辖，李巨表示卑服），段子璋杀了他。李奂战败，逃奔成都。段子璋自称梁王，改年号为黄龙，以绵州为龙安府，设置百官，又攻陷剑州。

**15** 五月五日，李光弼自河中入朝。

**16** 当初，李辅国与张皇后同谋，把上皇李隆基迁居到西内。当天是端午节，隐士李唐觐见皇帝，皇帝正抱着幼女，对李唐说："朕想念她，卿不要见怪。"李唐回答说："太上皇思念陛下，想来也如同陛下思念公主一样。"皇帝泫然泣下，但是畏惧张皇后，也不敢去西内。

**17** 五月九日，党项入寇宝鸡。

**18** 当初，史思明任命他的博州刺史令狐彰为滑郑汴节度使，率数千兵戍防滑台。令狐彰秘密通过宦官杨万定通表请降，移军屯驻杏园度。史思明生疑，派部将薛岌包围。令狐彰与薛岌交战，大破之，然后跟随杨万定入朝。

五月十日，任命令狐彰为滑州、卫州等六州节度使。

**19** 五月十四日，平卢节度使侯希逸攻击史朝义的范阳军，击破。

**20** 五月十一日，西川节度使崔光远与东川节度使李奂共攻绵州，五月十六日，攻拔，斩段子璋。

**21** 再次任命李光弼为河南副元帅、太尉兼侍中，都统河南、淮南东西、山南东、荆南、江南西、浙江东西八道行营节度，镇守临淮。

**22** 六月一日，青密节度使能元皓击败史朝义部将李元遇。

**23** 江淮都统李峘畏惧失守之罪，归咎于浙西节度使侯令仪，六月二十三日，侯令仪被除名，终身流放康州。皇帝加授田神功为开府仪同三司，任徐州刺史；征召李峘、邓景山回京师。

**24** 六月二十五日，党项入寇好畤。

**25** 秋，七月一日，日全食，稍大一点的星辰都可以看见。

**26** 任命试少府监李藏用为浙西节度副使。

**27** 八月一日，加授开府仪同三司李辅国为兵部尚书。

八月七日（原文为"乙未日"，根据柏杨考证修改），李辅国上任，宰相朝臣都送他到兵部衙门，御厨安排酒宴，太常奏乐。李辅国骄纵日甚，要求当宰相。皇帝说："以卿的功劳，当什么官不可以呢？但是，卿的人望不够啊！"李辅国于是暗示仆射裴冕等举荐自己。皇帝秘密对萧华说："李辅国求为宰相，如果公卿们上表举荐，朕也不得不给他。"萧华出来，问裴冕，裴冕说："没有这回事，我的手臂可以砍断，他的宰相不可得！"萧华入宫告诉皇帝，皇帝大悦；李辅国怀恨在心。

**28** 八月十七日，李光弼前往河南行营。

**29** 八月二十九日，任命殿中监李若幽为朔方、镇西、北庭、兴平、陈郑等节度行营及河中节度使，镇守绛州，赐名李国贞。

**30** 九月三日，是天成地平节（皇帝李亨生日，定为天成地平节）。皇帝于三殿设置道场，以宫女装扮成佛、菩萨，北门武士装扮成金刚神王，召大臣围绕膜拜。

**31** 九月二十一日，李亨下诏，去除自己的尊号，只称皇帝；去除年号，只称元年；以十一月为岁首，其他月份依次顺延；赦天下。撤销中京（长安）、东京（洛阳）、北京（太原）、西京（凤翔）四京及江陵南都称号。又下令从现在开始，每任命五品以上清望京官及郎官、御史、刺史，都要他们举荐一人来接替自己的官职，考察他们所举荐的人选，作为考核政绩的依据。

**32** 江、淮人饥，人相食。（刘展之乱的后果。）

## 制度租庸使查将领账，搜刮江、淮百姓财产

**33** 冬，十月，江淮都统崔圆任命李藏用为楚州刺史。正巧，支度租庸使（掌管征收赋税、支付财用、调拨物资的官职）因为刘展之乱，各州仓库账目不清，奏请查验征缴。当时仓促招募士兵，库物大多散失，现在虽然向各方征缴，仍然无法补足原数，诸将往往变卖自己家产以补偿。李藏用担心牵连到自己，曾经跟人谈起，颇有悔恨之意。他的牙将高幹因为以前的私怨，派人到广陵告状说李藏用谋反，并先派兵袭击。李藏用逃走，高幹追上，将他斩首。崔圆于是根据高幹指控李藏用的罪状，逐条责问李藏用手下将吏，将吏们畏惧，都附和，李藏用罪名成立。唯独孙待封坚称李藏用没有谋反，崔圆下令把他拉出去斩首。有人问他说："你为什么不从众以求生？"孙待封回答："我开始时跟从刘大夫（刘展），奉诏书来上任，有人说我们造反；李公起兵灭刘大夫，今天又说李公是反贼。如此，谁不是反贼呢？还有完吗？我宁愿就死，不能诬人以非罪。"于是将孙待封斩首。

### 【华杉讲透】

刘展是被皇帝设计害死的。支度租庸使在兵荒马乱之后突然要查账。李藏用是祸从口出，他悔恨什么呢？无非是说自己当初不该挺身而出，招兵买马拒战刘展，结果弄成今天交不了账的局面。高幹则抓住机会报私仇。李藏用的怨言，当然也针对崔圆，所以崔圆和高幹上下同谋，把李藏用害死了。孙待封本来不是李藏用的人，不必为他殉葬，但是在这暗无天日的乱世中，他不想活在这些人中间了，于是决定慷慨就死，活进历史。

**34** 十一月一日，皇帝接受朝贺，跟正月初一的礼仪一样。

**35** 有人告状说鸿胪卿康谦与史朝义暗通消息，事情牵连到司农卿严庄，都被逮捕下狱。京兆尹刘晏派官吏看管严庄家。皇帝不久下敕令释放严庄，引见。严庄怨恨刘晏，于是报告说："刘晏与臣交谈，经常泄露禁中谈话，夸耀自己功劳，而埋怨皇帝。"

十一月六日，贬刘晏为通州刺史，严庄为难江县尉，康谦伏诛。

十一月七日，任命御史中丞元载为户部侍郎，掌管度支、铸钱、盐铁，并兼江淮转运等使。元载初为度支郎中，聪明敏捷，善于奏对，皇帝爱他的才，把江淮漕运也委任给他，数月之后，替代刘晏，专门掌管财政和经济工作。

**36** 十一月十七日，冬至；十八日，皇帝朝见上皇于西内。

**37** 神策节度使卫伯玉攻史朝义，攻拔永宁，击破渑池、福昌、长水等县。

**38** 十一月二十八日，皇帝朝献太清宫（老子庙）。

十一月二十九日，祭享太庙、元献庙（皇帝生母祭庙）。

十二月一日，祭祀圜丘、太一坛。

**39** 平卢节度使侯希逸与范阳相攻连年，救援断绝，又被奚部落侵略，于是举军二万余人袭击李怀仙，击破，之后引兵向南转移。

## 宝应元年（公元762年）

**1** 正月四日，追尊靖德太子李琮为奉天皇帝，妃窦氏为恭应皇后，正月十七日，葬于齐陵。

**2** 正月二十四日，吐蕃遣使请和。

**3** 李光弼攻拔许州，生擒史朝义任命的颍川太守李春；史朝义的部将史参率军救援，正月二十六日，战于城下，李光弼击破史参军。

**4** 正月二十八日，平卢节度使侯希逸于青州北渡河南下，于兖州会见田神功、能元皓。

**5** 租庸使元载认为江、淮虽然经过兵荒，但百姓与其他各道比起来，还算有资产，于是按户籍倒查八年，凡是逃租漏税的，估计一个大数征收；遴选心狠手辣的官吏做县令督办，不管有没有逃漏税，也不问资产多少，只要发现家里有粟米、绸缎的，就出动人马，团团包围，登记所有财产，征收一半，甚至抽取十分之八九，称为"白著"。有不服的，就严刑拷打威逼。百姓家里只要有十斛谷米的积蓄，就战战兢兢，等待大祸临头，或者相聚山泽为群盗，州县不能制止。

**【华杉讲透】**

### 官府没钱，百姓遭殃，这就是恶性循环

白著，是"无故破财"的意思。江淮地区好不容易在安史之乱中躲过战祸，因为刘展之乱，朝廷拿不出钱奖赏军队，就把江淮人民的生命、财产都交给田神功军，作为他们的战利品，于是田神功不仅将百姓财产搜刮一空，还要挖地三尺寻宝。钱进了田神功军私人口袋，官府还是没钱，于是，支度租庸使开始查将领们的账，连锁反应的结果是杀了李藏用。再接下来，还是要想办法搞钱，租庸使就只能把田神功刮过的地皮，再刮一遍了。

官府没钱，百姓遭殃，这就是恶性循环。

**6** 二月一日，赦天下；再次以京兆为上都，河南为东都，凤翔为西都，江陵为南都，太原为北都。

**7** 奴剌入寇成固。

**8** 当初，王思礼任河东节度使，物资储备十分丰富，除了供应自己军队之外，还积蓄了 百万斛米，奏请运送五十万斛到京师。王思礼薨逝，管崇嗣替代他，管崇嗣为政宽弛，信任左右，数月间，将物资耗散殆尽，只剩陈腐米一万余斛还在。皇帝听闻，以邓景山替代他。邓景山一到，就开始调查存粮出库情形，将士们多有隐瞒吞没之事，都惧怕。有一个裨将抵罪当死，诸将求情，邓景山不许；他的弟弟请求代兄一死，也不许；请求交一匹马以赎死，邓景山同意了。诸将怒道："我辈还不如一匹马吗？"于是作乱，二月三日，杀邓景山。皇帝认为是邓景山抚御失当，才招致祸乱，不追究作乱的人，遣使慰谕以安抚他们。诸将请求以都知兵马使、代州刺史辛云京为节度使。辛云京上奏举荐张光晟为代州刺史。

**9** 绛州一向没有储蓄，民间闹饥荒，不能再征收赋税，将士们粮食和赏赐都不充足，朔方等诸道行营都统李国贞屡次向朝廷报告；朝廷没有回复，军中怨恨。突将王元振准备作乱，假传军令于众说："明天修建都统住宅，每人准备簸箕和铁铲，在门前待命。"士卒们都愤怒，说："朔方健儿难道是修房子的民夫吗？"

二月十五日，王元振率领他的徒众作乱，烧牙城门。李国贞逃到监狱，被王元振抓获，王元振把士兵们平常吃的食物放到他面前，说："吃这些东西，还要他们做苦工，可以吗？"李国贞说："我没有让大家来给我修住宅；军食不足，我屡次上奏，都没有回复，这是大家知道的。"众人想要退出。王元振说："今日之事，何必再问？都统不死，我们就要死。"于是拔刀杀了李国贞。镇西、北庭行营兵屯于翼城，也杀死节度使荔非元礼，推举裨将白孝德为节度使，朝廷只能满足士兵们的要求，正式任命白孝德为节度使。

**10** 二月十八日，淮西节度使王仲昇与史朝义的部将谢钦让战于申州城下，被贼军俘虏，淮西震骇。正巧侯希逸、田神功、能元皓攻打汴州，史朝义召谢钦让回师救援。

**11** 绛州诸军不停在民间搜刮抢掠，朝廷担心他们与太原乱军联合降贼，新进的将领们没有能力镇服他们。二月二十一日，朝廷任命郭子仪为汾阳王，知朔方、河中、北庭、潞泽节度行营兼兴平、定国等军副元帅，征发京师绸缎四万匹、布五万匹、米六万石以供给绛州军队。

三月十一日，郭子仪将行，当时皇帝生病，群臣不得进见。郭子仪请求说："老臣受命，将死于外，不见陛下，死不瞑目！"皇帝召入卧内，对他说："河东之事，全部委托给卿。"

史朝义派兵于泽州包围李抱玉，郭子仪发定国军救援，史朝义军退去。

**12** 皇帝召山南东道节度使来瑱到京师；来瑱乐意在襄阳，他手下将士们也爱戴他，于是他暗示所部将吏上表请求他留下；走到邓州时，朝廷命令送达，令他回襄阳。荆南节度使吕諲、淮西节度使王仲昇及往来的宦官们都说："来瑱收买人心，时间长了，恐怕难以控制他。"皇帝于是划出商州、金州、均州、房州，另外设置观察使，令来瑱只管辖六州。正巧谢钦让于申州包围王仲昇数月，来瑱怨恨他，按兵不救，王仲昇竟战败被俘。行军司马裴茙密谋夺取来瑱的官位，秘密上表，说来瑱倔强难制，请以兵袭取，皇帝信以为然。二月十四日，任命来瑱为淮西、河南十六州节度使，表面上对他宠信任用，实际上是想要铲除他。皇帝密敕，以裴茙替代来瑱为襄州、邓州等州防御使。

**13** 三月十五日，奴剌入寇梁州，观察使李勉弃城逃走。朝廷任命邠州刺史、河西人臧希让为山南西道节度使。

**14** 三月十七日，党项入寇奉天。

**15** 李辅国没有当上宰相，怨恨萧华。三月二十一日（原文为"庚午日"，根据柏杨考证修改），任命户部侍郎元载为京兆尹。元载晋见李辅国，坚决辞让，李辅国知道他的意思；三月二十三日，任命司农卿陶锐为京兆尹。李辅国说萧华专权，请求罢免他的宰相职务，皇帝不许。李辅国坚持不停地请求，皇帝于是听从，李辅国引荐元载替代萧华。三月二十九日，萧华被罢相，任礼部尚书，皇帝任命元载为同平章事，依旧兼领度支、转运使。

**16** 四月一日，泽州刺史李抱玉于城下击破史朝义兵。

**17** 四月三日，楚州刺史崔侁上表称，有一个叫真如的尼姑，恍惚中登上天庭，见到天帝，天帝赐给她宝玉十三枚，说："中原有灾，以此镇压消除。"群臣上表祝贺。

## 李隆基崩逝，肃宗崩逝，代宗即位，李辅国专权

**18** 四月五日，上皇李隆基崩逝于神龙殿，年七十八岁。

四月六日，遗体迁到太极殿。皇帝因为卧病在床，发哀于内殿，群臣发哀于太极殿。番官划破脸皮及割下耳朵的有四百余人。四月七日，命苗晋卿总摄朝政。皇帝自仲春开始卧病，听闻上皇去世，哀痛，病情加重，于是命太子监国。

四月十五日，皇帝下制，改年号为宝应；恢复以一月为正月，各月顺序也恢复旧历；赦天下。

### 【柏杨曰】

755年，安禄山兵变时，李隆基的宫女竟有四万人之多，完全供他一个人玩乐，真骇人听闻，创下中国五千年历史上最高纪录。那一年，全国人口五千三百万。764年，史朝义被消灭的次年，战乱平息，全国人口只剩下一千七百万，死亡人数高达三千六百万，是全国总人口的五分之

四。十年之中，平均每天有九千八百六十三人丧生在刀口之下，或饿死在空屋、道路之中。强大无比的唐王朝，因此土崩瓦解，中国再次陷入大苦大难的境地，最初是军阀割据，最后是每寸土地都发生屠杀，在长达两百年的黑暗时代里，哭声震天。

**19** 当初，张皇后与李辅国相表里，专权用事，晚年，两人又有了矛盾。内射生使（掌管宫内射生军）、三原人程元振党附李辅国。皇帝病危，张皇后召太子，对他说："李辅国久典禁兵，制敕都从他手里发出，当年又擅自逼迫上皇迁居，他的罪很大，所忌惮的就是我和太子。现在主上正在弥留之际，李辅国暗中与程元振作乱，不可不诛杀。"太子哭泣说："陛下病危，二人都是陛下勋旧之臣，不告诉陛下就将他们诛杀，必然会让陛下震惊，恐怕病体不堪承受。"张皇后说："那么太子暂且先回去，我再想想。"太子出来，张皇后召越王李系，对他说："太子仁弱，不能诛贼臣，你能吗？"李系回答说："能。"李系于是命内谒者监（内宫礼宾官）段恒俊选宦官有勇力者二百余人，在长生殿后集合，发给他们盔甲和武器。

四月十六日，张皇后假传皇帝命令召太子。程元振知道了她的阴谋，密告李辅国，并于陵霄门伏兵等待。太子抵达，程元振告诉他事体严重。太子说："必定没有这样的事。主上病重，亟召我，我岂可畏死而不去呢？"程元振说："社稷事大，太子一定不能入宫。"于是以兵送太子到飞龙厩，并且以武士保卫。当晚，李辅国、程元振勒兵三殿，收捕越王李系、段恒俊及知内侍省事朱光辉等一百余人，关押起来。以太子之命把张皇后迁到别的宫殿。当时皇帝在长生殿，使者逼张皇后下殿，将她和左右数十人一起幽禁于后宫，宦官、宫女皆惊骇逃散。

四月十八日，皇帝崩逝。李辅国等杀张皇后、李系及兖王李僴。当天，李辅国带领太子，让他身着素服，于九仙门与宰相相见，通告上皇晏驾消息，拜哭，太子开始执行监国命令。

四月十九日，于两仪殿发大行皇帝丧，宣读遗诏。

四月二十日，代宗即位。

**20** 高力士因之前大赦令，还京，走到朗州时，收到上皇崩逝消息，哀号恸哭，呕血而死。

**21** 四月二十五日，任命皇子、奉节王李适为天下兵马元帅。

**22** 李辅国仗恃自己的功劳，更加骄横，公开对皇帝说："陛下只需要居住在宫中就行了，外面的事听老奴处分。"皇帝内心愤愤不平，但是因为他手握禁兵，所以表面上礼敬他。四月二十六日，皇帝尊称李辅国为尚父，而不再称呼他的名字，事情无论大小，都咨询他的意见，群臣出入皇宫，都要先去晋见李辅国，李辅国也晏然处之。皇帝任命内飞龙厩副使程元振为左监门卫将军。知内侍省事朱光辉及内常侍啖庭瑶、山人李唐等二十余人都被流放黔中。

**23** 当初，李国贞治军严厉，朔方将士不喜欢他，都思念郭子仪，所以王元振利用这种情绪作乱。郭子仪到了军中，王元振自以为有功，郭子仪说："你身在贼境，谋害主将，如果贼军乘机攻击，那绛州就丢了。我身为宰相，岂能接受你一个士卒的私恩？"五月二日，逮捕王元振及其同谋四十人，全部处死。辛云京听闻，也逮捕参与杀害邓景山的数十人，并将其全部诛杀。由此河东诸镇都能遵守军法了。

**24** 五月四日，任命李辅国为司空兼中书令。

**25** 党项入寇同官、华原。

**26** 五月六日，任命平卢节度使侯希逸为平卢、青州、淄州等六州节度使，由此青州节度又名平卢节度。

**27** 五月七日，改封奉节王李适为鲁王。

**28** 五月十二日，追尊皇帝生母吴妃为皇太后。

**29** 五月十四日，贬礼部尚书萧华为峡州司马。这是由于元载迎合李辅国的意思，以罪名诬告萧华。

**30** 敕令乾元钱无论大小，都一枚当一枚使用，百姓这才安心。

【华杉讲透】

758年，铸乾元重宝小钱，一钱当十钱；759年，铸双重轮边大钱，一钱当五十钱；760年，大钱改为一钱当三十钱。现在新敕令规定，无论大小，都是一钱当一钱。试想一下，这前后四年的时间里，币制多么混乱，多少民间财富灰飞烟灭！

**31** 史朝义包围宋州已有数月，城中食尽，宋州将要陷落，刺史李岑不知道该怎么办。遂城果毅、开封人刘昌说："仓库里还有酒曲（将小麦或稻米蒸煮后发酵，做酿酒之用）数千斤，可以磨成粉食用；不过二十天，李太尉必定来救我们。城东南角最危险，请让我去镇守。"

李光弼抵达临淮，诸将认为史朝义兵尚强，请求向南退保扬州。李光弼说："朝廷倚靠我保障安全，我再退缩，朝廷还有什么指望？况且我军出其不意，贼军怎么知道我们兵多兵少？"于是直扑徐州，派兖郓节度使田神功进击史朝义，大破之。

之前，田神功既攻克刘展，一直逗留在扬州，不肯北返，太子宾客尚衡与左羽林大将军殷仲卿在兖州、郓州一带互相攻击，听闻李光弼抵达，忌惮他的威名，田神功于是回到河南，尚衡、殷仲卿也相继入朝。

李光弼在徐州，只有军事行动才自己决定，其他军务，全部委任给判官张傪。张傪熟悉军中事务，区辨处理，如同流水一样顺畅，诸将汇报事情，李光弼多令他们与张傪商议，诸将事奉张傪，就像对李光弼一样尊敬，由是军中肃然，东部地区得以安宁。之前，田神功从一个偏裨小将擢升为节度使，将前任节度使的判官刘位等人留于幕府，田神功平时都坦然接受他们的跪拜；后来看见李光弼对张修以平等礼节相待，大惊，向刘位等一一下拜说：“我行伍出身，不知礼仪，你们怎么也不给我指出来，让我犯错误啊！”

**32** 五月十九日，赦天下。

**33** 立皇子、益昌王李邈为郑王，李延为庆王，李迥为韩王。

**34** 来瑱接到要把自己调往淮西的诏书，大惧，上书说：“淮西无粮，请让我秋收后再走。”又指使将吏们上书，要求自己留任。皇帝想要姑息无事，五月二十四日，恢复任命来瑱为山南东道节度使。

## 程元振密夺李辅国权力，李辅国被杀

**35** 飞龙副使程元振密谋夺取李辅国的权力，向皇帝密言，对李辅国的权力稍加裁制。六月十一日，解除李辅国行军司马及兵部尚书职务，其他官职如故，任命程元振代判元帅行军司马，并把李辅国迁出皇宫，让其居住在外面的宅第。于是人们相互庆贺。李辅国开始感到恐惧，上表逊位。六月十三日，罢免李辅国兼中书令的职务，进爵为博陆王。李辅国入宫谢恩，悲愤哽咽，说：“老奴侍奉不了陛下了，请让我到地下去侍奉先帝！”皇帝仍安慰晓谕，遣送他回去。

**36** 六月十四日，任命兵部侍郎严武为西川节度使。

**37** 襄邓防御使裴茙屯驻穀城，收到皇帝密敕，即刻率麾下二千人沿着汉江，直扑襄阳；六月二十一日，列阵于穀水北岸。来瑱以兵迎接，问他来做什么，回答说：“尚书不受朝命，所以派我来。如果你接受替代，我自当休兵。”来瑱说：“我已蒙恩，留下镇守此地，哪有什么接受你来替代之事？"来瑱拿出皇帝敕令及自己的委任状给他看，裴茙惊惑。来瑱与副使薛南阳纵兵夹击，大破之，追擒裴茙于申口，押送京师；赐死。

**【华杉讲透】**

皇帝之前密敕给裴茙，要他替代来瑱。后来，来瑱这边闹起来，皇帝为了息事宁人，让他留任，这又满足了来瑱的要求。裴茙却还蒙在鼓里，仍带兵来接收。两人都有皇帝的敕令，打了起来，裴茙战败，被押送京师，赐死。皇帝这个赐死，就跟杀人灭口差不多。皇帝当成这样，也就没法把他当皇帝了。

**38** 六月二十七日，擢升通州刺史刘晏为户部侍郎兼京兆尹，充度支、转运、盐铁、铸钱等使。

**39** 秋，七月十五日，任命郭子仪都知朔方、河东、北庭、潞州、仪州、泽州、沁州、陈州、郑州等节度行营及兴平等军副元帅。

**40** 七月十六日，剑南兵马使徐知道造反，以兵把守要害，拒绝严武上任，严武无法前进。

**41** 八月，桂州刺史刑济讨伐西原贼帅吴功曹等，讨平。

**42** 八月十三日，徐知道被部将李忠厚所杀，剑南全部平定。

**43** 八月十九日，山南东道节度使来瑱入朝谢罪，皇帝优待他。

**44** 八月二十三日，郭子仪从河东入朝。当时程元振掌权，忌惮郭子仪功高任重，数次在皇帝跟前说他坏话。郭子仪内心不能自安，上表请解除副元帅、节度使职务。皇帝慰抚，郭子仪于是留在京师。

**45** 台州贼帅袁晁攻陷浙东诸州，改年号为宝胜；深受赋税之苦的百姓多归附他。李光弼派兵于衢州攻击袁晁，击破。

**【华杉讲透】**

这句有意思，"民疲于赋敛者多归之"，也就是说，这个"贼帅"不抢夺民财，还轻徭薄赋，百姓跟他比跟朝廷的日子好过。谁是民贼，就不好说了。

**46** 八月二十九日，改封鲁王李适为雍王。

**47** 九月四日，任命来瑱为兵部尚书、同平章事、知山南东道节度使。

**48** 九月十九日，加授程元振为骠骑大将军兼内侍监。

**49** 左仆射裴冕为山陵使（掌管皇帝丧葬及陵寝之事），讨论事情有时与程元振意见不一致，九月二十日，贬裴冕为施州刺史。

**50** 皇帝派宦官刘清潭出使回纥，重修旧好，并且征兵讨伐史朝义。刘清潭到了回纥王庭，回纥登里可汗已被史朝义引诱，史朝义说："唐室连续有大丧，如今中原无主，可汗可以速来，一起接收他们的府库。"可汗相信了。刘清潭呈递皇帝敕书说："先帝虽然抛弃天下离去，当今皇帝继统，是昔日的广平王，与叶护一起收复两京的那位。"回纥已经起兵抵达三城，看见州、县皆为丘墟，有轻视唐朝之心，于是刁难、侮辱刘清潭。刘清潭派使者回来汇报情况，并说："回纥举国十万大军来了！"京师大骇。皇帝派殿中监药子昂前往忻州南慰劳迎接。当初，毗伽阙可汗为登里求婚，肃宗把仆固怀恩的女儿嫁给他，为登里可敦（皇后）。可汗要求与岳父仆固怀恩相见，仆固怀恩当时在汾州，皇帝令他前往相见，仆固怀恩对可汗说，唐朝恩信不可辜负，可汗喜悦，遣使上表，请求协助唐朝讨伐史朝义。可汗想要先走蒲关，从沙苑出潼关向东，药子昂对他说："关中数遭兵荒，州县萧条，无法供应，恐怕会使可汗失望；贼兵尽在洛阳，请从土门南下，穿过邢州、洺州、怀州、卫州向南，这样，可以得到叛军资财，以充军用。"可汗不听；又请"从太行南下，占据河阴，扼住贼军咽喉"，还是不听；又请"从陕州大阳津渡过黄河，由太原仓供应粮食，与官军诸道同步前进"，这回终于听了。

**51** 变民军首领袁晁攻陷信州。

**52** 冬，十月，袁晁攻陷温州、明州。

**53** 任命雍王李适为天下兵马元帅。十月十六日，李适辞行，任命兼御史中丞药子昂、魏琚为左、右厢兵马使，以中书舍人韦少华为判官，给事中李进为行军司马，与诸道节度使及回纥在陕州会合，进兵讨伐史朝义。皇帝想要让郭子仪做李适副帅，程元振、鱼朝恩等竭力反对，于是作罢。加授朔方节度使仆固怀恩为同平章事兼绛州刺史，领诸军节度行营，做李适副帅。

**54** 皇帝在东宫做太子时，因李辅国专横，心中非常愤愤不平，嗣位之后，因为李辅国有杀张皇后之功，不想公开诛杀他。十月十七日夜，有刺客进入李辅国家，砍下李辅国首级及一条手臂而去。皇帝敕令有司抓捕刺客，派宦官慰问他的家属，木刻一个人头安葬，仍追赠他为太傅。

**【胡三省注】**

晚唐史学家陈岳的私修史《统纪》记载说：皇帝在东宫做太子时，听说李辅国逼迫上皇李隆基，非常愤怒。登基之后，李辅国又立功，不方便公开诛杀他，于是密令人刺杀。砍下他的首级，扔在粪坑里，又砍下一条手臂，飞驰送到泰陵（李隆基陵墓）祭奠。

## 史朝义屡战屡败，被杀

**55** 十月二十一日，皇帝命仆固怀恩与母亲、妻子一起到行营。

雍王李适抵达陕州，回纥可汗屯驻在河北，李适与僚属从数十骑前往见他。可汗斥责李适没有拜舞（古代朝拜的礼节），药子昂回答说按礼仪不当如此。回纥将军车鼻说："唐天子与可汗约为兄弟，可汗对于雍王来说，是叔父，怎能不拜舞？"药子昂说："雍王，是天子长子，现在为元帅。岂有中原储君向外邦可汗拜舞的？况且现在两位皇帝（李隆基和李亨）的灵柩还没有安葬，不应舞蹈。"力争很久，车鼻于是将药子昂、魏琚、韦少华、李进各打一百鞭，以李适年少不懂事为由，将其遣返归营。魏琚、韦少华过了一夜就死了。

十月二十三日，诸军从陕州出发，仆固怀恩与回纥左杀（左翼王）为前锋，陕西节度使郭英乂、神策观军容使鱼朝恩殿后，从渑池进军；潞泽节度使李抱玉从河阳进军；河南等道副元帅李光弼从陈留进军；雍王留在陕州。

十月二十六日，仆固怀恩等军驻扎在同轨。

史朝义听闻官军将至，与诸将谋议。阿史那承庆说："唐朝如果只派汉人军队来，应该全军与他们交战；如果与回纥联军一起来，其锋不可当，应该退守河阳，以避其锋芒。"史朝义不听。

十月二十七日，官军抵达洛阳北郊，分兵取怀州；十月二十八日，攻拔。

十月三十日，官军列阵于横水。贼军数万人，立起栅栏工事防守，仆固怀恩列阵于西原，派骁骑兵及回纥军绕道南山，攻击栅栏东北，内外合击，大破贼军。史朝义将其精兵十万人全部派出救援，列阵于昭觉寺，官军发动突袭，杀死杀伤很多贼军，而贼军阵势不动；鱼朝恩派射生军五百人力战，贼军虽然战死很多人，还是坚守阵地，不动如初。镇西节度使马璘说："事态紧急了！"（如果冲击敌阵，不能攻陷，那撤退的时候一定会吃大亏，所以说事态紧急。）于是单骑奋击，夺取贼军两面盾牌，突入万军之中。贼军向两边后退，大军乘之而入，贼军大败；

转战于石榴园、老君庙，贼军又败；人马相互践踏，填平了尚书谷，斩首六万级，俘虏二万人，史朝义率轻骑兵数百人向东逃走。仆固怀恩进军攻克东京及河阳城，俘虏其中书令许叔冀、王伷等，以皇帝诏令名义将他们释放。仆固怀恩让回纥可汗大营留在河阳，派他的儿子右厢兵马使仆固玚及朔方兵马使高辅成率步骑兵一万余人乘胜追逐史朝义，追到郑州，再战皆捷。史朝义抵达汴州，其陈留节度使张献诚关闭城门，拒绝他进城，史朝义逃奔濮州，张献诚开门出降。

回纥军进入东京，肆行烧杀抢掠，死者数以万计，火数十天都不灭。朔方、神策军也把东京、郑州、汴州、汝州都当成贼境，所过之处，一路掳掠，三个月才结束。房屋全部化为废墟，官民男女衣服全被剥光，只能把纸穿在身上。回纥把所抢掠来的财货全部集中在河阳，留部将安恪把守。

十一月二日，捷报送到京师。

史朝义从濮州北渡黄河，仆固怀恩进攻滑州，攻拔，再追击，于卫州打败史朝义。史朝义的睢阳节度使田承嗣等将兵四万余人与史朝义会合，再来拒战；被仆固玚击破，仆固玚长驱直抵昌乐东。史朝义率魏州兵来战，又败走。于是邺郡节度使薛嵩献出相州、卫州、洺州、邢州四州，投降于陈郑、泽潞节度使李抱玉；恒阳节度使张忠志献出赵州、恒州、深州、定州、易州五州，投降于河东节度使辛云京。薛嵩，是薛楚玉之子。李抱玉等已进入叛军军营，接收部队，薛嵩等也都交出军权；没多久，仆固怀恩令他们全部官复原位。由此李抱玉、辛云京都怀疑仆固怀恩有二心，分别上表向皇帝报告，朝廷秘密戒备；仆固怀恩也上疏为自己解释，皇帝慰劳勉励他。十一月六日，下制说："东京及河南、河北接受伪朝官职的，一概不问。"

**56** 十一月十四日，任命户部侍郎刘晏兼河南道水陆转运都使。

**57** 十一月二十二日，任命降将张忠志为成德军节度使，统辖恒州、赵州、深州、定州、易州五州，赐姓李，名宝臣。当初，辛云京引兵将出井陉，常山裨将王武俊对李宝臣说："如今河东兵精锐，出境远征，势不可当。况且我军以寡当众，以曲遇直，战则离心，守则崩溃，请您考虑该怎么办。"李宝臣于是撤去守备，献出五州投降。等到再次被朝廷任命为节度使时，因为王武俊献了善策，擢升王武俊为先锋兵马使。王武俊，本是契丹人，原名没诺干。

郭子仪因为仆固怀恩有平河朔之功，请求把自己的副元帅职位让给他。十一月二十四日，任命仆固怀恩为河北副元帅，加授左仆射兼中书令、单于、镇北大都护、朔方节度使。

史朝义走到贝州，与他的大将薛忠义等两位节度使会合，仆固玚一路追到临清。史朝义从衡水引兵三万转头攻击，仆固玚设伏将他击退。回纥军抵达，官军声势大振，于是追逐；大战于下博东南，贼军大败，积尸挤满河面，顺流而下，史朝义逃奔莫州。仆固怀恩的都知兵马使薛兼训、兵马使郝庭玉与田神功、辛云京于下博会师，于莫州进军包围史朝义，青淄节度使侯希逸也随后抵达。

**58** 十二月十六日，祭祀天地时，首次以太祖（李虎）配享。


# 代宗睿文孝武皇帝上之上


## 广德元年（公元763年）

**1** 春，正月五日，追谥吴太后（皇帝李豫生母）为章敬皇后。

**2** 正月九日，任命国子祭酒刘晏为吏部尚书、同平章事，原职度支使等保留不变。

**3** 当初，来瑱在襄阳，程元振向他请托办事，他不给办；后来，来瑱升任宰相，程元振向皇帝打小报告，说来瑱谈话中对皇帝言辞不顺。淮西节度使王仲昇被贼军俘虏，卑屈顺服，得以保全性命，贼军被扫平之后，他回到京师，与程元振关系友善，上奏指控说来瑱与贼合谋，才导致自己兵败被俘。正月二十八日，来瑱被削夺官爵，流放播州，又在路上被赐死，由此藩镇大员都切齿痛恨程元振。

**4** 史朝义在莫州，屡次出战，都战败。田承嗣向史朝义建议，让他亲自去幽州征发士兵，再还师救援莫州，田承嗣自告奋勇留守莫州。史朝义听从，选精骑兵五千人从北门突围而出。史朝义一走，田承嗣即刻献出城池投降，并把史朝义的母亲、妻子、儿子都送到官军处。于是仆固场、侯希逸、薛兼训等率众三万追击，在归义追上，交战，史朝义败走。

当时史朝义的范阳节度使李怀仙已经通过宦官骆奉仙请降，派兵马使李抱忠将兵三千人镇守范阳县，史朝义抵达范阳，不得入城。官军将至，史朝义派人晓谕李抱忠，告诉他大军留在莫州，他率轻骑前来发兵救援，并以君臣之义责备他。李抱忠回答说："上天不保佑燕朝，唐室复兴。今天我既已归唐，岂能再次改变，愧对三军？大丈夫耻于以诡计相图，希望您早早选择去就，以求保全自己。况且田承嗣必定已经叛变了，不然，官军怎么能到这里呢？"史朝义大惧，说："我一大早来，还没吃饭，你就不能送我一餐饭吗？"李抱忠于是令人设食于城东。于是在史朝义麾下的范阳人，都拜辞而去，史朝义只是哭泣流泪而已，独自与胡人骑兵数百人吃了饭离去。东奔广阳，广阳也不接受；想要北入奚、契丹，走到温泉栅，被李怀仙兵追上；史朝义走投无路，自缢于林中，李怀仙取下他的首级，献给唐军。仆固怀恩与诸军都撤回。

正月三十日，史朝义首级送到京师。

**5** 闰正月五日夜，有回纥十五人突击含光门，冲进鸿胪寺，门司不敢阻止。

**6** 闰正月十九日，任命史朝义降将薛嵩为相州、卫州、邢州、洺州、贝州、磁州六州节度使，田承嗣为魏州、博州、德州、沧州、瀛州五州都防御使，李怀仙仍在故地，为幽州、卢龙节度使。当时河北诸州都已投降，薛嵩等迎接仆固怀恩，在马前跪拜，乞请留在军中，报效国家；仆固怀恩也担心平定全部贼军之后，自己也不受朝廷重用了，所以上奏建议薛嵩等及李宝臣分别担任河北各州节度使，作为自己的党羽外援。朝廷也厌倦和苦于兵革，只求无事便好，就批准了他的建议。

**【胡三省注】**
河北藩镇，自此强傲不可制矣。

**7** 回纥登里可汗归国，他的部众所过之处，一路抢掠，地方官府供应稍不如意，就杀人，无所忌惮。陈郑、泽潞节度使李抱玉想要派遣官属前往，一路替他们安顿，人人害怕，都不愿去，唯独赵城县尉马燧请行。等到回纥大军将至，马燧先派人贿赂他们的渠帅，约定不要暴掠，渠帅给他一面令旗，说："有犯令者，你可以将他们就地正法。"马燧从监狱中提出几个死囚，带在自己左右，小有违令，立即斩首。回纥兵相顾失色，经过他的辖区，都拱手遵守约束。李抱玉大为惊奇，马燧乘势对李抱玉说："我与回纥人交往，了解到不少情况。仆固怀恩仗恃功劳，骄傲放纵，他的儿子仆固玚好勇而轻率，如今内树四帅（薛嵩、田承嗣、李怀仙、李宝臣），外交回纥，必有窥视河东、泽潞之志，要对他严加防备。"李抱玉深有同感。

**8** 当初，长安人梁崇义以羽林射生军身份，跟从来瑱镇守襄阳，一路升迁到右兵马使。梁崇义有勇力，能徒手把铁钩拉直，再弯回原状，沉毅寡言，深得众心。来瑱入朝时，命诸将分别戍防各州；来瑱死后，各州将领都奔归襄阳。行军司马庞充率军兵二千人前往河南，走到汝州，收到来瑱死亡消息，还军袭击襄州；左兵马使李昭拒战，庞充逃奔房州。梁崇义从邓州带领戍防士兵回来，与李昭及副使薛南阳相互推让，不肯做长官，长时间不能决定这件事，众人都说："士兵们非梁卿做主不可。"于是推举梁崇义为帅。梁崇义寻即诛杀李昭及薛南阳，并报告朝廷，皇帝不能讨伐。三月一日，任命梁崇义为襄州刺史、山南东道节度留后。梁崇义上奏请求改葬来瑱，为他立祠，从不在来瑱的听事厅及正堂居住，以示尊敬。

**9** 三月十八日，葬至道大圣大明孝皇帝（李隆基）于泰陵；庙号玄宗。

三月二十七日，葬文明武德大圣大宣孝皇帝（李亨）于建陵；庙号肃宗。

**10** 夏，四月七日，李光弼上奏，生擒袁晁，浙东全部平定。当时袁晁聚众近二十万，转攻州县，李光弼派部将张伯仪率军将他讨平。张伯仪，是魏州人。

**11** 郭子仪数次上言："吐蕃、党项不可忽视，应该早做防备。"

**12** 四月二十八日（原文为"辛丑日"，根据柏杨考证修改），派兼御史大夫李之芳等出使吐蕃，结果被扣留，两年后才得以回来。

**13** 群臣再三上表请立太子；五月一日，皇帝下诏许诺，等秋天商议决定。

**14** 五月二十五日，皇帝下制，重划河北诸州：以幽州、莫州、妫州、檀州、平州、蓟州为幽州管；恒州、定州、赵州、深州、易州为成德军管；相州、贝州、邢州、洺州为相州管；魏州、博州、德州为魏州管；沧州、棣州、冀州、瀛州为青淄管；怀州、卫州、河阳为泽潞管。

**15** 六月一日，礼部侍郎、华阴人杨绾上疏，认为：

"古代选拔官员，必须考察他们的实际行为，近世却只看文辞。自从隋炀帝开始设置进士科，只是考试出一个题目，让他们写一篇策论而已；到高宗时，考功员外郎刘思立上奏，进士加考杂文（考诗赋），明经加考帖经（取儒经一行，盖上三五字，由考生填写，相当于现在的填空题），从此积弊，转而成俗。朝廷公卿以此来看待士人，家中长老以此来训导子弟，那些要考明经的，就背诵题集，以求侥幸押中考题。又，举人都要自己报名参加考试，如此，想要他们重返淳朴，崇尚廉让，怎么可能？建议由县令考察孝廉，选拔那些品行著称于乡里、研究儒经有成就的人，把他们举荐给州。州刺史对他们进行考试，通过的送到尚书省。由考生自己选一门经书，朝廷派出儒学之士，问他们经义二十条，对策三道，上等的即刻授予官职，中等的赋以做官资格，下等的罢免回家。又，道教科与治理国家无关，建议与明经、进士考试一起撤销。"

皇帝命诸司通议，给事中李栖筠、左丞贾至、京兆尹严武意见与杨绾相同。贾至认为："现在参加考试的学生，以为只要能做好帖经，就算精通儒经；考试写作呢，又只关注诗文的韵律，风气堕落，确实应当改革。但是，自东晋以来，人口流动，士人居住在本乡本土的，一百个当中也没有一两个；建议广设学校，士人仍居住在本乡的，由里举荐，寓居他乡的，由学校推荐。"皇帝敕令礼部制定具体办法，再奏报上来。杨绾又建议设置五经秀才科。

**【华杉讲透】**

杨绾是一代贤相，不过，他这篇奏章，虽指出了科举制度的弊端，却制造出更大的问题。他说举人自己报名参加考试破坏了淳朴、廉让的风气。这考试选拔人才，本来就是竞争，谈什么廉让呢？改为县令考察，"领导说了算"，那就破坏了公平，滋养腐败，问题更大了。

**16** 六月十八日，擢升魏博都防御使田承嗣为节度使。田承嗣调查自己辖区内户口，壮年的都入伍当兵，只留老弱者耕田，数年间有部众十万人；又选拔其中骁健者一万人做自己的卫队，称为牙兵。

**17** 同华节度使李怀让被程元振谗言陷害，恐惧，自杀。

## 卷第二百二十三　唐纪三十九

广德元年（763）七月至永泰元年（765）十月，共2年3个月

# 代宗睿文孝武皇帝上之下

## 广德元年（公元763年）

**1** 秋，七月一日，群臣呈献皇帝尊号为宝应元圣文武孝皇帝。

七月十一日，赦天下，改年号为广德。讨史朝义的诸将进官阶、加爵邑各有等差。册封回纥可汗为颉咄登蜜施合俱录英义建功毗伽可汗，可敦为娑墨光亲丽华毗伽可敦；左、右杀（左翼王、右翼王）以下，皆加封赏。

**2** 七月二十七日，杨绾上呈贡举考试条目：秀才问经义二十条，对策五道；国子监举人，先由博士向祭酒举荐，祭酒考试通过者呈送尚书省，依照州县逐级举荐秀才的办法。只有明法（法律科）由刑部考试录取。有人认为明经、进士科举制度，已经推行很久，不可骤然改变。杨绾的建议虽然没有得到执行，但有识之士都很赞同。

主要是司马光赞同。

---

**3** 任命仆固玚为朔方行营节度使。

---

**4** 吐蕃攻入大震关，攻陷兰州、廓州、河州、鄯州、洮州、岷州、秦州、成州、渭州等州，夺取河西、陇右全部土地。唐朝自建国以来，开拓边境，地连西域，都设置都督、府、州、县。开元年中，设置朔方、陇右、河西、安西、北庭诸节度使以统辖，每年征发山东丁壮为戍卒，绸缎为军资，开辟屯田，供应粮草，设置监牧，蓄养马牛，军城戍逻，万里相望。后来安禄山造反，边兵精锐全部被征发入援平叛，称为行营，所留下的兵单弱，胡虏开始稍稍蚕食；数年之间，西北数十州相继沦没，凤翔以西、邠州以北，都成为蛮夷地区了。

## 仆固怀恩被构陷与回纥谋反，上书自讼

**5** 当初，仆固怀恩受诏与回纥可汗相见于太原；河东节度使辛云京认为，可汗是仆固怀恩的女婿，恐怕他们合谋袭击军府，于是闭城自守，也不出来犒劳军队。后来，史朝义既已被平定，皇帝下诏，命仆固怀恩送可汗出塞，往来经过太原，辛云京也紧闭城门，不闻不问。仆固怀恩怒，上表向皇帝报告，皇帝没有回复。仆固怀恩率朔方兵数万人屯驻汾州，派他的儿子御史大夫仆固玚率领一万人屯驻榆次，裨将李光逸等屯驻祁县，李怀光等屯驻晋州，张维岳等屯驻沁州。李怀光，本是渤海靺鞨人，姓茹，为朔方将领，以功劳被赐姓李。

钦差宦官骆奉仙抵达太原，辛云京与他深相交结，跟他说仆固怀恩与回纥连谋，谋反的行迹已经显露。骆奉仙回京，经过仆固怀恩处，仆固怀恩与他在母亲跟前饮酒，母亲数次责备骆奉仙说："你与我儿约为兄弟，现在又亲近辛云京，为什么要做两面人？"酒酣，仆固怀恩起

舞，骆奉仙赠给他缠头彩（唐朝风俗，酒宴中如果有人向你献舞，当赠以彩色绸缎，称为"缠头"，歌女、舞女献技后，客人也要赠以缠头，所以白居易《琵琶行》有"五陵年少争缠头"的诗句）。仆固怀恩打算还礼，说："明天是端午，应当再乐饮一日。"骆奉仙坚持要走，仆固怀恩把他的马藏起来，骆奉仙对左右说："他母亲早上责备我，他现在又藏匿我的马，这是要杀我啊。"夜里翻墙逃走；仆固怀恩大惊，赶紧追上把马还给他。八月十三日，骆奉仙抵达长安，上奏说仆固怀恩谋反；仆固怀恩也上奏说明前后情况，请求诛杀辛云京、骆奉仙；皇帝两边都不问，颁发优诏让他们和解。

仆固怀恩自从兵兴以来，一路力战，一门之中，为国牺牲的有四十六人，让女儿远嫁绝域，说服回纥，两次收服两京，平定河南、河北，功高无人能比，却为人构陷，心中愤怨很深，上书自讼，认为："臣之前奉诏送可汗归国，倾尽家财，送他上道。走到山北，辛云京、骆奉仙紧闭城门，不出城迎接，让回纥军队像盗匪一样，偷偷摸摸过境。回纥怨怒，亟欲纵兵攻击，臣极力劝解，才得以和平出塞。辛云京、骆奉仙担心臣先上奏陛下，于是又妄称我防备朝廷，与李抱玉相互勾结。臣静而思之，我的罪有六条：当年同罗叛乱，臣为先帝（李亨）扫清河曲，这是第一条罪；臣的儿子仆固玢被同罗俘虏，自己逃回来，臣斩了他以正军法，这是第二条罪；臣有两个女儿，远嫁外夷，为国和亲，荡平寇敌，这是第三条罪；臣与儿子仆固玚不顾死亡，为国效命，这是第四条罪；河北新附，节度使都手握强兵，臣以抚绥政策，安抚他们不要对朝廷怀有疑心，这是第五条罪；臣说服回纥，让他们奔赴国难，天下平定之后，又送他们回国，这是第六条罪。臣既然背负这六条大罪，诚然应该被诛杀一万次，活该吞恨九泉，含冤千古，还有什么要控诉的呢？臣蒙受朝廷大恩，日夜都想能到京师侍奉陛下，但最近以来，来瑱受诛，朝廷没有明示他到底有什么罪，诸道节度使，谁不疑惧？近来听闻朝廷下诏征召数人，他们全都不去，实际上是畏惧宦官们的谗口，担心无罪而被陛下诛夷；岂是群臣不忠？正是奸邪之人，就在陛下身旁！况且臣前后所奏骆奉仙，词情并非不实，而陛下竟没有任何处置，反而对他更加宠任；这都是因为他的同类太多，蒙蔽圣听。臣听说，四方派人入京奏事，陛下都说与骠骑（宦官程元振任骠骑大将军）商议，从来不问宰相可否；去的人，有时被稽留数月，也不能回去，远近更加疑虑。像臣这样的朔方将士，功劳最高，为先帝中兴的主力，也是陛下流亡时期的老兵，陛下不仅没有给予额外的优奖，反而相信那些谗嫉之词。郭子仪之前已经被猜疑，臣如今又遭诋毁，'飞鸟尽，良弓藏'，看来并非虚言。陛下相信他们的诬陷，和指鹿为马有什么区别？如果陛下不能接纳我恳切的愚忠，一味因循苟且，包庇纵容，臣实在不敢说能保住自己的家，陛下又岂能安国？忠言逆耳利于行，希望陛下仔细考虑。臣打算公开入京朝见，又担心将士们阻拦。现在在晋州、绛州一带巡行，拖延时间，乞请陛下特遣一个使者到绛州问臣，臣即与他一同进京。"

九月二十二日，皇帝派裴遵庆到仆固怀恩处晓谕旨意，并观察他的意向。仆固怀恩见了裴遵庆，抱着他的脚号泣诉冤。裴遵庆说圣恩优厚，暗示明劝，要他入朝。仆固怀恩许诺。副将范志诚认为不可，说："您相信他的甜言蜜语，入京之后，就成为来瑱，不能回来了！"第二天，仆固怀恩见了裴遵庆，以自己怕死为辞，请令送一个儿子入朝，范志诚又认为不可，裴遵庆于是自己回去了。

御史大夫王翊出使回纥回来，仆固怀恩先前与可汗有往来，担心王翊泄露了他的事，于是把王翊扣留。


## 吐蕃入寇，代宗东迁，郭子仪出兵击退吐蕃

**6** 吐蕃刚开始入寇时，边将告急，程元振一概不向皇帝报告。冬，十月，吐蕃入寇泾州，刺史高晖献出城池投降，然后为吐蕃军做向导，引吐蕃深入；经过邠州，皇帝才听到消息。十月二日，吐蕃入寇奉天、武功，京师震骇。皇帝下诏，任命雍王李适为关内元帅，郭子仪为副元帅，出镇咸阳，以抵御吐蕃。

郭子仪被闲废已经很长时间，部曲离散，这回重新招募，到出发时只得二十名骑兵。到了咸阳，吐蕃率吐谷浑、党项、氐、羌各部落二十余万人，绵延数十里，已经从司竹园渡过渭河，沿着秦岭向东挺进。郭子仪派判官、中书舍人王延昌入朝上奏，请求增兵，程元振阻挠，皇帝竟没有召见。

十月四日，渭北行营兵马使吕月将率精卒二千，于盩厔西击破吐蕃。

十月六日，吐蕃入寇盩厔，吕月将再次力战，全军覆没，被俘虏。

皇帝正在调兵遣将，而吐蕃军已渡过便桥，代宗仓促恐惧，不知道该怎么办。十月七日，皇帝出京逃往陕州，官吏藏窜，六军逃散。郭子仪听闻，即刻从咸阳回长安，等他抵达，皇帝车驾已经离去。皇帝才出苑门，渡过浐水，射生将王献忠就带着骑兵四百人叛变，回到长安，胁迫丰王李珙（李隆基的儿子，皇帝李豫的叔父）等十王向西迎接吐蕃。在开远门内遇到郭子仪，郭子仪呵斥，王献忠下马，对郭子仪说："如今主上东迁，社稷无主，令公身为元帅，废立只在你一句话。"郭子仪还没回应，李珙先抢着说："你为什么不说话？"郭子仪斥责他们，派兵把他们护送到皇帝行在。

十月八日，皇帝车驾抵达华州，官吏奔散，没有人负责后勤供应，扈从将士也不能免于冻饿。正巧观军容使鱼朝恩率领神策军从陕州来迎，皇帝于是到鱼朝恩军营。丰王李珙在潼关见到皇帝，皇帝并未责备他，他回到自己幕中，却口出不逊之语；群臣上奏请诛杀他，于是代宗将他赐死。

十月九日，吐蕃军进入长安，高晖与吐蕃大将马重英等立已故邠王李守礼（李隆基的堂兄）的孙子广武王李承宏为帝，改年号，设置百官，任命前翰林学士于可封等为宰相。吐蕃剽掠府库市里，焚烧房舍，长安城中萧然一空。前宰相苗晋卿病卧在家，派人用轿子把他抬来，胁迫他，苗晋卿闭口不言，吐蕃军也不敢杀他。于是逃散在民间的朝廷禁军也出来抢掠，士民避乱，都逃入山谷。

十月十二日，皇帝抵达陕州，百官渐渐有赶来会合的。郭子仪带领骑兵三十人从御宿川沿着秦岭东下，对王延昌说："逃溃的六军将士多在商州，现在赶快前往召集他们，并征发武关防兵，只要几天时间，北上蓝田，反攻长安，吐蕃必定逃遁。"郭子仪经过蓝田，遇见元帅都虞候臧希让、凤翔节度使高升，得兵近千人。郭子仪与王延昌谋议说："溃兵到了商州，官吏必然逃匿，情势大乱。"派王延昌抄近路直入商州，抚慰晓谕。诸将正纵兵抢掠，听闻郭子仪到了，都大喜听命。郭子仪担心吐蕃进逼皇帝，在七盘山停留三日，然后出行，到了商州，收容各路兵马，加上武关防兵，合共四千人，军势稍稍振作起来。郭子仪于是声泪俱下，晓谕将士们，共雪国耻，收复长安，将士们都感怀激动，愿意接受约束。郭子仪请太子宾客第五琦为粮料使，供应军食。皇帝赐诏书给郭子仪，担心吐蕃东出潼关，征召郭子仪到皇帝行在。郭子仪上表称："臣不收复京城，则无以见陛下，若出兵蓝田，敌人必定不敢东进。"皇帝批准。鄜坊节度判官段秀实建议节度使白孝德引兵赴难，白孝德即日大举，南下进军京畿，与蒲州、陕州、商州、华州部队合势进击。

吐蕃已经立广武王李承宏为帝，想要抢掠城中士、女、工匠，整众归国。郭子仪派左羽林大将军长孙全绪率骑兵二百人从蓝田北上，观察敌军形势，令第五琦摄理京兆尹，与他同行，又令宝应军使张知节率军继后。长孙全绪抵达韩公堆，白天击鼓不停，摇动旗帜，夜晚则多燃营火，显出兵很多的样子，让吐蕃惊疑不定。前光禄卿殷仲卿聚众近千人，保卫蓝田，与长孙全绪里应外合，率骑兵二百余人直渡浐水。吐蕃惧怕，当地百姓又骗他们说："郭令公自商州率领大军，不计其数，已经到了！"吐蕃信以为然，稍稍引军撤退。长孙全绪又使射生将王甫入城秘密组织少年数百人，夜于朱雀街击鼓大呼，吐蕃惊惶，十月二十一日，全军遁去。叛将高晖听闻，率麾下骑兵三百余人向东逃走，走到潼关，被守将李日越擒杀。

十月二十三日，皇帝下诏，任命元载为判元帅行军司马，任命第五琦为京兆尹。

十月二十四日，任命郭子仪为西京留守。

十月二十五日，郭子仪从商州出发。

十月三十日，任命鱼朝恩部将皇甫温为陕州刺史，周智光为华州刺史。

# 程元振被削夺官爵

**7** 骠骑大将军、判元帅行军司马程元振专权自恣，人们畏惧他更甚于李辅国。诸将有大功的，程元振都忌恨而陷害。吐蕃入寇，程元振没有及时上奏，以致皇帝狼狈出逃。皇帝发诏征召诸道军队，李光弼等都忌惮程元振居中掌权，全都不来，朝廷内外，都对他切齿痛恨，而不敢发言。太常博士柳伉上疏，以为：

"犬戎犯关，横越陇山，兵不血刃而入京师，劫宫闱，焚陵寝，武士无一人力战，这是将帅们背叛陛下了。陛下疏远功臣，亲近小人，日积月累，铸成大祸，群臣在朝廷，没有一人犯颜直谏，这是公卿们也背叛陛下了。陛下刚刚离开京城，百姓蜂拥而出，抢夺府库，相互杀戮，这是三辅人民背叛陛下了。从十月一日下诏征召诸道兵马以来，前后四十天，没有一只车轮入关，这是全国都背叛陛下了。内外离叛，陛下认为今天的形势是安，还是危呢？如果认为是危，又岂能高枕无忧，不为天下讨伐罪人呢？臣听闻良医治病，要对症下药，药不对症，吃也无益。陛下看今日之病，病因在哪里？如果想要保存宗庙社稷，只有斩下程元振首级，驰告天下，把宦官们担任的官职，全部交给各州，把宦官掌握的神策兵，交给大臣，然后削去自己尊号，下诏引咎，说：'如果全国人民允许朕改过自新，请即刻招兵买马，西上勤王；如果认为朕还未悔改，则帝王大器，不妨另选圣贤，一切由全国人民决定。'如果这样做了之后，救兵还是不到，人民还是不感动，天下还是不服，请将臣满门碎尸万段，以谢陛下！"皇帝因为程元振曾经有保护他登基的功劳，十一月二日，削夺程元振官爵，放归田里。

## 【华杉讲透】

柳伉的上疏，把皇帝李豫骂得狗血淋头，结合前面王献忠的叛变、李珹的态度，可见全天下对这个皇帝的厌恶和鄙视已经到了极点。王献忠对郭子仪说："废立就是你一句话的事。"确实如此。但是，郭子仪选择了忠于皇帝，而吐蕃军呢，本来是来抢掠发财的，故而也不愿冒拼命的风险，李豫的朝廷和京师，就幸存下来了。

**8** 射生将王甫自称京兆尹，聚众二千余人，署置官属，横行施暴于长安城中。十一月三日，郭子仪抵达浐水西，王甫按兵不出。有人对郭子仪说，不可入城。郭子仪不听，带了三十名骑兵，徐徐前进，派人传呼王甫；王甫进退失据，出迎拜伏，郭子仪将他斩首，他的兵也就都散了。白孝德与邠宁节度使张蕴琦将兵屯驻畿县，郭子仪召他入城，京畿地区于是安定下来。

**9** 宦官、广州市舶使（掌管海外贸易的官职）吕太一发兵作乱，节度使张休弃城逃奔端州。吕太一纵兵焚烧抢掠，官军将他讨平。

**10** 吐蕃军撤退到凤翔，节度使孙志直闭城拒守，吐蕃包围数日。镇西节度使马璘听闻皇帝车驾在陕州，率精骑兵一千余人从河西前往勤王；一路转战到凤翔，正赶上吐蕃围城，马璘率众手持弯弓，拉满弓弦，向外准备射击，一路突入城中，衣不解甲，再返身出城作战，马璘单骑身先士卒，奋击，俘虏斩首数以千计，然后回城。第二天，吐蕃军再次逼城请战，马璘大开内外两重城门，严阵以待。吐蕃军引退，说："这将军不怕死，应该避开他。"于是离去，但仍驻扎在原州、会州、成州、渭州一带。

## 代宗回京，元载贿赂宦官得到代宗喜爱

**11** 十二月十九日，皇帝车驾从陕州出发回京。左丞颜真卿请皇帝先拜谒祖先陵庙，然后还宫，元载不从，颜真卿怒道："朝廷还经得起你再搞破坏吗？"元载由此怀恨在心。

十二月二十六日，皇帝抵达长安，郭子仪率城中百官及诸军于浐水东迎接，伏地待罪。皇帝慰劳他说："朕没有早用卿，所以才搞到这个

地步。"

**12** 任命鱼朝恩为天下观军容宣慰处置使，总揽禁兵，权宠无比，筑城于鄠县及中渭桥，屯兵以备吐蕃，任命骆奉仙为鄠县筑城使，并统领守城部队。

**13** 十二月二十七日，任命苗晋卿为太保，裴遵庆为太子少傅，都被免除宰相职务；任命宗正卿李岘为黄门侍郎、同平章事。裴遵庆被罢相之后，元载的权力更大，贿赂宦官董秀，命主书（主管文书的官吏）卓英倩暗中与董秀往来，皇帝的企图，元载必定先知道，每次讨论问题发言，从主旨到细微之处，都能说中皇帝心思，没有一句不合意的；皇帝于是更加喜爱他。卓英倩，是金州人。

**14** 吐蕃既去，广武王李承宏逃匿于草野；皇帝赦免，不诛杀他，十二月二十八日，流放华州。

**15** 程元振既得罪，回到故乡三原，听说皇帝还宫，乔装打扮，穿着妇人衣服，偷偷回到长安，希望疏通关系，还能得到任用，京兆府把他抓获，报告皇帝。

**16** 吐蕃攻陷松州、维州、保州三州及云山新筑的两座城池，西川节度使高适不能前去救援，于是剑南西山诸州也都落入吐蕃之手。

# 广德二年（公元764年）

**1** 春，正月四日，皇帝敕令，称程元振变服潜行，图谋不轨，终身流放溱州。皇帝还是念及程元振当初保护他的功劳，不久，又下令在江陵安置。

**2** 正月五日，合并剑南东道、西川道为一道，任命黄门侍郎严武为节度使。

**3** 正月八日，派检校刑部尚书颜真卿宣慰朔方行营。皇帝在陕州时，颜真卿申请奉诏去召仆固怀恩，皇帝不许。至此，皇帝命颜真卿去劝告仆固怀恩入朝。颜真卿说："陛下在陕州时，臣前往，以忠义勉励他，让他奔赴国难，那么，他还有可来之理；如今陛下已经还宫，他进无勤王之功，退又不甘心放下兵权，召他，他肯来吗？况且说仆固怀恩谋反的，只有辛云京、骆奉仙、李抱玉、鱼朝恩四人而已，其他群臣都说他冤枉。陛下不如以郭子仪替代仆固怀恩，可以不战而服。"当时汾州别驾李抱真，是李抱玉的堂弟，知道仆固怀恩有异志，脱身回到京师。皇帝正以仆固怀恩为忧，召见李抱真问计，李抱真回答说："这不足为忧。朔方将士思念郭子仪，如同子弟思念父兄。仆固怀恩欺骗他的部众说'郭子仪已经被鱼朝恩杀了'，众人相信，所以为他所用。陛下如果任命郭子仪为朔方军主帅，他们都会不召而来。"皇帝认同。

**4** 正月十六日，礼仪使杜鸿渐上奏："从今往后，圜丘祭天、方丘祭地，建议以太祖（李虎）配祀；春季祭祀农神、祈求丰收时，建议以高祖（李渊）配祀；大雩祭祀雨神，以太宗（李世民）配祀；明堂祭祀以肃宗（李亨）配祀。"皇帝听从。

**5** 正月十七日，立雍王李适为太子。

**6** 吐蕃军进入长安时，诸军逃亡士卒及乡曲无赖子弟相聚为盗；吐蕃既去，这些人还流窜隐藏在南山子午谷等五个山谷，成为当地一大祸害。正月十九日，任命太子宾客薛景仙为南山五谷防御使，带兵讨伐。

**7** 魏博节度使田承嗣上奏，申请将他所管辖的部队称为天雄军，皇帝听从。

# 仆固怀恩父子举兵造反失败

**8** 仆固怀恩既不为朝廷所用，于是与河东都将李竭诚密谋攻取太原；辛云京察觉，杀李竭诚，登上城墙，严密防备。仆固怀恩派他的儿子仆固玚率军攻城，辛云京出战。仆固玚大败而还，于是引兵包围榆次。皇帝对郭子仪说："仆固怀恩父子实在是太辜负朕了。听闻朔方将士都思念公，如同枯旱期望下雨，公为朕镇抚河东，汾水一带驻军必定不会生变。"

正月二十日，任命郭子仪为关内、河东副元帅、河中节度等使。仆固怀恩的将士们听闻，都说："我辈跟从仆固怀恩为不义，有何面目见汾阳王（郭子仪）？"

**9** 正月二十五日，任命刘晏为太子宾客，李岘为詹事，同时免除二人宰相职务。刘晏被贬的原因是与程元振交通往来；李岘则相反，扳倒程元振，他出了大力，所以被宦官们痛恨，与刘晏一起被罢免。

任命右散骑常侍王缙为黄门侍郎，太常卿杜鸿为兵部侍郎，都担任宰相职务。

**10** 正月二十九日，任命郭子仪为朔方节度大使。

二月，郭子仪抵达河中。云南子弟一万人戍防河中，将领贪污，士卒残暴，成为当地祸患，郭子仪斩十四人，杖打三十人，河中府才恢复正常秩序。

**11** 二月五日，皇帝祭献太清宫；二月六日，祭享太庙；二月七日，于圜丘祭祀昊天上帝。

**12** 仆固玚围攻榆次，十几天不能攻拔；遣使紧急征发祁县兵，李光逸全部给他，下令即刻出发。士卒没有吃饭，走路都走不动，十将（低级军官）白玉、焦晖用响箭射击落在后面的人，军士问："将军为什么射人？"白玉说："现在跟人造反，终将不免于死；反正都是死，射死又有什么关系？"到了榆次，仆固场指责说来晚了，胡人士兵说："我们乘马，是汉人士兵不行。"仆固场捶打汉卒，汉卒都怨怒，说："节度使跟胡人一党。"当天晚上，焦晖、白玉率众攻打仆固场，杀了他。仆固怀恩听闻，进去报告母亲。母亲说："我告诉你不要造反，国家待你不薄，如今众心既变，祸必及我，怎么办？"仆固怀恩无言以对，再拜而出。母亲提刀追逐他说："我为国家杀此贼，取其心以谢三军。"仆固怀恩疾步逃脱，于是与麾下三百人渡过黄河向北逃走。

当时，朔方将浑释之镇守灵州，仆固怀恩送达檄文，说全军将要回到镇所，浑释之说："不对，这肯定是他的军队已经崩溃了。"准备拒挡，他的外甥张韶说："仆固怀恩如果幡然改悔，率众归来，怎么能不接纳他呢？"浑释之犹疑未决。仆固怀恩行军迅速，在浑释之斥候回来报告情况之前，就已抵达，浑释之不得已，接纳他入城。张韶把浑释之的阴谋告诉仆固怀恩，仆固怀恩以张韶为间谍，杀了浑释之，吞并了他的部队，让张韶主掌；既而又说："浑释之是你的舅舅，你尚且辜负他，怎么会忠于我呢？"过了几天，找一个借口，杖打他，打断了小腿，将其囚禁在弥峨城，张韶死去。

都虞候张维岳在沁州，听闻仆固怀恩离去，乘驿马车前往汾州，安抚稳定军心，杀死焦晖、白玉，窃取了他们的功劳，报告郭子仪。郭子仪派牙官卢谅到汾州，张维岳贿赂卢谅，让他为自己作证。郭子仪上奏朝廷，说张维岳杀了仆固场，首级送到宫门。群臣入贺，皇帝惨然不悦，说："朕的诚心不能让人相信，以致功臣也要造反，丢了性命。我深为羞愧，又有什么好祝贺的呢？"命辇车送仆固怀恩的母亲到长安，给待优厚，过了一个多月，以寿善终；代宗以礼安葬，功臣们都感叹。

二月十日，郭子仪抵达汾州，仆固怀恩的部众数万人全部归附他，都鼓舞涕泣，既为他的到来而喜悦，又为他来晚了而悲哀。郭子仪知道卢谅欺诈，将他乱棍打死。皇帝因为李抱真的预言应验，擢升他为殿中少监。

**13** 皇帝逃亡陕州时，李光弼竟拖延不来；皇帝担心跟他也有了嫌隙，李光弼的母亲在河中，皇帝多次派宦官去慰问。吐蕃退兵后，任命李光弼为东都留守，以观察他的态度；李光弼推辞说军队要靠江、淮粮运，引兵回徐州。皇帝迎接他的母亲到长安，厚加供给，又擢升他的弟弟李光进执掌禁兵，对他更加优厚。

【华杉讲透】

### 领导力的修养就是要建立心理契约

行有不得，反求诸己。仆固怀恩造反，皇帝认识到是自己造成的，说："朕信不及人，致勋臣颠越，深用为愧，又何贺焉！"这是"今日受吊不受贺"的态度，应该给仆固场吊丧。李光弼对皇帝见死不救，皇帝也认识到是自己的责任，想方设法修复和他之间的信任。这个态度，可以说是相当难得了。

君臣之间，重要的是心理契约，靠什么呢？就靠自己的修养。作为领导者，要心里始终装着下属，并且有能力让对方认识到这一点。孔子说："君使臣以礼，臣事君以忠。"孟子说："君之视臣如手足，则臣视君如腹心；君之视臣如犬马，则臣视君如国人；君之视臣如土芥，则臣视君如寇雠。"相互信任，大家安心的心理契约，是要小心翼翼地建立和经营的。能建立心理契约，就说明有领导力，其责任主要在君，而不在臣，李豫修养不够，在这方面完全失败。反过来呢，臣子要在一个领导力不合格的君王手下工作，也要努力建立心理契约，郭子仪则在这方面获得了完全的成功。成功的要诀呢，就在一个"诚"字上。李豫的诚信，不能及臣；郭子仪的诚信，则上足以及君，下足以及将士，这就是修养。

俗话说："知人知面不知心。"那是你自己智慧不足，诚意不够，修养不及格。修养到位了，就能让人知道你的为人。至于别人的心，不需要知道，"举直错诸枉，能使枉者直"，把直的木板放到弯的木板上面，那弯的也变直了，别人的心是跟着你的心而变的，这就是领导力的修养。

**14** 二月二十日，赦天下。

**15** 自丧乱以来，汴水河道淤塞，运输功能已废，漕运者从长江、汉水抵达梁州、洋州，再走陆路到京师，路途遥远，险阻丛生，浪费大量人力物力。三月十二日，任命太子宾客刘晏为河南、江、淮以来转运使，策划疏浚汴水。三月十三日，又命刘晏与诸道节度使分摊这项工程所需赋税和徭役，允许便宜从事，办完了再汇报。当时兵火之后，京师和地方都缺粮，关中一斗米要卖到一千钱，百姓等不及庄稼成熟，就把麦穗收割，揉搓出麦粒以供给禁军，皇宫厨房也是吃一顿算一顿，没有超过两天的存粮。刘晏于是疏浚汴水，写信给宰相元载，详细陈述漕运利弊，建议朝廷和地方全力配合。自此每年运米数十万石以供给关中，整个唐朝，擅长漕运工作的，推刘晏为首，后面的人都遵循他的法度。

**16** 三月二十七日，盛王李琦薨逝。

**17** 党项入寇同州，郭子仪命开府仪同三司李国臣出击，李国臣说："敌人找到机会就出来抢掠，官军来了，他们就逃入深山。应该让羸师弱旅在前，引诱他们，劲骑居后，将他们一举消灭。"李国臣与党项战于澄城北，大破之，斩首俘虏一千余人。

**18** 夏，五月十七日，开始颁行《五纪历》。

**19** 五月二十四日，礼部侍郎杨绾上奏说，每年孝弟力田科考试都造假，童子科考试全凭运气；于是都被撤销。

**【华杉讲透】**

孝弟力田，就是孝悌力田，指孝顺父母、尊敬兄长、努力务农，这当然太容易造假了。童子科相当于选拔"神童"，十岁以下能通儒经的，就可应试，及第后予以出身并授以官职。这也算是中国古代的"神童文化"、天才少年班。

**20** 郭子仪认为安禄山、史思明当初占据洛阳，所以在全国各地设置节度使，以制其要冲；如今大盗已平，而各地军区还在，耗费损害百姓，上表建议撤销，并建议先从河中开始。六月十四日，皇帝敕令，撤销河中节度使及耀德军。郭子仪再次申请撤销自己的关内副元帅职务；皇帝不许。

**21** 仆固怀恩抵达灵武，收集残兵败将，部众又振作起来。皇帝优厚地抚慰他的家属。六月十七日，下诏，称赞他"勋劳著于帝室，及于天下。疑隙之端，起自群小，考察你的内心，并没有背叛之意；君臣之义，仍然跟当初一样。只是河北既已平定，朔方军也另有将领统帅，应该解除你所担任的河北副元帅、朔方节度使等职务，仍为太保兼中书令、大宁郡王。请你即刻来京，不要怀疑"。仆固怀恩竟不从。

**22** 秋，七月五日，开始征收全国"青苗钱"，以给百官薪俸。

【华杉讲透】

这个"青苗钱"和宋代王安石变法的青苗钱不是一回事，王安石的青苗钱是贷款给农民，唐代宗的青苗钱是田赋之外的附加税。"青苗"的意思是一样的，都是指庄稼还没成熟，只是禾苗，不过，王安石的意思是，农民还没秋收，没钱，先贷款给他们搞生产；唐代宗的意思是，朝廷没钱了，都发不出工资了，等不及秋收再搜刮了，现在就要把钱收上来。

本年，规定向每亩苗征税钱十五文，用于发放官员薪俸。770年，再加入地头钱每亩征二十文，也叫青苗钱，青苗钱合计三十五文。青苗钱是额外赋税，本应向有青苗的田主征收，后来田无青苗者也被课征，税额越来越重。

**23** 太尉兼侍中、河南副元帅、临淮武穆王李光弼，治军严整，指挥号令，诸将都不敢抬头仰视，谋定而后战，能以少制众，与郭子仪齐名。后来在徐州时，拥兵不朝，诸将田神功等不复禀畏，李光弼愧恨成疾，七月十四日，薨逝。八月一日，以王缙代李光弼都统河南、淮西、山南东道诸行营。

**【华杉讲透】**

这一段，又应了孟子的"义利之辩"了，你为人重义，跟你的人就都重义；你不义，跟你的人也对你不义。领导力，本身是一种道德力量。皇帝落难，李光弼坐拥重兵，却见死不救。田神功等人看了，李光弼在他们心目中就不仅"人设崩塌"，而且认为他已经失去了皇帝的背书和支持，于是"不复禀畏"，既不再畏惧他，也有什么事都不向他禀告了。李光弼的威信没了，说话也没人听了，愧恨成疾，既羞愧，又悔恨，病死了。

李光弼和郭子仪的差距，就是他的私心。私心多了，领导力就没了。

**24** 郭子仪从河中入朝，正赶上泾原上奏：仆固怀恩引回纥、吐蕃十万大军，将要入寇。京师震骇，皇帝下诏，命郭子仪率诸将出镇奉天。皇帝召见郭子仪，问以方略，他回答说："仆固怀恩成不了事。"皇帝问："何故？"他回答说："仆固怀恩勇而少恩，士心不附，他们之所以跟着他入寇，是因为思念故土，都想回来。仆固怀恩本是臣的偏裨将，他的麾下，都是臣的部曲，必定不忍心以锋刃相向，所以我说他成不了事。"

八月十六日，郭子仪出发，奔赴奉天。

**【华杉讲透】**

### 恩义之道，即对内有恩，对外有义

郭子仪说仆固怀恩"勇而少恩"，"少恩"是关键，他对部下没有恩，跟他的人，既没有升官，也没有发财，所以"士心不附"，大家心里并不拥护他。结合前面，李光弼是"不义"，仆固怀恩是"少恩"，这是他俩各自的毛病。

史书上讲名将，经常说他与部众"以恩义相结"，恩义双全，那就结成死党了。这里需要注意的是，"义"的侧重点在于对外，"恩"的侧重点在于对内。因为你对内有恩，恩已经超过义了；对外有义，大家看在眼里，才能对你也义。

恩义之道，就是对内有恩，对外有义。

**25** 八月二十九日，加授王缙为东都留守。

**26** 河中尹兼节度副使崔寓征发镇兵，西征抵御吐蕃，为法不一。九月二日，镇兵作乱，抢掠官府及居民，闹了整整一夜，才被平定。

**【华杉讲透】**

崔寓"为法不一"，就是选择性执法，同样的事情，对不同的人处理不一样。《孙子兵法》讲战争胜败的五条关键——道、天、地、将、法，"道"是人民对战争是否支持，"天、地"是天时地利，"将"是将帅的能力，"法"就是军法是否有效。崔寓就是自己毁掉了军法。

**27** 九月十二日，加授河东节度使辛云京为同平章事。

**28** 九月十七日，任命郭子仪为北道邠宁、泾原、河西以来通和吐蕃使，任命陈郑、泽潞节度使李抱玉为南道通和吐蕃使。郭子仪听闻吐蕃逼近邠州，九月二十日，派他的儿子、朔方兵马使郭晞率军一万人救援。

**【华杉讲透】**

官职中加上"通和"二字，是给吐蕃看的，表达一个态度——我不想跟你打。否则就是"讨吐蕃使"了。不过，你要来，我们这些"通和使"可都是带兵的。

**29** 九月二十五日，剑南节度使严武击破吐蕃七万人，攻拔当狗城。

**30** 关中发生蝗灾，又久雨不停，米价一斗高达一千多钱。

**31** 仆固怀恩前锋军抵达宜禄，郭子仪派右兵马使李国臣将兵为郭晞后继。邠宁节度使白孝德于宜禄击败吐蕃。

冬，十月，仆固怀恩引回纥、吐蕃军抵达邠州，白孝德、郭晞闭城拒守。

**32** 十月六日，严武攻拔吐蕃盐川城。

**33** 仆固怀恩与回纥、吐蕃进逼奉天，京师戒严。诸将请战，郭子仪不许，说："敌军深入我境，利于速战，我军坚壁以待，他们认为我们胆怯，必定放松戒备，那时候才能击破他们。如果马上交战，一旦不利，军心就离散了。再敢言战的，斩首！"

十月七日夜，郭子仪出军列阵于乾陵之南。

十月八日拂晓，天色未明，敌人大军抵达。敌军开始以为郭子仪没有防备，准备袭击，忽然看见大军已经列好阵势，惊愕，于是不战而退。郭子仪派裨将李怀光等率骑兵五千人追击，追到麻亭才回。

敌军到了邠州，十月十三日，攻城，不能攻克。

十月二十一日，敌军蹚过泾水逃遁。

**34** 仆固怀恩南下入寇时，河西节度使杨志烈征发士卒五千人，对监军柏文达说："河西锐卒，尽在于此，您率领他们攻打灵武，则仆固怀恩有后顾之忧，这也是救京师的一条奇计！"柏文达于是率军众攻击摧砂堡、灵武县，都攻下，再进攻灵州。仆固怀恩听闻，从永寿急忙赶回，派吐蕃及吐谷浑部落骑兵二千人夜袭柏文达，大破柏文达，士卒死亡几乎一半。柏文达率领余众回到凉州，哀哭入城。杨志烈迎接说："此行有安京室之功，士卒死多少有什么关系？"士兵听了他的话，十分怨恨。不久，吐蕃包围凉州，士卒不听指挥；杨志烈逃奔甘州，为沙陀所杀，凉州于是陷落。沙陀姓朱耶，世代居住在沙陀碛，因而以沙陀为名。

## 【华杉讲透】

### 为将之道，爱兵如子，才是仁义之师

杨志烈要柏文达去打灵武，这是围魏救赵之计，"攻其所必救"，仆固怀恩必须回来救。但是，这条计还有下半截，就是围点打援，你知道他要回来救，就要在半路埋伏打掉他。杨志烈的"奇计"只安排了一半，就成了"半吊子"，损兵折将了。

他接下来的表现更加"半吊子"，祸从口出，丢了性命。他说错了话，是因为他的心不正。为将之道，爱兵如子，《孙子兵法》说："视卒如婴儿，故可与之赴深溪；视卒如爱子，故可与之俱死。"对待士兵就像对待自己抚养的婴儿一样，就可以叫他们一起去跳深溪（冒险）；对待士兵就像对自己的孩子一样，就可以和他们一起去赴死。杨志烈把士兵当草芥，还当着大家的面说出来，他忘了"兵可杀敌，也可杀将"。

《道德经》说："兵者不祥之器，非君子之器，不得已而用之，恬淡为上。胜而不美，而美之者，是乐杀人。夫乐杀人者，则不可得志于天下……杀人之众，以悲哀泣之，战胜以丧礼处之。"战争是不得已的凶事，损兵折将，自然要吊哭。歼灭了敌人，也不可狂喜，因为敌人也是人，那敌军也有父母、妻子，他们侵略我们，实际是被他们的邪恶君主送上战场当炮灰。我们杀他们，是不得已而发生的人间惨剧。这才是仁义之师的价值观，是将道，也是人道。

**35** 十一月十四日，郭子仪自行营入朝。郭晞在邠州，放纵士卒为

暴，节度使白孝德深为忧虑，但是因为郭晞是郭子仪的儿子，不敢说；泾州刺史段秀实自告奋勇担任都虞候，白孝德同意。上任一个月，郭晞手下军士十七人入市取酒，以刀刺酒翁，损坏酿器，段秀实将这十七人全部斩首，首级插在长槊上，在市场门口示众。郭晞一营大噪，全部披上盔甲。白孝德震恐，召段秀实问："怎么办？"段秀实说："没关系，我去解决。"白孝德派数十人跟他去，段秀实全都不要，只选一个跛脚老者，牵着马，跟他一直走到郭晞门下。士兵全副武装出来，段秀实笑着走进去，说："杀一老卒，何必穿上盔甲？我戴着自己的头来了。"甲士愕然。段秀实乘势开导他们说："尚书（郭晞）辜负了你们吗，还是副元帅（郭子仪）辜负了你们？为什么要这样乱来，败坏郭氏声名？"郭晞出来，段秀实责备他说："副元帅勋塞天地，应当想着要善始善终。如今尚书放纵士卒为暴，甚至要发动兵变，如果哗变，则罪及副元帅；乱事是由尚书引起的，那么郭氏功名，还能保存的有多少呢？"话还没说完，郭晞再拜说："幸而有您教导我，这是大恩，敢不从命？"回头呵斥左右："全部解甲，解散回自己火伍（兵制，五人为伍，十人为火），敢哗者死！"段秀实于是就留宿在郭晞军中。郭晞通宵都不脱衣服戒备，派士兵站岗，保卫段秀实。第二天一早，两人一起到白孝德处，为军纪不严道歉，誓言改正。邠州由此无患。

**36** 五谷防御使薛景仙讨伐南山群盗，一连几个月，也不能攻克，皇帝命李抱玉讨伐。贼帅高玉最强，李抱玉派兵马使李崇客率领骑兵四百人从洋州进入，于桃虢川袭击盗匪，大破之；高玉逃到成固。十一月二十七日，山南西道节度使张献诚生擒高玉，押送京师，其余盗匪全部被平定。

**37** 十二月二日，加授郭子仪为尚书令。郭子仪认为："自从太宗（李世民）当过尚书令之后，历代皇帝都不再设置此官，近年也只有皇太子（李适）当过，不是微臣所能当的。"坚决推辞不受，返回河中。

**38** 本年，户部上奏：全国有二百九十余万户，一千六百九十余万人。

**39** 皇帝派于阗王尉迟胜回国，尉迟胜坚持申请留下做宫廷侍卫，把国家让给他的弟弟尉迟曜；皇帝批准，加授尉迟胜为开府仪同三司，赐爵武都王。

# 永泰元年（公元765年）

**1** 春，正月一日，改年号为永泰，赦天下。

**2** 正月十六日，加授陈郑、泽潞节度使李抱玉为凤翔、陇右节度使，任命他的堂弟、殿中少监李抱真为泽潞节度副使。李抱真认为，山东（崤山以东）一旦发生事变，上党就是军事要冲，而荒乱之余，土地贫瘠，人民穷困，无法供应军队，于是调查户口，每三个男丁选一个壮实的，免除他的租赋徭役，发给弓箭，让他在农闲时习射，年底考试，根据成绩赏罚。如此三年，得精兵二万，而且不需要官府供给粮食，府库充实，于是泽潞雄视山东。由此天下称泽潞步兵为诸道之最。

**3** 二月十六日，党项入寇富平，焚毁定陵殿。

**4** 二月十八日，仪王李璲薨逝。

**5** 三月一日，命左仆射裴冕、右仆射郭英义等文武之臣十三人集合于集贤殿待制（等待皇帝咨询）。左拾遗、洛阳人独孤及上疏说：
"陛下召裴冕等人待制以备询问，这是五帝一样的盛德。近来，陛下虽然能宽容臣下的直言，但并不采纳他们说的话，有容下之名，无听谏之实，于是，进谏的人也就渐渐钳口不言，只是饱食终日，互相引荐，谋求官禄，忠鲠之士私底下扼腕叹息，而臣也深以为耻。如今战争已经持续十年了，农夫无法下地种田，妇女不能安心纺织。而那些坐拥强兵的将领，豪宅大院横亘街陌，连他们的奴婢都吃厌了酒肉，穷人则饿着肚子服徭役，遭受着剥肤及髓的压榨。长安城中，白天都有盗匪公开抢劫，而官吏也不敢诘问，官乱职废，将惰卒暴，政府职能完全废止，社会如同一锅沸腾的滚粥，又好像一团乱麻，人民不敢诉于有司，有司不敢报告陛下，仿佛吞下毒药，忍受剧痛，而求告无门。陛下不在此时思考救国救民之术，臣实在是感到恐惧。如今，天下唯有朔方及陇西有吐蕃、仆固怀恩的军事威胁，邠泾、凤翔之兵足以抵挡了。除此之外，东到大海，南到番禺，西尽巴、蜀，并没有什么敌对势力，可以说连鼠窃之盗都没有，而那么多军队却不能解散复员。倾天下之货，竭天下之谷，以供给这些不用之军，臣不知道这是什么缘故。假令居安思危，自可扼守要害之地，设置驻防部队，其他的兵，总可以解甲归田了吧！把供应军队的粮食、草鞋的费用节省下来，充当疲苦人民的税赋，那每年可以减国租一半。陛下岂可迟疑于改革，让全国的苦难日甚一日呢？"

皇帝不能采纳他的建议。

【华杉讲透】

## 做事要保障良性循环

独孤及的话，全对。但是，"上不能用"，皇帝不能采纳他的建议，为什么呢？非不欲也，实不能也，皇帝做不到。每一个藩镇，都尾大不掉，皇帝摆脱不了这些军阀。为了对付军阀，皇帝就依靠宦官，最终又落入宦官之手。

事情都是循环推进的，你一步也不能走错，要规划良性循环，维护良性循环，宁愿走得慢，也要克己复礼，保障良性循环，这样，就越来越好，进入"天使循环"，王天下，活在他人想象之外。如果一步踏错，就一步错，步步错，每个解决问题的举措，都会制造出新的、更大的问题，从弯道超车，到走错路口，然后迷路，寻找出路，慌不择路，穷途末路，走上绝路。从恶性循环发展到"魔鬼循环"，没有最坏，只有更坏。皇帝此时，正处在从恶性循环升级到"魔鬼循环"的阶段。独孤及说什么都没有用，因为已经没救了，只能混一天算一天。

**6** 三月十五日，任命李抱玉为同平章事，仍镇守凤翔。

**7** 三月十九日，吐蕃遣使请和，皇帝下诏，命元载、杜鸿渐与吐蕃盟誓于兴唐寺。皇帝问郭子仪："吐蕃请盟，你怎么看？"郭子仪回答说："吐蕃希望签订和平条约之后我们不再设防，如果我们不设防，他再突然打过来，国家就完了。"于是相继派河中兵戍防奉天，又派兵巡逻泾原，以观察吐蕃动静。

**8** 这年春天不下雨，米价一斗一千钱。

**9** 夏，四月十六日，命御史大夫王翊担任诸道税钱使。河东道租庸、盐铁使裴谞入京奏事，皇帝问："酒类专卖，一年能有多少收入？"裴谞长时间默不作声。皇帝再问，他回答说："臣自河东来，所过之处，看见庄稼未种，农夫愁怨，臣以为陛下见臣，必定会先问人民疾苦，没想到却责问臣为朝廷营利之事，臣所以不敢回答。"皇帝道歉，拜裴谞为左司郎中。裴谞，是裴宽之子。

**10** 四月三十日，剑南节度使严武薨逝。严武三次出任剑南节度使，横征暴敛，以满足自己穷奢极侈的生活；梓州刺史章彝稍有不合他意，就将其召来乱棍打死；但是吐蕃畏惧他，不敢侵犯其境。母亲多次告诫他不要骄暴，严武不听；他死后，母亲说："我今天才免于被罚去做官婢的命运！"

严武死时四十岁，如果他活的时间长一点，就有可能因为恶贯满盈而倒台，那他的母亲就要被罚没入官府去做奴婢了。所以这儿子死了，母亲才松一口气。不过，他还有一件事名垂青史——他是杜甫的保护人，今天成都的杜甫草堂，就是在他的关怀下建成的。严武和杜甫两家人是世交，杜甫到成都，就是去投奔他，并得到了他的保护。

**11** 五月二十二日，任命右仆射郭英义为剑南节度使。

**12** 京畿地区小麦丰收，京兆尹第五琦请求征税，每十亩收其一亩，说："这是古代什一税的办法。"皇帝听从。

**13** 平卢节度使侯希逸镇守淄青，好游猎，又营建佛塔、佛寺，军队和地方都苦不堪言。兵马使李怀玉得人心，侯希逸忌惮他，找了一个借口解除他的军职。侯希逸与巫师住宿于城外，军士关闭城门，不让他进城，奉李怀玉为帅。侯希逸逃奔滑州，上表待罪，皇帝下诏赦免，召还京师。

秋，七月二日，任命郑王李邈为平卢、淄青节度大使，任命李怀玉为知留后（相当于候补或代理节度使，皇子李邈为名义上的节度使，李怀玉掌实权），赐名李正己。当时成德节度使李宝臣，魏博节度使田承嗣，相卫节度使薛嵩，卢龙节度使李怀仙，收容安、史余党，各拥劲卒数万，训练士卒，修筑城池，自己任命文武将吏，不向朝廷缴纳贡赋，与山南东道节度使梁崇义及李正己都通婚结亲，互相呼应声援。朝廷专事姑息，不能控制，虽然名义上是藩臣，只不过表面上维持而已。

**14** 七月四日，皇帝把女儿昇平公主嫁给郭子仪的儿子郭暧。

**15** 太子的生母沈氏，是吴兴人；安禄山攻陷长安时，将其掠送到洛阳皇宫。皇帝攻克洛阳，看见她，还没来得及迎回长安，史思明就再次攻陷洛阳，于是失踪。皇帝即位，派使者到各地寻找她，没有找到。七月九日，寿州崇善寺尼姑广澄诈称是太子母亲，调查下来，只是当年少阳院（太子居所）的乳母，于是被乱鞭打死。

**16** 九月一日，设置百高座（高一百尺的讲坛）于资圣、西明两寺，请高僧讲《仁王经》，从皇宫中运出两车佛经，让人扮演成菩萨、鬼神形状，以乐队、仪仗队为前导，百官迎于光顺门外，再跟从到佛寺。

**17** 仆固怀恩引回纥、吐蕃、吐谷浑、党项、奴剌数十万大军一同入寇，令吐蕃大将尚结悉赞摩、马重英等从北道攻打奉天，党项大将任敷、郑庭、郝德等从东道攻打同州，吐谷浑、奴剌军队从西道攻打鳌屋，回纥继吐蕃之后，仆固怀恩则率朔方兵殿后。

郭子仪派行军司马赵复入京上奏说："敌人都是骑兵，其来如飞，不可掉以轻心。请派诸道节度使凤翔李抱玉、滑濮李光庭、邠宁白孝德、镇西马璘、河南郝庭玉、淮西李忠臣各出兵以扼守要冲。"皇帝听从。但是诸道大多不及时出兵。

李忠臣正与诸将击球，得到诏书，即刻命令准备出发。诸将及监军都说："出师必须选择吉日。"李忠臣怒道："父母有急，岂可择日而后救？"即日勒兵上道。

仆固怀恩中途暴病，只得返回，九月八日，死于鸣沙。大将张韶代领部众，被另一将领徐璜玉杀死，范志诚又杀徐璜玉而统领军队。仆固怀恩拒命三年，再招引胡寇，成为国家大患。皇帝对他始终淡化处理，前后制敕，从未说他造反，等到听说他死了，悲悯地说："仆固怀恩不反，为左右所误而已！"

吐蕃军抵达邠州，白孝德环城而守。

九月十五日，皇帝命宰相及诸司长官于西明寺焚香拜佛，摆设素宴，演奏音乐。这一天，吐蕃十万大军抵达奉天，京城震恐。朔方兵马使浑瑊、讨击使白元光率先戍防奉天，敌军刚刚开始扎营，浑瑊率骁骑兵二百人直冲而上，身先士卒，敌军四散后退。浑瑊生擒敌将一人，跃马而还，跟从的骑兵没有一个受伤的。城上士卒望见，勇气顿时倍增。

九月十六日，吐蕃军进攻，却死伤甚众，过了几天，收军还营；浑瑊夜里引兵突袭，杀一千余人，前后与敌军交战二百余合，斩首五千级。

**【华杉讲透】**

浑瑊这一战，和李世民当年虎牢关灭窦建德之战几乎一样，是《孙子兵法·军争篇》的"治气"，两军相争，气胜者战胜。"治气"，就是把我军的士气"治"得高高的，把敌军的士气"治"下去。吐蕃军有十几万人，唐军震恐，人人都害怕，浑瑊第一时间先打一个胜仗，目的就是"治气"，唐军勇气振作起来了，敌军士兵心情沮丧了。

九月十七日，皇帝取消百高座讲经，把郭子仪从河中召回，命他屯驻泾阳。

九月二十日，命李忠臣屯驻东渭桥，李光进屯驻云阳，马璘、郝庭玉屯驻便桥，李抱玉屯驻凤翔，内侍骆奉仙、将军李日越屯驻盩厔，同华节度使周智光屯驻同州，鄜坊节度使杜冕屯驻坊州，皇帝亲自统率禁军六军屯驻皇家苑中。

九月二十一日，下制御驾亲征。

九月二十二日，鱼朝恩建议在长安城中做地毯式搜索，搜刮士民私人马匹，令城中男子全部身穿黑衣，组成民兵团，所有城门，三个只开一个。士民大骇，翻城墙，挖墙洞，逃跑的人很多，官吏不能禁止。鱼朝恩想要护送皇帝到河中以避吐蕃，担心群臣意见不一；一天早上，百官入朝，站在宫门前很久，阁门不开，鱼朝恩突然带着禁军十余人，手持白刃而出，宣言："吐蕃数次侵犯郊畿，皇帝车驾想要去河中，怎么样？"公卿都错愕，不知道该怎么回答。有一位刘给事，出班抗声说："敕使（鱼朝恩传敕，所以是敕使）是要造反吗？如今屯军如云，不勠力抗敌，而想要胁迫天子抛弃宗庙社稷而去，不是造反是什么？"鱼朝恩惊恐沮丧，退回，他的建议于是被搁置下来。

从九月十七日到二十五日，大雨不止，所以敌人不能前进。吐蕃移兵攻打醴泉，党项则西掠白水，东侵蒲津。

九月二十八日，吐蕃大掠男女数万人离去，所过之处，焚毁庐舍，把田里的庄稼全部踩踏殆尽。周智光引兵邀击，于澄城北击破吐蕃军，然后一路追击到鄜州。周智光一向与杜冕不和，于是杀死鄜州刺史张麟，活埋杜冕家属八十一人，焚毁坊州庐舍三千余家。

冬，十月一日，恢复于资圣寺讲经。

吐蕃军退到邠州，遇到回纥军，于是联军再次入寇，十月三日，抵达奉天。十月五日，党项军焚烧同州官衙、民居而去。

十月八日，回纥、吐蕃合兵包围泾阳，郭子仪命诸将严设守备而不战。到了晚上，两支敌军退屯北原，十月九日，再次杀到城下。当时，回纥与吐蕃听闻仆固怀恩已死，开始争夺指挥权，相互不睦，分营而居，郭子仪知道了这件事。回纥在城西，郭子仪派牙将李光瓒等前往游说，想要与他们一起攻击吐蕃。回纥不信，说："郭公真的在此吗？你骗我罢了。如果真在此，可以见面吗？"李光瓒还报，郭子仪说："如今众寡不敌，难以力胜。我们当年与回纥的情谊非常深厚，不如我挺身前往游说，可以不战而下。"诸将请选铁骑兵五百为卫队，郭子仪说："这适得其反。"郭晞拉着马缰进谏说："敌人，是虎狼；大人，是国之元帅，为什么要以身为饵？"郭子仪说："现在如果交战，则我们父子都会战死，而国家陷入危急；我前去以至诚与他交谈，如果他幸而听从，则是四海之福！如果他不听，我死了，但家族可得以保全。"用马鞭抽击郭晞的手，说："去！"于是与数名骑兵开门而出，派人传呼说："令公来了！"回纥大惊。其大帅合胡禄都督药葛罗，是可汗的弟弟，拿着弓，箭搭在弦上，站在阵前。郭子仪脱下头盔和铠甲，把枪也扔了，催马前进，回纥诸酋长相顾说："是他！"都下马跪拜。郭子仪也下马，上前拉着药葛罗的手，责备他说："你回纥有大功于唐，唐对你们的回报也不薄，为什么要背叛盟约，深入我地，侵逼畿县，弃前功，结怨仇，背恩德而助叛臣，何其愚蠢！况且仆固怀恩叛君弃母，对你们又有什么好？今天我挺身而来，让你们把我抓来杀了，我手下将士必定至死与你们决战。"药葛罗说："仆固怀恩欺骗我，说天可汗已经晏驾，令公您也死了，中原无主，所以我才敢和他一起来。如今知道天可汗在上都，令公总兵于此，仆固怀恩又为天所杀，我们岂肯与令公交战呢？"郭子仪乘势说："吐蕃无道，乘我国有乱，不顾舅甥之亲，吞噬我边境，焚荡我畿甸，其所掠之财，不可胜载，马牛杂畜，漫山遍野，绵延数百里，这正是上天赐给你们的礼物。保全自己的军队，继续与唐朝修好，击破吐蕃，夺取财富，我为你考虑，还有比这更好的吗？机不可失。"药葛罗说："我被仆固怀恩所误，深深地辜负了公，如今请让我为公尽力，击吐蕃以谢过。但是，仆固怀恩的儿子，是我们可敦的兄弟，希望放过他，不要杀他。"郭子仪许诺。回纥兵围观的左右为两翼，稍稍向前，郭子仪麾下骑兵也向前进，郭子仪挥手让他们退后，取酒与其酋长共饮。药葛罗让郭子仪先执酒立誓，郭子仪把酒浇在地上，说："大唐天子万岁！回纥可汗也万岁！两国将相也万岁！有背叛盟约者，身死阵前，家族灭绝。"酒杯交到药葛罗手里，他也浇酒于地，说："如令公誓！"于是诸酋长都大喜说："之前带了两位巫师从军，巫师说此行甚安稳，不与唐战，见一位大人物就回师，如今果然。"郭子仪赠给回纥彩绸三千匹，酋长分出一部分赏给巫师。郭子仪最终与回纥定约而还。吐蕃听闻，夜，引兵遁去。回纥派酋长石野那等六人入京见天子。

药葛罗率众追击吐蕃，郭子仪派白元光率精骑兵与他们一起；十月十五日，战于灵台西原，大破之，杀吐蕃士兵数以万计，得到他们所抢掠的士人、妇女四千人。十月十八日，又于泾州东击破吐蕃军。

十月十九日，仆固怀恩部将张休藏等投降。

十月二十三日，皇帝下诏，取消亲征，京城解除戒严。

**【华杉讲透】**

郭子仪此战，又是《孙子兵法》了："上兵伐谋，其次伐交，其次伐兵，其下攻城。"这就是"伐交"，把吐蕃的外交伐掉了。伐交成功了，就不用伐兵了。郭子仪的伐交，是动之以情，晓之以利。情，是回纥和大唐在平定安史之乱中建立的情谊；利，就是吐蕃这次出兵抢得的巨大财富。吐蕃已经抢到东西了，回纥还没抢到。回纥和郭子仪联手，把吐蕃的战利品抢了，比其与吐蕃联手打大唐更合算，而且没风险。所以郭子仪有把握游说成功。可怜的是那四千人，他们以为官军来救他们了，结果是从吐蕃转入回纥之手，郭子仪把他们卖了。回纥军得了四千奴隶，前面说了吐蕃军是"大掠男女数万而去"，那还有几万人呢？吐蕃军带走了，还是死在战场了？他们悲惨的命运，藏在历史的深处，那是真正普通人的历史。战争是统治者之间的游戏，人民要么去做炮灰，要么成为战利品。

盟约达成后，回纥酋长们大喜，说之前巫师就预言"此行甚安稳，不与唐战，见一大人而还"，这是他们的恐惧，我们怕敌人，敌人也怕我们；我们很困难，但敌人的困难至少和我们一样多。郭子仪就抓住了这一点。

**18** 当初，肃宗（李亨）任命陕西节度使郭英乂统领神策军，命内侍鱼朝恩为监军；郭英乂入京任仆射，军队由鱼朝恩单独率领。后来皇帝（李豫）到陕州，鱼朝恩率陕州部队与神策军迎接护卫，都号称神策军，天子住进他的军营。京师平定之后，鱼朝恩率领扩充后的神策军回到京师，亲自统领，但还不能与禁军相比。这回，鱼朝恩因为率神策军跟从皇帝屯驻皇家苑中，势力大增，分为左、右厢，居于禁军之上了。

**19** 郭子仪认为，仆固名臣、李建忠等都是仆固怀恩帐下骁将，担心他们逃入外夷，建议皇帝招抚他们。仆固名臣，是仆固怀恩的侄儿，当时在回纥军营。皇帝敕令全部赦免有功旧将的罪行，令回纥送他们回来。十月二十四日，仆固名臣带骑兵一千余人来降。郭子仪令开府仪同三司慕容休贞写信晓谕党项统帅郑庭、郝德等，他们也都到凤翔投降。

**20** 十月二十六日，周智光到皇宫门前献捷，住了两晚才返回镇所。

周智光负有专擅杀人之罪，而没有受到审判，皇帝遣送他回去之后，感到后悔。

**21** 十月二十七日，回纥胡禄都督等二百人入朝觐见，前后赏赐彩绸及棉布十万匹；府藏为之一空，只得扣除百官薪俸来供给他们。

卷第二百二十四　唐纪四十

永泰元年（765）闰十月至大历八年（773），共8年3个月

# 代宗睿文孝武皇帝中之上

## 永泰元年（公元765年）

**1** 闰十月十七日，郭子仪入朝。郭子仪认为，灵武刚刚收复不久，百姓贫苦，各戎族部落也还未安定下来，建议派朔方军粮使、三原人路嗣恭镇守；河西节度使杨志烈既已逝世，建议遣使巡抚河西及设置凉州、甘州、肃州、瓜州、沙州等州长史。皇帝全都听从。

**2** 闰十月十九日，百官奏请征收官员职田的税粮，以充军粮；皇帝批准。

**3** 闰十月二十日，任命户部侍郎路嗣恭为朔方节度使。路嗣恭披荆斩棘，建立军府，威令大行。

**4** 闰十月二十一，郭子仪回到河中。

**5** 当初，剑南节度使严武上奏举荐将军崔旰为利州刺史；当时蜀中新乱，山贼塞路，崔旰将他们全部讨平。后来，严武再镇剑南，利州已改属山南西道，严武贿赂山南西道节度使张献诚，找他求得崔旰，张献诚让崔旰以生病的名义辞职，前去投奔严武。严武任命他为汉州刺史，派他将兵于西山攻击吐蕃，接连攻拔数座城池，开疆拓土数百里；严武为他举行盛大凯旋仪式，制作一架镶有七种宝石的马车，迎崔旰入成都，以示宠任。

严武薨逝之后，行军司马杜济任知军府事。都知兵马使郭英幹，是郭英乂的弟弟，与都虞侯郭嘉琳共同上书请求任命郭英乂为节度使；崔旰当时为西山都知兵马使，与所部共同上书请求任命大将王崇俊为节度使。正巧当时朝廷已经任命郭英乂为节度使，郭英乂由此怀恨在心，到了成都几天，即以罪名诬陷王崇俊，将他诛杀。郭英乂召崔旰回成都，崔旰推辞说防备吐蕃，不能回去，郭英乂更加愤怒，断绝他的粮饷供应。崔旰转迁入深山，郭英乂亲自将兵攻击，声言协助崔旰拒守。正巧赶上天降大雪，山谷雪深数尺，士兵和战马冻死很多，崔旰出兵攻击，郭英乂大败，收集余兵，才刚到一千人，撤回。

郭英乂为政，严暴骄奢，不恤士卒，众心离怨。唐玄宗离开蜀郡后，他居住的行宫改为道士观，以黄金铸造玄宗塑像，接受善男信女的香火。郭英乂喜爱其竹树茂美，上奏将其改为军营，然后迁走玄宗塑像，自己居住进去。崔旰宣言郭英乂造反，不然，怎么会把先帝塑像迁走，自己住进去？于是率所部五千余人袭击成都。闰十月二十三日（原文为"辛巳日"，根据柏杨考证修改），双方战于城西，郭英乂大败。崔旰于是攻入成都，屠灭郭英乂家。郭英乂单骑逃奔简州。普州刺史韩澄杀死郭英乂，将首级送给崔旰。邛州牙将柏茂琳、泸州牙将杨子琳、剑州牙将李昌夔各自举兵讨伐崔旰，蜀中大乱。崔旰，是卫州人。

**6** 华原县令顾繇上言，指控元载的儿子元伯和等人招权纳贿，十二月十一日，顾繇被流放锦州。

**7** 自从安史之乱发生，国子监教室颓坏，军士多借居其中。祭酒萧昕上言："学校不可因此荒废。"

# 大历元年（公元766年）

**1** 春，正月二十九日，敕令补招国子学生。

**2** 正月三十日，任命户部尚书刘晏为都畿、河南、淮南、江南、湖南、荆南、山南东道转运、常平（通过买进和卖出平抑粮食价格）、铸钱、盐铁等使，侍郎第五琦为京畿、关内、河东、剑南、山南西道转运等使，分理天下财赋。

**3** 周智光回到华州，更加骄横，皇帝召他进京，不来，皇帝命杜冕前去投奔山南节度使，以回避他；周智光派兵在商山拦截，没有抓到杜冕。周智光自知罪重，于是招聚亡命、无赖子弟，部众发展到数万人，放纵他们抢掠，以取悦他们，擅自扣留漕运过境的米二万斛，对于其他藩镇向朝廷的贡献，他往往杀死使者，夺为己有。

**4** 二月一日，在国子监举行祭奠先圣先师典礼。命宰相率平常参加朝会的全体官员，鱼朝恩率六军诸将前往听讲，子弟都身穿红色及紫色衣服作为学生。鱼朝恩已贵显，开始学习讲儒经，写文章，能执笔写几个字，粗略辨识一些典章段落，于是自称才兼文武，没人能与他抗衡。
二月五日，命有司修建国子监。

**5** 元载专权，害怕有人向皇帝奏事时攻讦他的私心，于是建议说："凡百官论事，都应该先报告自己的长官，长官报告宰相，然后奏闻皇帝。"并以皇帝圣旨名义晓谕百官说："最近诸司奏事烦多，所说的多有谗言诋毁之词，所以委托长官、宰相先定其可否。"

刑部尚书颜真卿上疏，认为："郎官、御史，本来就是陛下的耳目。如今让论事者先报告宰相，这是自己掩盖耳目了。陛下担心群臣的话是谗言，何不调查他说话的虚实？如果说的是假话，那应该诛杀他；如果说的是真话，就应该奖赏他。不这样做，而使天下人都认为陛下厌烦听取汇报，以此为托词来堵塞谏诤之路，臣私底下为陛下感到痛惜！太宗著《门司式》（守门细则）说：'没有官籍登记的人，有急事要上奏，则令门卫与宿卫卫士带他进来上奏，不得阻碍。'这就是为了防止被人蒙蔽。天宝年以后，李林甫为相，极力防范向皇帝进言的人，以至于人们在路上遇见都不敢交谈，只以目光致意。上意不能下传，下情不能上达，蒙蔽天子，以至造成皇帝逃奔蜀郡的大祸。天下大乱，一直绵延到今日，都是从那时候引起的。作为君主，广开无所避讳的言路，群臣尚且不敢尽言，何况明令宰相大臣裁决和压制呢？那么，陛下所能听见的，不过两三个人的话而已。天下之士从此钳口结舌，陛下见没有人说话，以为天下无事可论，那就是李林甫复起于今日了！当年李林甫虽然擅权，群臣有不先报告他就向皇帝上奏的，他就找其他罪名中伤，但也不敢公开明令百司奏事需要先报告宰相。陛下如果不早日醒悟，逐渐就会被孤立，以后再后悔，也来不及了！"

元载听闻，怀恨在心，上奏指控颜真卿诽谤；二月九日，颜真卿被贬为峡州别驾。

**6** 二月十三日，命大理少卿杨济修好于吐蕃。

**7** 二月二十六日，任命杜鸿渐为山南西道、剑南东西川副元帅、剑南西川节度使，负责平定蜀乱。

**8** 任命四镇、北庭行营节度使马璘兼任邠宁节度使。马璘任命段秀实为三使都虞候。有一个士卒，能拉开二百四十斤的弓，犯强盗罪，应当处死，马璘想要饶他一命，段秀实说："将领有爱憎而用法不一，那就算是韩信、彭越，也不能指挥军队。"马璘赞赏他的意见，最终杀了那个士卒。马璘处事有不合理的，段秀实据理力争。马璘有时非常愤怒，左右战栗，段秀实说："如果我犯了可杀的罪，不需要愤怒！如果我无罪而杀我，恐怕不合道义。"马璘拂衣而起，段秀实徐步而出；过了好久，马璘摆设酒宴，召段秀实，向他道歉。从此军州事务，都先咨询段秀实意见，然后施行。马璘由此在邠宁有很好的名声。

**9** 二月二十七日，任命山南西道节度使张献诚兼任剑南东川节度使，邛州刺史柏茂琳为邛南防御使；任命崔旰为茂州刺史，兼西山防御使。

三月二十八日，张献诚与崔旰战于梓州，张献诚军败，仅仅逃得一命，旌节都被崔旰夺取。

**10** 夏，五月，河西节度使杨休明把镇所迁到沙州。

**11** 秋，八月，国子监校舍落成；八月四日，举行祭奠先圣先师的典礼。鱼朝恩手执《易经》，登上高台，讲"鼎覆𫗧"，以讥刺宰相。王缙怒，元载怡然。鱼朝恩对人说："那发怒的，是人之常情；那微笑的，才是深不可测。"

**【华杉讲透】**

鼎覆𫗧，就是折鼎覆𫗧，𫗧，是鼎里的食物。如果鼎折了一只足，倾覆了，鼎里的食物就倒出来了。鼎足，就是指宰相。意思是若宰相力不能胜任，必致败事。所以王缙愤怒，元载却无所谓，你说去呗！

**12** 杜鸿渐抵达蜀境，听闻张献诚战败，惧怕，派人先向崔旰致意，许诺保全他。崔旰以谦卑的言辞和厚重的贿赂迎接他，杜鸿渐喜悦；到了成都，见到崔旰，只是温和恭敬地相处，没有一句话责备他违反纪律，每天与将佐置酒高会，州府事全部委任给崔旰。又数次向朝廷举荐他，并申请把自己的节度使职务让给崔旰，任命柏茂琳、杨子琳、李昌夒各为本州刺史。皇帝不得已，听从。

八月十九日，任命崔旰为成都尹、西川节度行军司马。

**【华杉讲透】**

皇帝命杜鸿渐负责平定蜀乱，但并没有说是讨伐崔旰。相反，崔旰被任命为茂州刺史，兼西山防御使。那崔旰防御谁呢？显然，皇帝谁也不想得罪，让你们自己去打，谁打赢了我再任命谁，维持表面臣属关系就行。杜鸿渐看透了这一点，他不想为此拼命，又得了崔旰贿赂，干脆支持崔旰，不用打了，和平解决。

**13** 八月二十一日，任命鱼朝恩代理内侍监（宦官总管），并代理国子监事（国立大学校长）。中书舍人、京兆人常衮上言："国子监之任，应当用名儒，不宜由宦官领导。"

八月二十四日，命宰相以下送鱼朝恩到国子监上任。

**【华杉讲透】**

### 做人不能什么都要

鱼朝恩这种做派，就叫作"啥都要"。我们常说做人不能啥都要，只能要一头，他就是啥都要，既要，又要，还要，更要。他是一个宦官，已经掌了兵权，他的神策军地位已经超过禁军。他却看上了国立大学校长的位置，祭祀先圣先师，他要主持典礼，上去讲经，贬辱宰相，他是要把宦官、军队、政府、学校全部抓在自己手里。他知道百官不服，于是通过皇帝命令，让百官送他到国子监上任。他这种蛮横，是一种发自内心的自负，就觉得自己是古往今来第一人，其他人都不如他，国家的一切全都是靠他，所有事都应该由他来定。

这就为他后来被杀埋下了祸根。

**14** 京兆尹黎幹自南山穿凿漕渠，引洨水入长安，但是最终没有建成。

**15** 冬，十月十三日，皇帝生日，诸道节度使进献金帛、器服、珍玩、骏马祝寿，共值缗钱二十四万。常衮上言，认为："节度使送来的，这些财物必定是取之于百姓。横征暴敛，制造民怨，而求媚于上，此风不可长。建议退回。"皇帝不听。

**【华杉讲透】**

《大学》中孟献子曰："百乘之家，不畜聚敛之臣。与其有聚敛之臣，宁有盗臣。"不应该去蓄养聚敛之臣，再去刮地皮，搜刮百姓财富。宁愿有家贼，盗窃自家府库，也不要有民贼，去与民争利，伤民之命。节度使们都是民贼，皇帝就成了独夫，独夫民贼凑齐了。

**16** 京兆尹第五琦的什一税法，使人民苦于税太重，多流亡。十一月十二日，冬至，赦天下，改年号为大历，废除什一税法。

**17** 十二月二十二日，周智光杀陕州监军宦官张志斌。周智光一向与陕州刺史皇甫温不和，张志斌入京奏事，周智光招待他入住宾馆，张志斌责备他的部下军纪不严，周智光怒道："仆固怀恩不反，正是你这种人激他反。我也不反，今日为你而反！"呵斥把他拖下去斩首，剁成肉酱吃掉。各地举荐到朝廷参加官员选拔的士人，畏惧周智光的暴虐，多从同州绕道而过，周智光恼怒，派将领带兵在路上拦击，杀了很多人。

十二月二十七日，皇帝下诏，加授周智光为检校左仆射，派宦官余元仙带着正式委任状前往授给他。周智光破口大骂说："我周智光有大功于天下国家，不任命我为平章事（宰相），而给一个仆射！况且同州、华州土地狭窄，不足以施展我的才能，如果把陕州、虢州、商州、鄜州、坊州五州都给我，那也行。"接着历数大臣过失，并说："此去长安只有一百八十里，我周智光晚上睡觉都不敢伸脚，怕一不小心踏破了长安城，至于挟天子令诸侯，只有我周智光能办到。"余元仙吓得两腿发抖。郭子仪屡次建议讨伐周智光，皇帝不许。

周智光的表现，就一个字——狂！他说的话、做的事，都不能增长他的势力，只是在释放他的疯狂。皇帝暂时不讨伐他，是时机未到而已。

18 郭子仪因为河中军粮经常缺乏，于是亲自耕种一百亩，将校们也以一百亩为最高标准，依照等级减少，于是士卒都不劝而耕。本年，河中野无旷土，军有余粮。

这就是郭子仪的领导力，率先垂范！自己先做到，士兵们就不用号召，自己争先恐后。修身、齐家、治国、平天下，从修身开始，就是这个道理。

19 任命陇右行军司马陈少游为桂管观察使。陈少游，是博州人，当官机敏，工作能力强，喜欢行贿，善于交结权贵，以此得到提拔。得了桂州官位之后，觉得道路太远，又多瘴疬；宦官董秀在宫中掌管枢密，陈少游许诺每年给他五万缗，又纳贿于元载的儿子元仲武。内外引荐，几天之后，改为宣歙观察使。

# 大历二年（公元767年）

## 郭子仪讨伐周智光，囚子请罪

1 春，正月六日，皇帝密诏郭子仪讨伐周智光，郭子仪命大将浑瑊、李怀光驻军于渭上；周智光麾下听闻，都有离心。正月八日，周智光大将李汉惠自同州率所部投降郭子仪。正月十一日，贬周智光为澧州刺史。正月十三日，华州牙将姚怀、李延俊杀周智光，以其首级来献。淮西节度使李忠臣入朝，以接收华州为名，率所部兵大肆抢掠，自潼关至赤水二百里间，财物牲畜全部被抢光，有的官吏衣服被剥光，只能以纸张蔽体，有的几天都吃不上饭。

正月十八日，设置潼关镇兵二千人。

**【柏杨曰】**

当初，李豫下诏征召各地将领勤王，大家意兴阑珊，只有李忠臣拍案而起，有人劝他选一个黄道吉日再出发，他慷慨激昂地说："父母有急，岂可择日而后救？"大义凛然，使人动容。可是看了这段潼、赤之间二百里惨状记载后，才发现原来如此。

**2** 正月二十一日，从剑南节度使中分设东川观察使，镇所设在遂州。

**3** 二月六日，郭子仪入朝。皇帝命元载、王缙、鱼朝恩等轮流在家摆设宴席，宴请郭子仪，一次宴会的费用高达十万缗。皇帝礼重郭子仪，常称他为"大臣"，不说他的名字。

郭暧曾经与昇平公主吵架，郭暧说："你仗着你父亲是天子吗？那是我父亲不稀罕做天子！"公主大怒，立刻上车回宫告状。皇帝说："这不是你所知道的。他确实如此，如果他想要做天子，天下岂是你家所有？"安慰晓谕，让她回家去。郭子仪听闻，囚禁郭暧，入宫待罪。皇帝说："民谚说：'不痴不聋，不做家翁。'儿女闺房之言，听他干吗？"郭子仪回来，杖打郭暧数十棍。

**4** 夏，四月二十一日，命宰相、鱼朝恩与吐蕃于兴唐寺盟誓。

**5** 杜鸿渐申请入朝奏事，让崔旰担任西川留后。

六月二十日（原文为"甲戌日"，根据柏杨考证修改），杜鸿渐从成都来，广行贿赂，然后极力陈说利害关系，举荐崔旰，认为他才堪寄任；皇帝也只求姑息，于是把杜鸿渐留下，仍让其担任宰相。秋，七月十九日，任命崔旰为西川节度使，杜济为东川节度使。崔旰又厚敛民财，以贿赂权贵，元载擢升崔旰的弟弟崔宽至御史中丞，崔宽的哥哥崔审也做到给事中。

## 鱼朝恩、元载引导皇帝一心奉佛，不理政事

**6** 七月二十日，鱼朝恩上奏，献出之前赐给他的庄园，改为章敬寺，为章敬太后祈求冥福。于是他将章敬寺修得穷壮极丽，都市里的材料都不够用，又奏请拆毁曲江及华清宫馆以供给，花费超过一万亿。卫州进士高郢上书，大略说："先太后圣德，不必以一寺增辉；国家长久之计，以百姓为本。舍弃人民，以寺庙祈福，何福之有？"又说："没有寺庙犹可，没有人民可以吗？"又说："陛下应当居住在简陋的宫室，以夏禹为榜样，而修建壮丽的塔庙，那不是重蹈梁武帝的覆辙吗？"又上书，大略说："古代圣明的君王，积善以致福，不费财以求福；修德以消祸，不劳人以攘祸。如今兴造急促，昼夜不停，体力跟不上的，就加以鞭打，愁痛号哭之声盈于道路，以此期望得到福报，臣恐怕不然。"又说："陛下的内心已经不能坚守正道，而是希求外物提供一些微小的帮助，希望左右有什么奇谋巧计，有伤帝王之大道，臣私底下为陛下感到痛惜！"奏书上呈，都石沉大海，没有回音。

最初，皇帝喜好祠祀，并不怎么看重佛。元载、王缙、杜鸿渐为相，三人都好佛；王缙尤甚，不食荤腥，与杜鸿渐一起，建造了无数寺庙。皇帝曾经问他们："佛说因果报应，真的有吗？"元载等上奏说："国家运祚如此之长，如果不是因为积累的福业，怎么可能做到？福业已定，虽然不时有一些小灾，终究不能为害，所以安、史悖逆，在他们气焰最嚣张的时候，都被自己的儿子杀死；仆固怀恩称兵内侮，出门病死；回纥、吐蕃大举深入，不战而退：这些都不是人力所及，岂能说不是因果报应呢？"皇帝由此深信不疑，常在宫禁中供应一百多个僧人饭

食；有敌人来了，就令僧人讲《仁王经》以禳祸，敌人撤退，就厚加赏赐。胡僧不空，做官做到卿监，爵位为国公，出入宫禁，权势超过当朝权贵，京畿良田美利多归僧寺所有。又敕令天下不得对僧尼用刑。于五台山造金阁寺，铸铜涂金为瓦，花费巨亿，王缙发给五台山数十僧人正式公文，令他们到全国各地寻找有利可图的生意赚钱。元载等经常在皇帝心情好的时候，谈论佛事，由此朝廷内外的臣民承流相化，都不干人事，而一心奉佛，政事、司法一天比一天混乱了。

**7** 八月三日，凤翔等道节度使、左仆射、平章事李抱玉入朝，坚决辞让仆射，言辞恳切，皇帝批准；癸丑日（八月无此日），又辞让凤翔节度使，皇帝不许。

**8** 八月二十日，杜鸿渐摆设素宴，宴请一千名僧人，答谢僧人们祈福，以使蜀地和平无恙。

**9** 九月，吐蕃部众数万人包围灵州，流动突袭的骑兵抵达潘原、宜禄；郭子仪从河中率甲士三万人镇守泾阳，京师戒严。九月十七日，郭子仪移师镇守奉天。

**10** 山獠攻陷桂州，驱逐刺史李良。

**11** 冬，十月一日，朔方节度使路嗣恭于灵州城下击破吐蕃，斩首二千余级；吐蕃撤退。

**12** 十二月四日，盗墓贼发掘郭子仪父亲坟墓，官府搜捕，没有抓到。人们认为鱼朝恩一向厌恶郭子仪，怀疑是他指使。郭子仪从奉天入朝，朝廷担忧他发动事变；郭子仪见皇帝，皇帝谈到盗墓的事，郭子仪流涕说："臣长久将兵，不能禁暴，军士们经常挖掘别人家的坟墓。今日我的祖坟也被挖开，这是天谴，无关人事。"朝廷于是安心下来。

**13** 本年，镇西重新改为安西。

**14** 新罗王金宪英去世，儿子金乾运继位。

# 大历三年（公元768年）

**1** 春，正月二十日，皇帝前往章敬寺，剃度僧尼一千人。

**2** 追赠建宁王李倓为齐王。

**3** 二月十八日，商州兵马使刘洽杀防御使殷仲卿，朝廷不久将他讨平。

**4** 二月十九日，郭子仪禁止无故在军营中骑马。南阳夫人（郭子仪正妻）乳母之子犯禁，都虞候将他杖杀。诸子向郭子仪哭诉，并且说都虞候蛮横，郭子仪呵斥他们出去。第二天，他把这件事告诉僚佐们，叹息说："我这几个儿子，都是当奴的材料！不赞赏父亲的都虞候，而可惜母亲的乳母的儿子，这不是当奴的材料是啥？"

**5** 二月二十五日，封后宫独孤氏为贵妃。

**6** 三月一日，日食。

**7** 夏，四月四日，山南西道节度使张献诚，因为生病，举荐堂弟右羽林将军张献恭接替自己职位，皇帝批准。

**8** 四月二十八日，西川节度使崔旰入朝。

# 李泌受代宗赏识

**9** 当初，皇帝派宦官于衡山征召李泌，到了之后，又赐给他金鱼袋和紫衣，为他于蓬莱殿侧修筑书院，皇帝经常穿着汗衫、拖鞋过去看他，自给事中、中书舍人以上官员及地方军事长官的任免和军国大事，都与他商议。又命鱼朝恩在白花屯为李泌建造一座外院，方便他与亲旧相见。

皇帝想要任命李泌为门下侍郎、同平章事，李泌坚决推辞。皇帝说："国家事务繁忙，我们不能朝夕相见，确实不如你以客人身份住在宫里，何必一定要签署敕令后才算当宰相呢？"

后来，到了端午节，王、公、妃、主各自进献服装、器玩，皇帝对李泌说："大家都有礼物送给我，为什么唯独先生没有呢？"李泌回答说："臣居于禁中，从头巾到鞋都是陛下所赐，我只有赤条条一个身子而已，除了这个身子，我拿什么来献给陛下呢？"皇帝说："朕所求的，正是如此。"李泌说："臣的身子如果不是陛下所有，又属于谁呢？"皇帝说："先帝想要卿屈尊担任宰相职位而不能得，如今卿既献其身，应当唯朕所为，不为卿所有了。"李泌说："陛下想要让臣做什么？"皇帝说："朕想要卿食酒肉，有家室，受禄位，为俗人。"李泌哭泣说："臣不食酒肉已经二十余年，陛下何必让臣违背自己的志向？"皇帝说："哭泣又有什么益处？卿在九重深宫之中，还想去哪里？"于是命宦官为李泌安葬双亲，又为李泌娶卢氏女儿为妻，资费都由皇家支付。赐第于光福坊，令李泌数日住宿在自己宅第中，数日住宿于蓬莱院。

皇帝与李泌谈到齐王李倓，想要对其厚加褒赠，李泌奏请用岐王李范、薛王李业的前例追赠太子，皇帝哭泣说："我的弟弟首建灵武之议，成就中兴之业，岐、薛岂有这样的功勋呢？竭诚忠孝，却为谗人所害。假使他还活着，朕必定封他为皇太弟。如今当崇以帝号，完成我的夙愿。"五月十二日（原文为"乙卯日"，根据柏杨考证修改），皇帝下制，追谥李倓为承天皇帝；五月十七日，迁葬到顺陵。

**10** 崔旰入朝时，让弟弟崔宽担任留后，泸州刺史杨子琳率精骑兵数千人乘虚突入成都；朝廷听闻，加授崔旰为检校工部尚书，赐名崔宁，遣返还镇。

**11** 六月二十日，幽州兵马使朱希彩、经略副使昌平人朱泚、朱泚的弟弟朱滔一起杀死节度使李怀仙，朱希彩自称留后。闰六月，成德军节度使李宝臣遣将率军讨伐朱希彩，被朱希彩击败，朝廷不得已，承认既成事实。闰六月十八日，任命王缙为卢龙节度使；闰六月二十五日，任命朱希彩兼任幽州留后。

**12** 崔宽与杨子琳战，数战不利，秋，七月，崔宁的妾任氏拿出家财数十万，招募士兵得数千人，率领他们攻击杨子琳，击破；杨子琳退走。

**13** 七月四日，王缙进入幽州，朱希彩出动部队，严密防备以迎接他。王缙晏然而行，朱希彩迎接拜谒也十分恭敬。王缙看出自己终究无法控制局面，慰劳军队，住了十几天，还京。

**14** 回纥可敦（仆固怀恩的女儿）去世，七月九日，朝廷命右散骑常侍萧昕为吊祭使。回纥可汗当庭诘问萧昕说："我于唐有大功，唐为何失信，买我的马，不及时付款？"萧昕说："回纥之功，唐已经回报。仆固怀恩叛变，回纥帮助他，与吐蕃连兵入寇，逼进我京畿。后来，仆固怀恩死，吐蕃退走，然后回纥惧而请和，我唐不忘前功，再加以恩惠，放你们回去。不然，一匹马也走不了。这是回纥负约，岂是唐失信呢？"回纥可汗惭愧，馈赠萧昕厚礼，送他归国。

**15** 七月十五日，从宫中拿出"盂兰盆"（"盂兰"是梵语，译作"倒悬"，盆是指供品的盛器。佛法认为供此具可解救亡亲的倒悬之苦）赐给章敬寺。另设七庙祖先牌位，把历任先帝的尊号写在长条形旗帜上，百官迎谒于光顺门。自此，每年都举行这样的仪式。

# 郭子仪抵御吐蕃入寇，坦诚面对鱼朝恩

**16** 八月二十一日，吐蕃十万人入寇灵武。八月二十六日，吐蕃大将尚赞摩率二万人入寇邠州，京师戒严；邠宁节度使马璘将吐蕃军击破。

**17** 八月二十九日，河东节度使、同平章事辛云京薨逝，朝廷任命王缙兼领河东节度使，其余职位不变。

**18** 九月一日，命郭子仪将兵五万人屯驻奉天以防备吐蕃。

**19** 九月六日，济王李环薨逝。

**20** 九月十一日，朔方骑将白元光攻击吐蕃，击破。九月二十一日，白元光又于灵武击破吐蕃二万人。凤翔节度使李抱玉派右军都将、临洮人李晟将兵五千人攻击吐蕃，李晟说："以力战，则五千人不够用；用谋略，则嫌人太多。"于是率一千人出大震关；到了临洮，屠灭吐蕃定秦堡，焚毁他们积聚的粮食物资，俘虏堡帅慕容谷种而还。吐蕃听闻，解除灵州包围，撤退。九月二十七日，京师解除戒严。

**21** 颍州刺史李岵因事顶撞滑亳节度使令狐彰，令狐彰派节度判官姚奭巡察颍州，并替代李岵接管州事，并且说："如果李岵不接受替代，就杀了他。"李岵知道了，激怒将士，让他们杀了姚奭，与姚奭一起被杀的有一百余人。李岵逃走，于汴州投奔河南节度使田神功。冬，十月五日，令狐彰上表汇报前后经过，李岵也上表为自己申辩。皇帝命给事中贺若察前往调查。

**22** 十月二十七日，郭子仪自奉天入朝。

**23** 十一月十七日，擢升幽州留后朱希彩为节度使。

**24** 郭子仪回到河中。元载认为，吐蕃连年入寇，马璘以四镇兵屯驻邠宁，力量单薄，不能抵御，而郭子仪以朔方重兵镇守河中，深居内地，无事可做，于是与郭子仪及诸将商议，调马璘部队镇守泾州，而让郭子仪以朔方兵镇守邠州，说："如果边疆土地荒残，军事物资供应不上，则以内地租税及运送金帛来资助。"诸将都认同这个安排。

十二月九日，改任马璘为泾原节度使，把邠州、宁州、庆州三州划归朔方。马璘先前往泾州筑城，让都虞候段秀实担任邠州留后。

当初，四镇、北庭兵远赴中原勤王，长期羁留异乡，数次迁徙，四镇兵团历经汴州、虢州、凤翔，北庭兵团历经怀州、绛州、鄜州，然后到邠州，颇为疲惫。这回又要迁往泾州，于是众人怨声载道。刀斧兵马使王童之密谋作乱，约期在十二月二十一日凌晨擂起床鼓时发动。前一天晚上，有人告发；段秀实假装召见负责报时的主管，发怒，说他报时不准，令他每次打更时都要来禀告，而每次来，段秀实都拖延他数刻时间，于是，本来五更天亮，到四更时天已经大亮了，王童之来不及发动。段秀实想要讨伐他，可是哗变的形迹并未暴露，担心军中怀疑他被冤枉。告密者又说："准备今天晚上焚烧马坊草料，乘救火时作乱。"夜半，马坊果然起火，段秀实命军中步行的人都停止不动，坐着的人不要起身，各整部伍，严守要害。王童之自请救火，段秀实不许。天亮之后，逮捕王童之及其同党八人，将其全部斩首。下令说："拖延开拔的灭族，散布流言者用刑！"于是顺利迁徙到泾州。

**【华杉讲透】**

段秀实处理纵火的方法，是兵书上处理惊营的标准预案，如果遇到无故惊营，或者军营中真的混进敌人奸细，就下令全军不动，各整部伍，严守要害，点名。那还在乱窜的，就是敌人了。

**25** 十二月十三日，西川击破吐蕃一万余人。

**26** 平卢行军司马许杲率军三千人驻守濠州，不肯撤走，有窥视淮南的意图，淮南节度使崔圆令副使、元城人张万福摄理濠州刺史；许杲听闻，即刻率军南下，在当涂扎营。

本年，皇帝召张万福，任命他为和州刺史、行营防御使，讨伐许杲。张万福抵达和州，许杲畏惧，移军到上元，又北至楚州，大肆抢掠，淮南节度使韦元甫命张万福追讨；还没到淮阴，许杲被他的部将康自劝驱逐。康自劝拥兵继续抢掠，顺着淮河向东，张万福倍道兼行，追上康自劝，将他斩首，叛军只剩十之二三。韦元甫将要厚赏将士，张万福说："国家训养军队，常常是虚费衣粮，无所事事。如今刚立一点小功，不应过分赏赐，发给三分之一就够了。"

# 大历四年（公元769年）

**1** 春，正月七日，郭子仪入朝，鱼朝恩邀请他同游章敬寺。元载担心他俩勾结起来，秘密让郭子仪的军吏告诉郭子仪说："鱼朝恩密谋不利于公。"郭子仪不听。军吏也把这消息告诉诸将，将士们建议郭子仪内穿铠甲，并携带卫士三百人前往。郭子仪说："我是国家大臣，他如果没有天子之命，怎敢害我？如果受命而来，你们又想要干什么？"于是带着家僮数人而往。鱼朝恩迎接，惊讶他带的随从这么少。郭子仪把听到的话告诉他，并且说："怕你如果要下手，给你增添麻烦。"鱼朝恩捶着胸脯，又捧着郭子仪的手流涕说："如果公不是一个忠厚长者，又岂能没有疑心？"

**【华杉讲透】**

### 忠诚就是无我

忠诚就是无我。郭子仪的话："我，国之大臣，彼无天子之名，安敢害我！若受命而来，汝曹欲何为！"这就是无我，把自己的一切，包括生命，都交给了皇帝。没有皇帝的诏命，鱼朝恩不敢杀我；如果是皇帝让他杀我，杀了就是，反抗就是谋反。

郭子仪把前后经过直接告诉鱼朝恩，也是通过这件事告诉朝廷内外"我是什么人"，保持自己的透明，并且让所有人相信自己的透明，这也是他一直的博弈策略——不管你们出什么牌，我都只有这一张牌；如果知道我只出这张牌，你们想想自己该对我出什么牌。这就是郭子仪的生存之道。

这不是生存智慧，而是一种态度，郭子仪的态度就是——"精忠报国，等待被诛杀"。这是一种彻底的诚意正心，装不出来。诚于中而形于外，皇帝看见了，相信了；所有人都看见了，相信了。郭子仪就掌握了诚信所带来的权力。

**2** 正月十三日，流放李岵于夷州。

**3** 正月十六日，郭子仪返还河中。

**4** 正月二十二日，赐李岵死。

**5** 二月三日，皇帝批准鱼朝恩的请求，从京兆划出好畤，凤翔划出麟游、普润，隶属神策军。

**6** 杨子琳败还泸州之后，招聚亡命之徒，得数千人，沿江东下，声言要入朝；涪州守捉使王守仙伏兵于黄草峡，全部被杨子琳俘虏，杨子琳于忠州攻击王守仙，王守仙全军覆没，仅自己逃得一命。杨子琳于是杀死夔州别驾张忠，占领州城。荆南节度使卫伯玉想要结交杨子琳作为外援，许诺把夔州给他，为他向朝廷请命。阳曲人刘昌裔游说杨子琳派使者到宫门前请罪，杨子琳听从。

二月六日，任命杨子琳为峡州团练使。

**7** 当初，仆固怀恩死，皇帝怜悯他有功，把他的女儿接到宫中，收养为自己的女儿。回纥请求娶她为可敦，夏，五月二十四日，册封为崇徽公主，嫁给回纥可汗。

五月二十五日，派兵部侍郎李涵护送公主出嫁，李涵奏请任命祠部郎中、虞乡人董晋为判官。

六月一日，公主辞行，到了回纥牙帐。回纥派人质问李涵："唐约我交易，我们的马送去了，但是钱却拖着没付清，是不是要我派人自己去取。"李涵惧怕，不敢回答，看着董晋，董晋说："我们并非没有马而向你们买，而且给你们的赏赐已经够多了！你们的马每年送来，我们不管送来的马是死的活的、肥的瘦的，都照价付钱。边吏们意见很大，多次向朝廷抗议，天子念你们有功劳，所以下诏禁止边兵边将侵犯你们。其他各戎族因为大唐与你们结盟，也不敢跟你们较量。你们父子能在这里安安静静地养马，不是因为我大唐，做得到吗？"于是回纥人都环着董晋下拜。既而又一起按次序南面跪拜，都高举两手，说："不敢对大唐有一丝不敬。"

**【胡三省注】**

这一段是董晋的属吏韩愈记载的，恐怕是有美化他的形象而夸大其辞。

**8** 六月十二日，王缙上表，辞让副元帅、都统、行营使，皇帝批准。

**9** 六月二十五日，郭子仪从河中迁到邠州，他的精兵都自己带着，其他士兵则派裨将率领，分别镇守河中、灵州。军士们的家长久都在河中，颇不乐意迁徙，往往从邠州逃回；行军司马严郢留守河中府，将其全部抓到，诛杀他们的渠帅，军心这才安定下来。

**10** 秋，九月，吐蕃入寇灵州；九月十二日，被朔方留后常谦光击破。

**11** 河东兵马使王无纵、张奉璋等仗恃自己的功劳，骄横放纵，认为王缙只是一介书生，轻视他，经常违法乱纪。王缙受诏发兵到盐州参加秋季防御，派王无纵、张奉璋率步骑兵三千人前往。张奉璋逗留不进，王无纵则找其他借口擅自进入太原城，王缙将二人逮捕斩首，并诛杀其党羽七人，诸将中凶悍暴戾的全部被杀，军府才安定下来。

**12** 冬，十月，常谦光上奏，吐蕃入寇鸣沙，大军首尾绵延四十里。郭子仪派兵马使浑瑊率精锐部队五千人救灵州，郭子仪自己率军进至庆州，听闻吐蕃撤退，还师。

**13** 黄门侍郎、同平章事杜鸿渐生病辞职，十一月八日（原文为十月，根据柏杨考证修改），皇帝批准；十一月十一日，杜鸿渐薨逝。杜鸿渐病危时，令僧人为自己削发，遗嘱建造佛塔，让自己安葬其中。

**14** 十一月十二日，任命左仆射裴冕为同平章事。

当初，元载为新平县尉，裴冕曾经举荐他，所以元载举荐他为相，同时，也利用他老病，认为他容易控制。裴冕受命之际，蹈舞叩拜时摔倒在地，元载快步上去扶他起来，代他完成谢词。十二月四日，裴冕薨逝。

## 大历五年（公元770年）

**1** 春，正月五日，羌部落酋长白对蓬等各自率领自己的部落归附唐朝。

### 鱼朝恩专权引起代宗不满被杀

**2** 观军容宣慰处置使、左监门卫大将军兼神策军使、内侍监鱼朝恩，专典禁兵，宠任无比，皇帝常与他商议军国大事，势倾朝野。鱼朝恩喜欢在大庭广众之中大谈时政，凌侮宰相，元载虽然能言善辩，在鱼朝恩面前，也拱手沉默，不敢回应。

神策都虞候刘希暹、都知兵马使王驾鹤，都有宠于鱼朝恩；刘希暹游说鱼朝恩在北军设置监狱，指使街市恶少年告发富室，以罪名诬陷他们，然后逮捕关进地牢，酷刑拷打，让他们招供认罪，籍没他们的家产入军，并分一部分赏给告密和搜捕者；监狱设在禁军重地，没人敢说。鱼朝恩每次上奏事情，都认为皇帝必定批准；朝廷政事没有让他参加的，就怒道："天下事有不由我决定的吗？"皇帝听闻，由此不悦。

鱼朝恩的养子鱼令徽年纪尚幼，为内给使，官服为绿色，与同事争吵，回家告诉鱼朝恩。鱼朝恩第二天见皇帝说："臣的儿子官职太低，被同僚凌辱，乞请赐给他紫衣。"皇帝还没回应，有司已经拿着紫衣上前，鱼令徽穿上，拜谢。皇帝强笑说："你儿子穿上紫衣了，这下称心如意了吧？"而心中更加不平。

元载测知皇帝的态度变化，乘机上奏说鱼朝恩专恣不轨，请将他铲除。皇帝也知道天下人对鱼朝恩的怨怒，于是令元载制定方略。鱼朝恩每次入殿，常派射生将周皓率一百人卫队，又派他的党羽、陕州节度使皇甫温握兵于外，作为声援；这两人，元载都以厚重贿赂结交，所以鱼朝恩的阴谋密语，皇帝一一听闻，而鱼朝恩毫无察觉。

正月二十七日，元载向皇帝献策，改任李抱玉为山南西道节度使，任命皇甫温为凤翔节度使，表面上是加强皇甫温的权力，实际上是让他接近京师，以协助自己。元载又建议割郿县、虢县、宝鸡、鄠县、盩厔隶属李抱玉，兴平、武功、天兴、扶风隶属神策军，鱼朝恩喜于得到土地，完全没把元载放在心上，骄横如故。

**3** 正月二十八日，加授河南尹张延赏为东京留守；撤销河南等道副元帅，把元帅府所属部队划归东京留守。张延赏，是张嘉贞之子。

**4** 二月五日，李抱玉移镇盩厔，军士愤怒，大肆抢掠凤翔街市，好几天才平静下来。

**5** 刘希暹察觉皇帝态度有变，告诉鱼朝恩，鱼朝恩开始疑惧。但是皇帝每次见他，恩礼更加隆重，鱼朝恩也安心下来。皇甫温到京师，元载留下他，没有遣返镇所，与他及周皓密谋诛杀鱼朝恩。定计之后，元载报告皇帝。皇帝说："好好干，不要反受其祸！"

三月十日，寒食节，皇帝在宫中设置酒宴，宴请尊贵近臣，元载留守中书省。宴会结束，鱼朝恩将要还营，皇帝留下他议事，斥责他有异图。鱼朝恩自辩，言语颇为悖逆傲慢，周皓与左右将他生擒，绞死，外面没有人知道。皇帝下诏，罢免鱼朝恩观军容使等职务，仍任内侍监。诈称"鱼朝恩受诏之后，自缢身死"，把尸体还给他家属，赐钱六百万，作为丧葬费用。

三月十四日，加授刘希暹、王驾鹤为御史中丞，以安慰北军军心。

三月二十三日，赦免京畿监狱囚犯，赦免鱼朝恩所有党羽，并且说："北军将士，都是朕的爪牙，一切跟以前一样。朕现在亲自统御禁军，不要忧惧。"

【华杉讲透】

## 在凶险的生存环境中，狂妄意味着自取灭亡

鱼朝恩是典型的小人得志，小人的特点，就是孔子说的："近之则不逊，远之则怨。"皇帝对他宠任无比，他就对皇帝更加狂悖不逊；而一件事没跟他商量，他就怨气冲天。然后呢，对自己过高评价，以为天下没有他不行。德薄而位尊，智少而谋大，力少而任重，三句话他都占全了。最后皇帝派一个力士，就把他勒死了。皇权社会，没有审判，随时"合法谋杀"，在这样凶险的生存环境中，没有任何人——包括皇帝——能保证自身安全，他却狂妄如此，也是自取灭亡了。

**6** 三月二十六日，撤销度支使及关内等道转运、常平、盐铁使，财税的事由宰相直接负责。

**7** 敕令皇甫温返回陕州镇所。

**8** 元载诛杀鱼朝恩之后，皇帝对他更加宠任，元载则更加不可一世，骄傲满溢；经常当众说大话，自以为有义武才略，自古以来，都没人赶得上他，弄权舞智，政以贿成，僭侈无度。吏部侍郎杨绾，负责选拔官员，非常公平恰当，性格耿直，不附和元载；岭南节度使徐浩，贪婪奸佞，倾尽南方珍货以贿赂元载。三月二十八日，元载任命杨绾为国子祭酒，让徐浩替代他为吏部侍郎。徐浩，是越州人。

元载有一位亲戚长辈从宣州来，向元载求官，元载度量着这人没有能力，只是为他写一封信，让他捎给河北某官，打发他走。长辈不悦，走到幽州，私下打开信看，信里一句话都没有，只有一个署名而已。长辈大怒，不得已试一试，拿着信去衙门求见，判官听说有元载的信，大惊，立即报告节度使，派高级将领携带小匣，恭恭敬敬接收信件，把老人家安排住进最好的宾馆，留下宴请数日，在其辞去时，又赠给绸缎一千匹。元载的威权，就到如此地步。

## 【华杉讲透】

### 永远不要认为自己有"智慧"，一切都靠诚意和本分

说元载的这十二个字——"弄权舞智，政以贿成，僭侈无度"——全是找死的事，而又非常典型，很多人都会这样。弄权舞智，是从不按章办事，任何一件事情，他都要以自己的"智慧"，运用自己的权力，跟人博弈，以获得额外利益或加强自己的威权。政以贿成，是所有事都要靠贿赂才能办成，正常能办的事，你不行贿，就会被其他行贿的人夺走；当得好好的官，不保持行贿，也会被行贿的人挤掉。僭侈无度，不

仅奢侈，而且僭越。

这一切的背后，都是自以为聪明。鱼朝恩那么厉害，都被我拿下了，还有谁？殊不知，鱼朝恩被拿下，正是因为他"文武全才，弄权舞智，政以贿成，僭侈无度"，元载除掉了鱼朝恩，自己又变成了鱼朝恩，鱼朝恩的命运就等着他了。他比鱼朝恩结局更惨，鱼朝恩是被皇帝杀的，表面上还说他是自杀的，给予家属丧葬费用。元载则是全家被赐死。

永远不要认为自己有"智慧"，一切都靠诚意和本分。

**9** 夏，四月八日，湖南兵马使臧玠杀观察使崔瓘；澧州刺史杨子琳起兵讨伐，收了臧玠的贿赂，回师。

**10** 泾原节度使马璘屡次投诉自己的辖区荒凉残破，无法供养军队，皇帝暗示李抱玉把郑州、颍州两个州让给他；四月十三日，任命马璘兼郑颍节度使。

**11** 四月二十八日，王缙从太原入朝。

**12** 五月二十一日，任命左羽林大将军辛京杲为湖南观察使。

**13** 荆南节度使卫伯玉母亲去世（按礼制应该辞官回家守丧三年），六月七日，皇帝任命殿中监王昂替代他。卫伯玉暗示大将杨猷等拒绝王昂到任，要求自己留下；六月二十三日，皇帝下诏，起复卫伯玉仍旧镇守荆南。

**14** 秋，七月，京畿地区发生饥荒，米价一斗一千钱。

**15** 刘希暹内心时常不安，说过对皇帝不逊的话，王驾鹤奏闻。九月十二日，赐刘希暹死。

**16** 吐蕃入寇永寿。

**17** 冬,十一月,郭子仪入朝。


## 元载专权引起代宗不满

**18** 元载的所作所为,皇帝全都知道,只是因为他执政时间已经很久,想要保全他,在一次单独召见的时候,深切地告诫他;但元载仍不悔改,皇帝由此稍稍开始厌恶他。

元载因为李泌有宠于皇帝,忌惮他,对皇帝说:"李泌常与亲朋故友在北军宴会,与鱼朝恩亲善,恐怕他知道鱼朝恩的阴谋。"皇帝说:"北军,是李泌的旧部,所以朕派他去见老朋友。诛杀鱼朝恩,李泌也参与了计划,卿不要怀疑。"元载与他的党羽仍然不停攻击李泌;正巧江西观察使魏少游请求给他派一个参谋,皇帝对李泌说:"元载不容卿,朕如今把卿藏在魏少游那里。等朕决意铲除元载,会报信给卿,你再收拾行装回来。"于是任命李泌为江西判官,并叮嘱魏少游善待他。


# 大历六年（公元771年）

**1** 春,二月十五日,河西、陇右、山南西道副元帅兼泽潞、山南西道节度使李抱玉上言:"我自己所掌的军队,都是我自己训练。现在,我的防区北自河陇地区,南达于扶州、文州,绵亘二千余里,很难控制。如果吐蕃分兵岷州、陇州两道入侵,臣保卫汧水、陇山,则救不了梁州、岷山,进兵扶州、文州,则敌寇逼近京畿,首尾不能相应,进退无所适从。希望陛下另择能臣,把山南西道交给他,让臣得以专心防卫陇坻地区。"皇帝下诏批准。

**2** 郭子仪回邠州。

**3** 岭南蛮夷酋长梁崇牵自称平南十道大都统，占据容州，与西原蛮张侯、夏永等连兵攻陷城邑，前容管经略使元结等都把治所迁到苍梧。经略使王翃到了藤州，拿出自己私财招募士兵，没过几个月，斩贼帅欧阳珪，驰马到广州，见节度使李勉，请兵以收复容州，李勉觉得难办，王翃说："您如果不能出兵，只求您向各州发出正式公文，扬言要出一千兵为援军，借着这个声势，也可成功。"李勉听从。王翃于是与义州刺史陈仁璀、藤州刺史李晓庭等结盟讨贼。王翃招募得三千余人，击破贼军数万人；攻打容州，攻拔，生擒梁崇牵，前后大小一百余战，收复容州全部土地。分命诸将袭击西原蛮，收复郁林等诸州。

之前，番禺贼帅冯崇道、桂州叛将朱济时，都据险为乱，攻陷十余州，官军讨伐，连年不克；李勉派部将李观与王翃并力攻讨，将贼军全部斩首，三月，五岭地区全部平定。

**4** 河北旱灾，米价一斗一千钱。

**5** 夏，四月三日，澧州刺史杨子琳入朝，皇帝优礼接待，赐名杨猷。

**6** 四月四日，擢升典内董秀为内常侍。

**7** 吐蕃请和；四月二十四日，派兼御史大夫吴损出使吐蕃。

**8** 成都司录李少良上书举报元载奸邪贪赃等不为人知的私事，皇帝把李少良安置于客省（进京朝觐官员及外族使节来京待命之处，安处四方使者）。李少良把皇帝的话告诉友人韦颂，殿中侍御史陆珽告诉元载，元载上奏皇帝。皇帝怒，将李少良、韦颂、陆珽逮捕关进御史台监狱。御史上奏李少良、韦颂、陆珽凶险狡诈，狼狈为奸，离间君臣，五月二十三日，敕令将其交付京兆，全部被乱棍打死。

**9** 秋，七月二十二日，元载奏请说，凡是皇帝指定任命的文、武六品以下官员，吏部、兵部不得检查复核，皇帝听从。当时元载所奏拟的官员多不遵法度，担心被有司驳回，所以他上这道奏章。

**10** 八月十四日，淮西节度使李忠臣将兵二千人屯驻奉天，做秋季边防。

**11** 皇帝越来越厌恶元载的所作所为，希望得到士大夫当中不阿附他的人作为腹心，渐渐收回给元载的权柄。八月二十三日，皇帝亲自发出制书，任命浙西观察使李栖筠为御史大夫，宰相都不知道，元载的地位由此开始下降。

**12** 九月，吐蕃军下青石岭，驻军于那城；郭子仪派人晓谕，第二天，吐蕃军撤退。

**13** 本年，任命尚书右丞韩滉为户部侍郎、判度支。自从兵兴以来，各地赋敛无度，仓库出入无法，国用虚耗。韩滉为人廉洁勤劳，精于记账，制定赋敛出纳之法，御下严格，官吏们都不敢欺骗他；又赶上连年丰收，边境无寇，于是仓库蓄积开始充实。韩滉，是韩休之子。

# 大历七年（公元772年）

**1** 春，正月二十二日，回纥使者擅自离开鸿胪寺（外国使节的招待所），抢掠民间子女；有司阻止他们，他们竟然殴打有司，以三百骑兵侵犯金光、朱雀门。这天早上，宫门全部关闭，皇帝派宦官刘清潭晓谕，他们才停止。

**2** 三月，郭子仪入朝；三月二十五日，回邠州。

**3** 夏，四月，吐蕃五千骑兵抵达灵州，寻即撤退。

**4** 五月十五日，赦天下。

**5** 秋，七月十四日，回纥使者又擅出鸿胪寺，追逐长安县令邵说到含光门街，夺了他的马；邵说只好换乘另一匹马离去，不敢争。

**6** 卢龙节度使朱希彩既得位，悖慢朝廷，残虐将卒；孔目官（掌管文书）李怀瑗利用众怒，伺机将他杀死。众人不知所从；经略副使朱泚的军营在城北，他的弟弟朱滔率牙内兵，驻扎在城中，暗中指使一百余人于众中大声说："节度使非朱副使不可。"众人都听从。朱泚于是暂代留后，派使者进京禀告事件前后经过。

冬，十月二十四日，朝廷任命朱泚为检校左常侍，幽州、卢龙节度使。

**7** 十二月二十五日，设置永平军于滑州。

## 大历八年（公元773年）

**1** 春，正月，昭义节度使、相州刺史薛嵩薨逝。儿子薛平，时年十二岁，将士们胁迫他继位，薛平假装同意；既而让给他的叔父薛崿，夜里带着父亲灵枢，逃归乡里。

正月六日，皇帝下制，任命薛崿为留后。

**2** 二月二十七日，永平节度使令狐彰薨逝。令狐彰在滑州、亳州离乱之后，约束军队，劝勉农耕，粮食物资都非常充实。当时各藩镇都飞扬跋扈，唯独令狐彰对朝廷的贡赋从未缺少；每年派兵三千人到京西参与秋季防御，自带粮食，道路上地方供应馈赠都不接受，所过之处，秋毫无犯。病危时，召掌书记、高阳人齐映，与他商量后事，齐映劝令狐彰请朝廷派人接替，把自己的儿子都遣返回家；令狐彰听从，遗表称："当年鱼朝恩击破史朝义，想要在滑州抢掠，臣不听，由此有了矛盾。后来鱼朝恩被诛，正赶上臣卧病在床，未能入朝，生前死后，都深感愧负陛下。臣的病必定好不了了，仓库物资和牲畜，都已登记封存，军中将士，州县官吏，都安心等待朝廷命令。吏部尚书刘晏、工部尚书李勉，都可委以大事，愿速任命他们以替代臣。臣的儿子令狐建等，如今勒令他们回到东都家里。"令狐彰薨逝，将士们想要立令狐建，令狐建誓死不从，举家西归。三月一日，朝廷任命李勉为永平节度使。

**3** 吏部侍郎徐浩、薛邕，都是元载、王缙一党；徐浩的妾的弟弟侯莫陈怤为美原县尉，徐浩拜托京兆尹杜济捏造他"主管驿站，绩效优等"，又拜托薛邕，调任他为长安县尉。侯莫陈怤到职后，到御史台参见，御史大夫李栖筠弹劾他舞弊，皇帝敕令礼部侍郎、万年人于邵等调查。于邵上奏说，薛邕的罪行犯在大赦之前，应维持原来的任命，皇帝怒。夏，五月十一日，贬徐浩为明州别驾，薛邕为歙州刺史；五月十二日，贬杜济为杭州刺史，于邵为桂州长史，朝廷稍微整肃起来。

**4** 五月十七日，郑王李邈薨逝，追赠为昭靖太子。

**5** 回纥自从乾元年以来，每年请求和唐朝贸易，每一匹马交换绸缎四十匹，动则数万匹，而马都瘦弱无用；朝廷深以为苦，所交易马的数量，每次都不能令回纥满意，回纥的使者前面的还没遣返，后面的又来了，住满鸿胪寺。至此，皇帝想要讨他们欢心，命令把马全部买下。秋，七月二十八日，回纥使者辞别归国，装载赏赐给他们的遣返费用及卖马得到的财物，共用车一千余辆。

# 郭子仪抵御吐蕃入寇，吐蕃遁去

**6** 八月十六日，吐蕃骑兵六万人入寇灵武，践踏还未秋收的庄稼而去。

**7** 八月二十八日，幽州节度使朱泚派他的弟弟朱滔率精骑兵五千人到泾州参加秋季防御。自从安禄山造反以来，幽州兵还未尝为朝廷所用，朱滔抵达，皇帝大喜，慰劳赏赐非常丰厚。

**8** 八月二十九日，回纥再次派使者赤心驱赶一万匹马来要求交易。

**9** 九月十日，循州刺史哥舒晃杀岭南节度使吕崇贲，占据岭南造反。

**10** 九月十一日，晋州男子郇模，用麻绳把头发扎成辫子，带着竹筐苇席，在东市痛哭。人们问他缘故，他回答说："愿献三十字，一字为一事；如果我的话不可取，请用苇席裹上我的尸体，装在竹筐中，弃之于荒野。"京兆奏报皇帝。皇帝召见，赐给他新衣，让他住在客省。他说的"团"字，是建议撤销诸州团练使；"监"字，请撤销诸道监军使。

**11** 魏博节度使田承嗣为安禄山、史思明父子建立祠堂，称之为"四圣"，并且申请要当宰相；皇帝令内侍孙知古在前往魏州之际，讽劝他拆毁祠堂。冬，十月二日，加授田承嗣为同平章事以褒奖他。

**【华杉讲透】**

田承嗣是安、史旧将，后来投降朝廷，但只是表面臣属，实际始终保持割据独立，自己征收赋税，任命官吏。这次扛出安、史牌位，要挟要当宰相，皇帝任命他为同平章事，也是姑息养奸，给他一个宰相的名义。

**12** 灵州的军队击破吐蕃军一万余人。

吐蕃十万人入寇泾州、邠州，郭子仪派朔方兵马使浑瑊率步骑兵五千人拒战。十月十八日，战于宜禄。浑瑊登上黄黌原，眺望敌情，命人占据险要地形，设立拒马，以防备骑兵冲击。老将史抗、温儒雅等轻视浑瑊，不听命令；浑瑊下令他们攻击时，二人已经喝醉，见了拒马，说："野战，要这东西干什么？"命令撤走。呵斥骑兵冲击敌阵，冲不进去，只好折返；敌人乘机追击，官军大败，士卒死亡十之七八，居民被吐蕃掠走一千余人。

十月二十二日，马璘与吐蕃战于盐仓，又败。马璘被敌军阻隔在外，到了日暮时分，还未回来，泾原兵马使焦令谌等与败兵争抢城门而入。有人劝行军司马段秀实登城拒守，段秀实说："大帅不知所在，应当向前攻击敌人，岂能苟且保全自己？"召焦令谌等人，责备他们说："按军法，丧失大将，麾下都要被处死。你们忘了自己的死罪吗？"焦令谌等惶惧下拜请命。段秀实于是征发城中还未出战的兵，将他们全部出动，列阵于东原，并收集散兵，做出将要力战的样子。吐蕃畏惧，稍稍退却。到了夜里，马璘才得以回城。

郭子仪召集诸将商议说："战败责任在我，不在诸将。但是，朔方兵以精锐闻名天下，如今被敌人击败，有何计策，可以雪耻？"无人回答。浑瑊说："我是败军之将，没有资格参与商议。但我愿谈一谈今天的事，请治我的罪，不然的话，请再给我一次机会。"郭子仪赦免他战败之罪，派他率军再去朝那。吐蕃已击破官军，准备抢掠汧、陇一带。盐州刺史李国臣说："敌人乘胜必然侵犯郊畿，我打他身后，敌人必然回头。"于是引兵前往秦原，鸣鼓而西。吐蕃军听闻，走到百城，折返，浑瑊在隘口设下埋伏截击，把吐蕃军抢掠的男女物资全部夺回；马璘也出精兵于潘原袭击敌军辎重，杀数千人，吐蕃军遁去。

## 转换主动和被动关系才能以实击虚

李国臣之计，是《孙子兵法·虚实篇》中的标准战术，叫作"攻其所必救"。吐蕃军向东，他却向西，吐蕃军担心后路被截断，就必须回军来救，那浑瑊、马璘就可以在半途设下埋伏截击。

《孙子兵法·虚实篇》："凡先处战地而待敌者佚，后处战地而趋战者劳，故善战者，致人而不致于人。能使敌人自至者，利之也；能使敌人不得至者，害之也。故敌佚能劳之，饱能饥之，安能动之。"凡先到战地而等待敌人的就从容、主动，后到战地而仓促应战的就疲劳、被动。所以，善于指挥作战的人，能调动敌人而不被敌人所调动。能使敌人自己来上钩的，是以小利引诱的结果；能使敌人不能到达其预定地域的，是以各种方法阻碍的结果。所以，敌人休整得好，能设法使其疲劳；敌人给养充分，能设法使其饥饿；敌军驻扎安稳，能设法使其移动。

虚与实，取决于主动和被动，通过调动敌人，敌军由实变虚，而我军由虚变实。"故知战之地，知战之日，则可千里而会战。"战场我给他摆好，在什么地点、什么时间打，我知道，他不知道，这就是以实击虚了。

**13** 十月二十三日，任命江西观察使路嗣恭兼岭南节度使，讨伐哥舒晃。

**14** 当初，元载曾担任西州刺史，知道河西、陇右山川形势。当时，吐蕃多次入寇，元载对皇帝说："四镇、北庭兵团驻防泾州，无险要可守。陇山高峻，南连秦岭，北抵黄河。如今国家西部边境只到潘原，而吐蕃军驻扎在摧沙堡，原州恰恰位于中间，正对陇山山口，西边都是国家牧马的故地，草肥水美，东边是平凉，只需要耕种一个县，就足以供应军粮，以前的城垒还在，吐蕃弃而不居。每年盛夏，吐蕃人到青海放牧，离开边塞很远，如果乘机修筑城垒，二十天就可完成。把京西军队移驻原州，郭子仪军移驻泾州，作为基地，再分兵守石门、木峡，逐渐打开陇右，进达安西，占据吐蕃腹心，则朝廷可以高枕无忧了。"并将山川地形画成图献给皇帝，又秘密派人出陇山做实地考察。正巧汴宋节度使田神功入朝，皇帝问他，他回答说："行军料敌，对沙场老将也是难事，陛下为什么用一个书生的话，想要举国听从呢？"元载不久获罪，他的建议也就被搁置下来。

**【华杉讲透】**

《论语》中孔子说："君子不以言举人，不以人废言。"君子不因为一个人一句话说得好，说到心坎上，就提拔他；也不会因为否定了一个人，就否定或埋没他说过的有益的话。元载获罪，他的建议就被搁置，这就是"以人废言"了。

**15** 有司认为回纥使者赤心要来卖的马太多，建议只买一千匹。郭子仪认为如此太让对方失望，自请捐出一年薪俸为国家买马。皇帝不许。十一月十七日，皇帝命买六千匹。

# 代宗睿文孝武皇帝中之下

## 大历九年（公元774年）

**1** 春，正月三日，田神功薨逝于京师。

### 藩镇军阀割据

**2** 澧朗镇遏使杨猷自澧州沿江而下，擅自出境抵达鄂州，皇帝下诏，接受他的请求，允许他入京朝见。杨猷于是溯汉江而上，复州、郢州都关闭城门防备，山南东道节度使梁崇义也动员部队戒备。

**3** 二月二日，徐州军哗变，刺史梁乘翻越城墙逃走。

**4** 谏议大夫吴损出使吐蕃，被扣留数年，最终在吐蕃病死。

**5** 二月十一日，参加秋季防御的汴宋兵一千五百人，盗窃库财物，溃散逃归，这是田神功薨逝后无人统御的缘故。二月二十日，任命田神功的弟弟田神玉为汴宋留后。

**6** 二月二十四日，郭子仪入朝，上言："朔方，是国家的北大门，这些年来，战士耗散，剩下的才十分之一。如今吐蕃兼有河、陇之地，又夹杂羌族、吐谷浑部落部众，势力增强十倍。希望再从诸道增发精兵，成四五万人，则有制胜把握。"

**7** 三月九日，把皇女永乐公主许配给魏博节度使田承嗣的儿子田华。皇帝想要他死心塌地地忠诚，而田承嗣更加骄慢。

**【华杉讲透】**

原文说皇帝"意欲固结其心"，胡三省评论说："狼子野心，不可以恩结。"皇帝这一步，确实很难理解。皇帝没有力量制服藩镇，不得已采取姑息政策，但是，姑息不是拉拢，因为拉不拢。田承嗣狂悖跋扈，因为他轻视皇帝，皇帝把公主嫁给他，他当然更加轻视皇帝，而且这也增强了他的政治势力。

和亲政策，是针对蛮夷制定的。蛮夷不管多强，只要没强到足以征服中原的地步，那他面对天朝时骨子里始终还有自卑心理和崇拜，得了公主为妻，就觉得荣耀和满足。汉人军阀则不同，他们只要自己有了实力，就难免对皇帝生出"彼可取而代之"的野心，把公主嫁给他，就更增强了他的自信和他属下反叛集团的气势。

**8** 三月十九日，任命澧朗镇遏使杨猷为洮州刺史、陇右节度兵马使。

**9** 夏，四月十六日，郭子仪辞别皇帝回邠州，再次向皇帝言说边疆军事，说到痛切处，不禁涕泪交流。

**10** 四月二十四日，赦天下。

**11** 五月八日，杨猷从澧州入朝。

**12** 泾原节度使马璘入朝，暗示将士们上表，请求任命自己为平章事。五月二十八日，皇帝任命马璘为左仆射。

【华杉讲透】

平章事是实质意义上的宰相，本来用于授给没有宰相级别，但是可以参与宰相事务的官员，是皇帝用来分割宰相权力的制度安排。现在，各地节度使都要当平章事，就是他们既割据一方，又有朝廷宰相名义，对朝廷事务有话事权。安史之乱之后，有平章事头衔的军阀越来越多，这一职称也就渐渐成了虚衔了。不过，对于节度使们来说，虚衔也是宰相，别人有，自己也要有。

**13** 六月，卢龙节度使朱泚派弟弟朱滔奉表申请入朝，并且申请亲自率领步骑兵五千人参与秋季防御；皇帝批准，并为他事先在京师修筑大宅，准备接待。

【华杉讲透】

十一年前，皇帝召仆固怀恩入朝，仆固怀恩不敢进京，以至反叛。现在，仅仅十一年后，节度使们却纷纷入朝，前面说的杨猷竟然强行入朝。仆固怀恩的时代，他孤掌难鸣；到了现在，节度使们都半公开地半独立，而且相互声援。皇帝要杀掉其中一个，就是针对他们所有人，所以他们不怕，皇帝对他们已经几乎没有任何威胁，他们想来就来，想走就走，没有任何敬畏之心，皇帝还得把他们好好地哄着。之前我们解读过多次的"刑德八柄"，就是皇帝对所有人生杀予夺的绝对权力，一旦权柄旁落，不管是落入权臣之手、外戚之手还是宦官之手，皇帝就什么也不是了。这就是历史的循环和悲剧。

**14** 六月十五日，兴善寺胡僧不空去世，追赠为开府仪同三司、司空，赐爵肃国公，谥号为大辩正广智不空三藏和尚。

**15** 京师旱灾，京兆尹黎幹制作一条土龙祈雨，亲自与男女巫师轮流舞蹈祈雨。但是，过了一个多月，也没有什么效果，又祈祷于孔庙。皇帝听闻，命令撤去土龙，自己减少御膳，节约用度。秋，七月二十一日，终于下雨了。

**16** 朱泚入朝，到了蔚州，生病，诸将建议回去，等病好了再来。朱泚说："我如果死了，你们就抬着我的尸体继续前进！"诸将不敢再说。九月四日，抵达京师，士民围观者堵满街市。九月五日，皇帝于延英殿宴请朱泚及将士，犒赏之盛，近年来从未有过。

**17** 九月六日，回纥人擅出鸿胪寺，白昼杀人，有司将他们逮捕；皇帝下令释放，不予追究。

**18** 九月八日，命郭子仪、李抱玉、马璘、朱泚分别统率诸道秋防部队。

**19** 冬，十月六日，信王李瑝薨逝。十月九日，梁王李璿薨逝。

**20** 魏博节度使田承嗣诱使昭义将吏作乱。

## 大历十年（公元775年）

**1** 春，正月三日，昭义兵马使裴志清驱逐留后薛嵿，率领部众归附田承嗣。田承嗣谎称救援，引兵袭击相州，攻取。薛嵿逃奔洺州，上表请求入朝，皇帝批准。

**2** 正月七日，郭子仪入朝。

**3** 正月八日，寿王李瑁薨逝。

**4** 正月十一日，卢龙节度使朱泚上表请求留在京师做官，让他的弟弟朱滔担任幽州、卢龙留后，皇帝批准。

**5** 昭义裨将薛择为相州刺史，薛雄为卫州刺史，薛坚为洺州刺史，都是薛嵩同族。正月十四日，皇帝命宦官魏知古到魏州晓谕田承嗣，命他与薛氏诸将各自安守自己的疆界；田承嗣不奉诏，正月十九日，田承嗣派大将卢子期攻洺州，杨光朝攻卫州。

**6** 正月二十一日，西川节度使崔宁奏称于西山击破吐蕃数万人，斩首一万级，俘虏数千人。

**7** 正月二十二日，皇帝下诏："诸道兵有逃亡的，没有皇帝制敕，不得招募补充。"

**8** 二月一日，田承嗣引诱卫州刺史薛雄投降，薛雄不从。田承嗣派刺客杀死薛雄，并屠灭他全家，占据相州、卫州等四州全部土地，自己任命官吏，将其精兵良马全部抢到魏州；又逼迫魏知古与他一起巡视磁州、相州二州，指使将士们割下耳朵，划破脸皮，请愿以田承嗣为帅。

**9** 二月七日，立皇子李述为睦王，李逾为郴王，李连为恩王，李遘为鄜王，李迅为随王，李造为忻王，李遑为韶王，李运为嘉王，李遇为端王，李遹为循王，李通为恭王，李达为原王，李逸为雅王。

**10** 二月十二日（原文为"丙子日"，根据柏杨考证修改），任命华州刺史李承昭为昭义留后。

【柏杨曰】

"知留后"。唐政府此项任命，只是显示不承认昭义战区被兼并。

**11** 河阳三城使常休明，苛刻少恩。他的军士参加防秋回来，常休明出城慰劳军队，防秋兵与城内兵合谋攻击他，常休明逃奔东都洛阳；军士们推举兵马使王惟恭为帅，大肆抢掠，好几天才安定下来。皇帝命监军冉庭兰慰问安抚。

**12** 三月一日，陕州军乱，驱逐兵马使赵令珍。观察使李国清不能禁止，只能言辞卑微地向所有将士叩头，才得以脱身而去。军士们大肆抢掠库物。正巧淮西节度使李忠臣入朝，经过陕州，皇帝命李忠臣调查。将士们畏惧李忠臣兵威，不敢动。李忠臣用荆棘为篱笆，圈出一个场地，令军士匿名投入自己抢掠的库物，一天之内，得一万缗，全部给自己的随从士兵作为赏赐。

**13** 三月十二日，薛嵩、常休明都到宫门前请罪，皇帝赦免，不予过问。

**14** 当初，成德节度使李宝臣、淄青节度使李正己，都被田承嗣所轻视。李宝臣的弟弟李宝正娶田承嗣的女儿为妻，在魏州，与田承嗣的儿子田维打马球，马惊，误触田维，田维摔死；田承嗣怒，囚禁李宝正，告诉李宝臣。李宝臣道歉说自己没把弟弟教好，送上一根木杖给田承嗣，请他代为责打教训；田承嗣于是将李宝正乱棍打死，由此两镇交恶。等到田承嗣拒命，李宝臣、李正己都上表请求讨伐，皇帝也想利用他们的矛盾讨伐田承嗣。夏，四月三日（原文为"乙未日"，根据柏杨考证修改），皇帝敕令，贬田承嗣为永州刺史，仍命河东、成德、幽州、淄青、淮西、永平、汴宋、河阳、泽潞诸道发兵前往魏博，如果田承嗣拖延抗命，即令进讨；只问田承嗣及其侄子田悦的罪，其余将士、弟侄如果能自拔反正，一切不问。

当时朱滔对朝廷比较恭顺，与李宝臣及河东节度使薛兼训攻打魏州北部，李正己与淮西节度使李忠臣等攻打南部。五月三日，田承嗣部将霍荣国献出磁州投降。五月十五日，李正己攻打德州，攻拔。李忠臣统领永平、河阳、怀州、泽州步骑兵四万人进攻卫州。六月九日，田承嗣派部将裴志清等攻打冀州，裴志清率部众投降李宝臣。六月十二日，田承嗣亲自率军包围冀州，李宝臣派高阳军使张孝忠率精骑兵四千人抵御，李宝臣大军继后而至；田承嗣烧毁辎重逃遁。张孝忠，是奚部落人。

田承嗣看见诸道军队四面而来，而自己的部将大多叛变，惧怕。秋，八月，遣使奉表，请求准许他戴罪回京朝见。

**15** 八月二十日，郭子仪返回邠州。郭子仪曾经上奏保荐州县官一人，朝廷没有回复，僚佐们相互说："以令公勋德，奏请任命一个属吏，居然不批准，宰相怎么如此不识大体？"郭子仪听闻，对僚佐们说："自从兵兴以来，方镇武臣多跋扈，凡有所求，朝廷常委曲顺从；这不是别的原因，就是怀疑他们而已。如今我所奏的事，皇帝认为不可，就搁置起来不答复，这正是不把我当军阀看待，对我特别亲厚；你们应该庆贺，这有什么好奇怪呢？"听到这番话的人，都心服口服。

**【华杉讲透】**

胡三省评论说："史言郭子仪忠纯。"郭子仪是忠臣、纯臣，始终站在皇帝的立场，没有一点私心杂念，做到了无我。不过，对郭子仪的话，我服两次，第一次是和大家一起服；第二次服，是我并不相信他的解释代表他内心的真实判断。他保荐手下的一个低级别官员，皇帝不搭理，这不符合常情，多半是有人扣下了奏章，皇帝根本没看到。而扣下奏章的目的，就是激怒郭子仪，让他搞事情，从而离间他和皇帝之间的信任，动摇他的地位。郭子仪首先是不动声色，然后又编出这套说法，安抚属下。这是"隐恶扬善"，坏的方面不说，让大家一切往好的方面想。世界的好坏是被说出来的，你老说坏话，你的世界就会变坏；多说好话，你的生态就会变好。

**16** 八月二十八日，田承嗣派他的部将卢子期入寇磁州。

**17** 九月十七日，在长安的回纥人白天行凶，刺伤一位市民，肠子都流出来了，有司将凶手逮捕，关押在万年县监狱；回纥酋长赤心驰入县狱，砍伤狱吏，劫狱带走囚犯。皇帝也不过问。

**18** 九月二十一日，吐蕃入寇临泾，九月二十二日，再攻入陇州及普润，大肆掳掠男女及牲畜而去；百官往往让家属出城逃窜藏匿。

九月二十五日，凤翔节度使李抱玉奏报于义宁击破吐蕃。

**19** 李宝臣、李正己会师于枣强，进兵包围贝州，田承嗣出兵救援。两军各自犒赏士卒，成德军赏赐厚，平卢军赏赐薄；事后，平卢士卒有怨言，李正己担心发生兵变，引兵撤退，李宝臣也撤退。李忠臣听闻，也解除对卫州的包围，南渡黄河，屯驻阳武，观望形势。李宝臣与朱滔攻打沧州，田承嗣的堂弟田庭玠镇守；李宝臣不能攻克。

**20** 吐蕃入寇泾州，泾原节度使马璘于百里城破之。

九月二十七日，命卢龙节度使朱泚出军镇守奉天行营。

**21** 冬，十月一日，日食。

**22** 卢子期攻打磁州，城池几乎要陷落；李宝臣与昭义留后李承昭共同救援，于清水大破卢子期，生擒卢子期，将其押到京师，斩首。河南诸将又于陈留大破田悦；田承嗣开始惧怕。

当初，李正己遣使到魏州，田承嗣将使者囚禁，至此，释放使者，礼送他回去，把境内户口、甲兵、谷帛数量编制账簿和名册交给他，请他送给李正己，带话说："我今年八十六岁，离死不远了，儿子们又不争气，就一个侄子田悦，也懦弱无能，凡是我今天所有的，都是为您守着罢了，岂足以让您劳师动众？"请那位使者面向南方，站在庭院里，田承嗣向他跪拜，恭恭敬敬地把信件交给他；又让画师画一张李正己的像，焚香膜拜。李正己喜悦，于是按兵不进。于是河南诸道兵都不敢进。田承嗣既无南顾之忧，得以专心对付北方。

皇帝嘉奖李宝臣的功劳，派宦官马承倩带着诏书，前往慰劳；将要回京的时候，李宝臣到宾馆，赠送绸缎一百匹，马承倩嫌少，直接扔在路上，李宝臣在左右面前受到羞辱。兵马使王武俊对李宝臣说："如今您在军中刚刚立功，这个浑蛋就敢这样，如果平定敌寇之后，以一幅诏书把您召归宫阙，那就是一个普通匹夫了，不如放过田承嗣，作为自己的资本。"李宝臣于是有了养寇自重之心。

田承嗣知道范阳是李宝臣的家乡，心里常想把它收入自己囊中，于是在一块石头上刻上谶言说："二帝同功势万全，将田为侣入幽燕。"密令把石头藏在李宝臣境内，指使望气的巫师说那个地方有王气，李宝臣派人去挖掘，挖出石头。田承嗣又令宾客游说他说："公与朱滔一起攻取沧州，攻下来，那土地也归国家，不归公所有。公如果能放过田承嗣，他愿意把沧州献给公，并且愿意跟从公攻取范阳以自效。公以精骑兵为前驱，田承嗣以步卒为后继，没有攻不下的。"李宝臣喜悦，认为这件事正应验了符谶上的话，于是与田承嗣通谋，密图范阳，田承嗣也陈兵于境上。

李宝臣对朱滔使者说："听说朱公仪貌如神，希望能得到一幅他的画像来观看。"朱滔给了他画像。李宝臣把画像置于射堂，与诸将一起观看，说："真神人也！"朱滔驻军于瓦桥，李宝臣选精骑兵二千人，通夜飞驰三百里突袭，告诉大家说："杀掉射堂画像上那个人。"当时两军和睦，朱滔想不到会有事变，狼狈出战而败，正巧穿了其他衣服，逃得一命。李宝臣想要乘胜攻取范阳，朱滔派雄武军使、昌平人刘怦坐镇留守。李宝臣知道有防备，不敢前进。

田承嗣听闻幽、恒交兵，即刻引军南还，派人对李宝臣说："河内有紧急军情，来不及跟您一起行动，石头上的谶文，是我逗你玩的！"李宝臣又羞又怒，只得撤退。李宝臣既与朱滔交恶，任命张孝忠为易州刺史，率精骑兵七千人防备。

【华杉讲透】

## 不要过高评价自己

《孙子兵法》说："上兵伐谋，其次伐交。"这一段，就是老狐狸田承嗣"伐交"的经典战例了。田承嗣先对李正己示弱，说自己八十六岁了，也没有合格的继承人，他的地盘终究得交给李正己，其实他本年是七十一岁。他把李正己的画像挂起来，虔诚地焚香跪拜，这正常一点的人，都知道他在演戏欺骗，李正己怎么会信呢？其实李正己的反应是我们多数人的正常反应。如果他拜别人，我们会觉得他是在演戏；如果他拜我，那是正常的、应该的，这就是人性的弱点，总是过高评价自己，通常把自己高估大概一万倍。如果有人夸我天下第一，我不高兴，因为他只把我跟当世之人比，没有说我是古往今来第一人；如果他说我是三千年历史第一人，他的见识确实已经超出一般人了，但还是没有真正认识我，我怎么只是古往今来第一人呢？应该请科学家来研究研究，我是不是人类进化过程中出现的一种变异现象，我是神，根本就不应该在人类历史上找比较！

对李宝臣，田承嗣用了同一招。骗术无论多么拙劣，无论有多少漏洞，都无所谓，只要给对方戴的帽子足够高，他自己会帮你把漏洞补上。李宝臣就跟田承嗣站在一条战线上了。

李宝臣对朱滔表达"崇拜"之情，也是要他的画像来挂着。朱滔即刻就上了他的圈套。这些人都不傻，都是老江湖，但是人性的弱点，在每个人身上都一样。回忆一下，当年关羽怎么死的？也是陆逊以粉丝的名义给他写了一封表达崇敬之情如长江之水滔滔不绝的信，他就认为

"这小子是明白人"，放松了戒备。

读者可以想一想：你把自己高估了多少倍？

反过来看皇帝，别人是伐交，他派去的使者是绝交，直接把李宝臣推到了敌对阵营。

**23** 十月六日，贵妃独孤氏薨逝，十月七日，追谥为贞懿皇后。

**24** 十一月七日，田承嗣的部将吴希光献出瀛州投降。

**25** 岭南节度使路嗣恭擢升流刑犯孟瑶、敬冕为将，讨伐哥舒晃。孟瑶以大军封锁要冲，敬冕从小道轻装深入，十一月十七日，攻克广州，斩哥舒晃及其党羽一万余人。

路嗣恭讨伐哥舒晃时，容管经略使王翃遣将派兵协助；西原贼帅覃问乘虚袭击容州，王翃设伏兵生擒覃问。

**26** 十二月，回纥骑兵一千人入寇夏州，被州将梁荣宗于乌水击破。郭子仪遣兵三千救夏州，回纥遁去。

**27** 元载、王缙上奏魏州盐贵，建议禁止盐入其境，给田承嗣增加困难。皇帝不许，说："承嗣负朕，百姓何罪！"

**28** 田承嗣申请入朝，李正己屡次为他上表，乞求允许他改过自新。

## 大历十一年（公元776年）

**1** 春，正月三日，派谏议大夫杜亚出使魏州，宣旨慰抚田承嗣。

**2** 正月二十二日，西川节度使崔宁奏报击破吐蕃四节度及突厥、吐谷浑、氐、羌群蛮部众二十余万，斩首一万余级。

**3** 二月二十二日，田承嗣再次遣使上表，申请入朝。皇帝于是下诏，赦免田承嗣的罪，恢复他的官爵，允许他与家属入朝，其所部抗拒朝廷命令的人，一切不问罪。

**4** 二月二十三日，增加朔方五城戍防士兵，以防备回纥。

**5** 三月一日，河阳军乱，驱逐监军冉庭兰出城，大肆抢掠三日。冉庭兰率援军回城，诛杀乱者数十人，平定哗变。

**6** 五月，汴宋留后田神玉去世。都虞候李灵曜杀兵马使、濮州刺史孟鉴，跟北方的田承嗣交结，作为外援。五月七日，朝廷任命永平节度使李勉兼汴州、宋州等八州留后。五月九日，任命李灵曜为濮州刺史，李灵曜不受诏。六月二日，任命李灵曜为汴宋留后，派使者宣旨抚慰。

**7** 秋，七月（原文为"九月"，根据柏杨考证修改），田承嗣派兵入寇滑州，击败李勉。

**8** 吐蕃入寇石门，深入长泽川。

**9** 八月十一日，加授卢龙节度使朱泚为同平章事。

### 李灵曜勾结田承嗣抗拒朝廷被五镇讨伐斩首

**10** 李灵曜既为留后，更加骄慢，辖区内八州刺史、县令全部由自己的党羽担任，想要效仿河北诸镇。八月二十九日，皇帝下诏，命淮西节度使李忠臣、永平节度使李勉、河阳三城使马燧讨伐他。淮南节度使陈少游、淄青节度使李正己也都进兵攻击李灵曜。

汴宋兵马使、摄节度副使李僧惠，是李灵曜的军师。宋州牙门将刘昌派僧人神表秘密游说李僧惠；李僧惠召见刘昌，向他问计，刘昌为他分析叛逆后果，声泪俱下。李僧惠于是与汴宋牙将高凭、石隐金派神表奉表到京师，请讨李灵曜。九月八日，朝廷任命李僧惠为宋州刺史，高凭为曹州刺史，石隐金为郓州刺史。

九月十一日，李忠臣、马燧驻军于郑州，李灵曜引兵迎战；两军想不到他这么快就来，退军到荥泽，淮西军士溃去十之五六。郑州士民皆惊，逃入东都。李忠臣准备撤回淮西，马燧坚决反对，说："以顺讨逆，何愁不能攻克？为何自弃功名？"下令巩固壁垒，按兵不动。李忠臣听闻，也稍稍收集散卒，过了几天，重新集结，军势又振作起来。

九月十四日，李正己奏报攻克郓州、濮州二州。

九月十八日，李僧惠于雍丘击败李灵曜兵。

冬，十月，李忠臣、马燧进击李灵曜，李忠臣走汴南，马燧走汴北，屡次击破李灵曜军；十月十八日，他们与陈少游前军会师，与李灵曜大战于汴州城西，李灵曜败，入城固守。十月十九日，李忠臣等围城。

田承嗣派田悦将兵救援李灵曜，于匡城击败永平、淄青兵，乘胜进军汴州，于城北数里扎营。十月二十二日，李忠臣派裨将李重倩率轻骑兵数百人夜入其营，纵横贯穿，斩数十人而还，营中大骇；李忠臣、马燧率大军继后，鼓噪而入，田悦军不战而溃。田悦脱身向北逃走，战死的将士尸体相连，不可胜数。李灵曜听闻，打开城门，连夜逃遁，汴州被平定。李重倩，是奚部落人。

十月二十三日，李灵曜逃到韦城，永平将杜如江将他生擒。

马燧知道李忠臣暴戾，把自己的功劳让给他，不入汴城，引军向西，屯驻在板桥。李忠臣入城，果然把功劳全部据为己有；宋州刺史李僧惠与他争功，李忠臣乘会面之机将他击杀；又想要杀刘昌，刘昌遁逃，得免一死。

十月三十日，李勉械送李灵曜至京师；李灵曜被斩首。

**11** 十二月四日，李正己、李宝臣都加授为同平章事。

**12** 泾原节度使马璘病危，任命行军司马段秀实主持节度使的事务，把后事托付给他。段秀实下令戒严，以备不测。十二月十三日，马璘薨逝，军中数千人奔哭，在门前哭泣喧哗，段秀实全都不许他们进去。段秀实命押牙马顿治丧事于内，李汉惠接宾客于外，妻妾、子孙在室内哀悼，宗族成员在庭院中，将佐在军营前，士卒则在自己营帐哀哭，百姓各自留在自己家里。有站在路上聚集谈话的，即刻逮捕关押；不是护丧从行者，不得远送。致祭拜哭，都有礼仪规定，送丧远近，都有标准，违者以军法从事。都虞候史廷幹、兵马使崔珍、十将张景华密谋乘丧事作乱，段秀实知道了，上奏保荐史廷幹去京师做宫廷宿卫，调任崔珍屯驻灵台，补授张景华到外州县任职，没有杀一个人，军府晏然无事。

马璘的家产多到无法计算，他在京师的住宅，豪华程度超过其他功勋权贵，仅建造中堂，就花费二十万缗，其他房间所费也相差无几，但是，他的子孙没有德行，家产很快就被败光了。

**13** 十二月十五日，昭义节度使李承昭上表称自己病重，朝廷任命泽潞行军司马李抱真兼知磁州、邢州两州留后。

**14** 十二月二十七日，加授淮西节度使李忠臣为同平章事，仍兼领汴州刺史，治所迁到汴州。

# 大历十二年（公元777年）

**1** 春，三月三日，兵部尚书，同平章事，凤翔、怀泽潞、秦陇节度使李抱玉薨逝，弟弟李抱真仍兼领怀泽潞留后。

**2** 三月十一日，任命河东行军司马鲍防为河东节度使。鲍防，是襄州人。

**3** 田承嗣始终不入朝，又协助李灵曜，皇帝再次下令讨伐他。田承嗣于是又上表谢罪。皇帝也无可奈何，三月十八日，恢复田承嗣全部官爵，仍令他不必入朝。

## 元载及其党羽专权贪污，代宗赐死元载，党羽被贬官

**4** 中书侍郎、同平章事元载专横，黄门侍郎、同平章事王缙阿附他，二人都贪污。元载的妻子王氏及儿子元伯和、元仲武，王缙的弟弟、妹妹以及出入家门的尼姑们，争相收受贿赂。又把政事委任给手下的官吏们，士人想要当官的，不结交他的子弟及主书卓英倩等人，就毫无办法。皇帝包容忍耐他们很多年，元载、王缙毫无收敛。

皇帝想要诛杀他们，担心左右泄露消息，没有一个可以商量的人，独自与左金吾大将军吴凑密谋。吴凑，是皇帝的舅舅。正巧有人告发元载、王缙在夜里设坛祭神，图谋不轨，三月二十八日，皇帝登临延英殿，命吴凑于政事堂逮捕元载、王缙，又逮捕元仲武及卓英倩等下狱。命吏部尚书刘晏与御史大夫李涵等共同审问，所有审问要点都由皇帝发出，又派宦官诘问他们一些隐秘谋划，元载、王缙都服罪。当天，先于禁中杖杀左卫将军、主持内侍省事务的董秀，然后赐元载于万年县自尽。元载向主审官请求说："愿得快死！"主审官说："相公须稍微受点污辱，不要怪我！"于是脱下自己的脏袜子塞在他嘴里，再将他杀死。

王缙起初也是被赐自尽，刘晏对李涵等人说："按惯例，重刑需要上奏皇帝核准，何况是大臣？况且法律上有首犯、从犯的区别，应该再请示皇帝。"李涵等人听从。皇帝于是贬王缙为括州刺史。元载的妻子王氏，是王忠嗣的女儿，与儿子元伯和、元仲武、元季能都伏诛。有司抄没他的家财，仅胡椒就有八百石，其他财物数量也与此相当。

**5** 夏，四月一日，任命太常卿杨绾为中书侍郎，礼部侍郎常衮为门下侍郎，同任同平章事。杨绾性格清廉俭素，制书下达之日，朝野相互庆贺。郭子仪正在宴客，听到消息，即刻撤减座中声乐五分之四。京兆尹黎幹，卫队盛大，即日裁减，只留下十名骑兵。中丞崔宽，宅第宏伟奢侈，紧急撤除。

**6** 四月二日，贬吏部侍郎杨炎，谏议大夫韩洄、包佶，起居舍人韩会等十余人，都是元载党羽。杨炎，是凤翔人。元载时常遴选一位有文学才望的人，特别亲近厚待，准备以后做自己的接班人，所以杨炎被贬。韩洄，是韩滉的弟弟。韩会，是南阳人。皇帝起初想要把杨炎等人全部诛杀，吴凑竭力谏劝援救，因此只是将他们贬官。

**7** 四月十六日，吐蕃入寇黎州、雅州，被西川节度使崔宁击破。

**8** 元载因为官员们都想留在京师，觉得对自己构成威胁，于是制定俸禄政策，外官收入很高，而京官工资很低，京官无法养家糊口，经常向外官借贷。杨绾、常衮上奏京官俸禄太薄；四月二十八日，皇帝下诏，增加京官俸禄，每年十五万六千余缗。

五月一日，皇帝下诏，除都团练使仍保留外，其他各州团练守捉使全部被撤销。又下令诸使，除非军事要急，不得擅自征召刺史及停止其职务，派人代理。又制定诸州兵员定额，都有常数，凡是招募来由官府供应他家里粮食和春冬衣服的，称为"官健"；本地居民，春夏归农、秋冬集训，官府只供应他们自己口粮及酱菜的，称为"团结"。自从兵兴以来，州县官俸禄标准不一致，加上元载、王缙随情徇私，刺史们的俸禄，有的一个月给一千缗，有的只有几十缗，至此，才开始制定节度使以下至主簿、县尉俸禄，原来多的减少，原来少的增加，上下有序，法制才粗略建立起来。

**9** 五月二十日，皇帝派宦官发掘元载祖父墓，斫棺弃尸，拆毁元家祠堂，焚毁祖先牌位。

五月二十八日，卓英倩等都被乱棍打死。卓英倩掌权时，弟弟卓英璘横行乡里。卓英倩下狱之后，卓英璘就据险作乱；皇帝发禁兵征讨，六月二十五日（原文为"乙巳日"，根据柏杨考证修改），金州刺史孙道平攻击，生擒卓英璘。

**10** 皇帝倚靠杨绾，让他改革弊政，不巧杨绾生病，秋，七月二十日，薨逝。皇帝悲痛不已，对群臣说："上天不想要朕使天下太平吗？这么快就夺走了朕的杨绾！"

**11** 八月四日，赐东川节度使鲜于叔明姓李氏。

**12** 元载、王缙做宰相时，皇帝每天以内厨御馔赏赐他们，够十个人吃的量，于是成为惯例。八月二十四日，常衮与朱泚上言："餐费已经很多了，乞请停止赐馔。"皇帝批准。常衮又想推辞堂封，其他同僚不同意，于是作罢。时人讥讽常衮，认为："朝廷厚禄，是用以养贤，如果自己没有能力，应当辞职，不应当辞去俸禄。"

**【司马光曰】**

君子耻于拿的钱太多，而给人办的事太少；常衮辞禄，是他心里还有廉耻，与那些固位贪禄的人相比，不是好得多吗？《诗经》说："彼君子兮，不素餐兮！"像常衮这样的人，不应该讥讽他。

常衮的事，值得讨论，皇帝赏赐的御膳该不该推辞？堂封该不该不要？

《论语》里有一段："原思为之宰，与之粟九百，辞。子曰：'毋！以与尔邻里乡党乎！'"原思，就是子思，他曾经给孔子做家宰，孔子给他定了九百斛小米的工资，他推辞不要。孔子说，你拿着！如果你觉得自己不缺吃的，拿去分给你的邻里乡党！

为什么子思应该拿呢？你不拿工资，就给其他人形成道德压力，引起连锁反应，破坏生态。

《吕氏春秋》里还有"子贡赎人、子路受牛"的故事：

鲁国有一道法律：如果鲁国人在外国见到同胞遭遇不幸，沦落为奴隶，只要能够把这些人赎回来帮助他们恢复自由，就可以从国家获得补偿和奖励。子贡把鲁国人从外国赎回来，但是他自己很有钱，就拒绝了国家的补偿。孔子说："赐（端木赐，即子贡），你错了！向国家领取补偿金，不会损伤到你的品行；但不领取补偿金，鲁国就没有人再去赎回遇难的同胞了。"子路救起一名溺水者，那人感谢他送了一头牛，子路收下了。孔子高兴地说："鲁国人从此一定会勇于救落水者了。"

所以，常衮的做法是不对的，甚至是矫情。而且，他的做法跟子思和子贡还大不一样，子思和子贡推辞不要的，都是个人该得的钱，和别人没关系。常衮推辞的，却是大家共有的。十个人的伙食，他没跟大家商量，就推辞不要了。后面要推辞堂封更不得了！堂封是什么？《新唐书·源乾曜传》："时议者言：'国执政所以同休戚，不崇异无以责功。'帝乃诏中书门下共食实户三百，堂封自此始。"执政大臣与国家休戚与共，不给他们特别的礼遇，就不能责成他们为国建功。所以，堂封是宰相们集体享有的一块封邑，不是封给一个人的，是封给这一堂，这办公室所有人的。胡三省注解说，一年有三千六百匹绸缎。你把大家的小灶伙食搞没了，又要代表大家集体不要堂封，你想干吗？你做宰相，就把国家搞好，国家养得起你，不需要你在这个地方客气。

**13** 杨绾、常衮举荐湖州刺史颜真卿，皇帝即日召颜真卿回京；八月二十五日，任命颜真卿为刑部尚书。杨绾、常衮又举荐淮南判官、汲县人关播，皇帝擢升他为都官员外郎。

**14** 九月十三日，任命四镇、北庭行营兼泾原、郑颖节度副使段秀实为节度使。段秀实军令简约，有威严，又对下属有恩惠，奉身清俭，没有姬妾，除非公务宴会，从不饮酒听乐。


## 回纥、吐蕃入寇抢掠被击退

**15** 吐蕃军八万人挺进到原州北长泽监，九月二十一日，攻破方渠，进入拔谷；郭子仪派裨将李怀光救援，吐蕃军撤退。

九月二十二日，吐蕃军入寇坊州。

**16** 冬，十月七日，西川节度使崔宁奏报：于望汉城大破吐蕃。

**17** 先前，秋雨连绵，河中府很多盐池都毁坏了。户部侍郎判度支韩滉担心盐户要求减税，十月九日，上奏说雨虽多，不仅没有妨碍食盐生产，而且还有好盐生产。皇帝怀疑有假，派谏议大夫、义兴人蒋镇前往调查。

**18** 吐蕃入寇盐州、夏州，又入寇长武；郭子仪遣将将他们击退。

**19** 任命永平军押牙、匡城人刘洽为宋州刺史。仍以宋州、泗州二州隶属永平军。

**20** 京兆尹黎幹上奏秋雨损坏庄稼，韩滉上奏说黎幹奏报不实；皇帝命御史调查，十月二十九日，御史还奏："损坏庄稼共三万余顷。"渭南县令刘澡阿附韩滉，奏称渭南县境内庄稼没有受损；御史赵计奏报的情况也与刘澡相同。皇帝说："霖雨不停，怎么可能唯独渭南没有？"再命御史朱敖前往调查，渭南庄稼损坏三千余顷。皇帝叹息良久，说："县令，是抚治百姓的官员，没有受损，尚且要虚报受损，岂有如此不仁的？"贬刘澡为南浦县尉，贬赵计为澧州司户，而不追究韩滉。

**21** 十一月四日，山南西道节度使张献恭奏报，于岷州击破吐蕃军一万余人。

**22** 十一月八日，蒋镇回来，上奏说："确实有好盐出产，韩滉奏报属实。"并上表祝贺，请求宣付史臣，载入史册，并赐给盐池美名。皇帝听从，赐号为宝应灵应池。时人都认为这是一件丑事。

**23** 十二月八日，朱泚从泾州回京师。

**24** 十二月九日，崔宁奏报：击破吐蕃军十余万人，斩首八千余级。

**25** 十二月二十二日，任命朱泚兼任陇右节度使，主持河西、泽潞行营事务。

**26** 平卢节度使李正己先前已有淄州、青州、齐州、海州、登州、莱州、沂州、密州、德州、棣州十州之地，李灵曜之乱，诸道合兵攻打，所得之地，各自据为己有，李正己又得了曹州、濮州、徐州、兖州、郓州五州，于是将治所从青州迁到郓州，派他的儿子前淄州刺史李纳镇守青州。李正己用刑严峻，所在之处，人们都不敢聚集交谈；但是，法令齐一，赋税均平而轻微，拥兵十万，雄据东方，邻近藩镇都畏惧他。当时田承嗣占据魏州、博州、相州、卫州、洺州、贝州、澶州七州，李宝臣占据恒州、易州、赵州、定州、深州、冀州、沧州七州，各自拥兵五万；梁崇义占据襄州、邓州、均州、房州、复州、郢州六州，有兵二万；相互结盟蟠结，虽然表面奉事朝廷，而实际不用国家法令，官爵、甲兵、租赋、刑杀都自己决定，皇帝宽仁（不是宽仁，是没办法），一概听其所为。朝廷每修建一座城池，增加一个兵员，他们都有怨言，认为是猜忌防备他们，朝廷经常因此不得不停止工程；而他们自己在境内修筑城垒、修缮兵器，没有一天停止。所以，虽在中原名为藩臣，而实际上如同异域的蛮貊一般。

## 大历十三年（公元778年）

**1** 春，正月十四日，皇帝敕令拆毁白渠支流上的水力磨坊，用水灌溉农田。昇平公主有两个磨坊，入宫见皇帝，请求保存。皇帝说："我想要造福苍生，你应该懂得我的心意，带头执行。"公主即日拆毁磨坊。

**2** 正月二十一日，回纥入寇太原，河东押牙、泗水人李自良说："回纥精锐远来求战，难与争锋；不如在他们的归路上修筑两个城垒，派兵戍防。敌人来了之后，坚守壁垒，不与他们交战，他们搞疲了之后，自然会回去，那时候我们再出击。两个城垒的军队在前阻拦，大军在后追击，没有不胜的道理。"留后鲍防不听，派大将焦伯瑜等迎战；正月二十六日，在阳曲与敌军遭遇，大败而还，战死一万余人。回纥纵兵大肆抢掠。二月，代州都督张光晟于羊武谷击破回纥军，回纥这才撤退。皇帝也不问回纥为什么入寇，待他们跟从前一样。

**3** 二月二十二日，吐蕃派部将马重英率众四万入寇灵州，填塞汉渠、御史渠、尚书渠三条水渠出水口，让唐军屯田得不到灌溉。

**4** 三月二十八日，回纥使者回国，经过河中，朔方军士抢掠了他们的辎重，回纥人于是在街市上大肆抢掠报复。

皇帝为了维持和回纥的和平，不管他们在京师杀人，还是在边境入侵，都装聋作哑，不予过问。但是，边防部队却只管自己发财，不管皇帝的政策。

**5** 夏，四月二十八日，吐蕃入寇灵州，被朔方留后常谦光击破。

**6** 六月二十四日（原文为"戊戌日"，根据柏杨考证修改），陇右节度使朱泚献上一只猫和一只老鼠，它们同吃一个奶，而互不相害，认为这是祥瑞；常衮率百官称贺。唯独中书舍人崔祐甫不贺，说："物反常为妖，猫捕鼠，是它的天职，如今同乳，这是妖孽。为什么要庆贺？应该告诫法吏之不察奸，边吏之不御寇者，以承天意。"皇帝嘉许。崔祐甫，是崔沔之子。

秋，七月八日，任命崔祐甫主持吏部选官事宜。崔祐甫数次因为公事与常衮争执，常衮由此对他非常厌恶。

**7** 七月十四日，郭子仪上奏说，回纥军仍逗留塞上，边人恐惧，请派邠州刺史浑瑊率军镇守振武军，皇帝听从。回纥这才退去。

**8** 七月二十七日，吐蕃大将马重英率军二万人入寇盐州、庆州二州，郭子仪派河东朔方都虞候李怀光将他们击退。

**9** 八月二日，成德节度使李宝臣请求恢复姓张，皇帝批准。

【华杉讲透】

李宝臣原名张忠志，是安禄山帐下猛将，并被其收为养子，所以又名安忠志。后来投降朝廷，安史之乱被平定后，皇帝赐其姓名李宝臣。如今要恢复姓张，是不稀罕跟皇帝姓了。不过他后来又害怕了，后悔了，觉得自己不该这么嘚瑟，又请求皇帝赐姓。皇帝也再次赐他姓李。

这就叫：矫情人，给自己找事儿！

**10** 吐蕃二万人入寇银州、麟州，抢掠党项人的牲畜，郭子仪派李怀光等将他们击破。

**11** 皇帝对亡妻贞懿皇后悼念不已，将其灵柩停在内殿，多年都不忍心下葬；八月二十四日，才葬在庄陵。

**12** 九月二十七日，吐蕃骑兵一万人下青石岭，逼近泾州；皇帝下诏，命郭子仪、朱泚与段秀实共同击退。

**13** 冬，十二月十四日，任命吏部尚书，转运、盐铁等使刘晏为左仆射，掌管三铨（负责文武官员的选拔、授职、考绩）及使职不变。

**14** 郭子仪入朝，命判官、京兆人杜黄裳主持留守事务。李怀光图谋取代郭子仪，伪造诏书，想要诛杀大将温儒雅等。杜黄裳发现真相，诘问李怀光；李怀光流汗服罪。于是对难以控制的诸将，杜黄裳都假传郭子仪命令，将他们全部派出外地，军府这才安定下来。

**15** 任命给事中杜亚为江西观察使。

**16** 皇帝召江西判官李泌入见，告诉他元载的事，说："与卿相别八年，才能铲除此贼。全靠太子发现他的阴谋，不然，几乎见不到卿。"李泌回答说："臣当年就说过。陛下知道群臣有不善的，就应该铲除；含容太过，以至于此。"皇帝说："事情也应该有万全准备，不可轻易发动。"又说："朕曾经当面把卿托付给路嗣恭，而路嗣恭却迎合元载，上奏贬卿为虔州别驾。路嗣恭当初平定岭南，进献琉璃盘，直径九寸，朕以为是至宝。等到抄元载家，得到路嗣恭送给他的琉璃盘，直径一尺。等路嗣恭入朝，当与卿商议。"李泌说："路嗣恭为人，小心谨慎，善于事人，畏惧权势，精勤吏事，而不知大体。当年做县令，有能干之名；陛下不知道他，而为元载所用，所以为他尽力。陛下如果知晓而任用他，他也会为陛下尽力。虔州别驾，是臣自己想去做的，不是路嗣恭的罪。况且路嗣恭新立大功，陛下岂能因为一个琉璃盘而治他的罪呢？"皇帝的心结才解开了，任命路嗣恭为兵部尚书。

**17** 朔方节度副使张昙性格刚强直率，郭子仪认为他轻视自己是一介武夫，心中怀恨。孔目官吴曜为郭子仪所信任，因而构陷他。郭子仪怒，诬奏张昙煽动军众，将他诛杀。掌书记高郢力争，郭子仪不听，上奏贬高郢为猗氏县丞。既而僚佐多称病求去，郭子仪后悔，把他们全部举荐给朝廷，说："吴曜误我。"于是将他赶走。

**18** 常衮对皇帝说："陛下一直就想用李泌，当初汉宣帝想要用人为公卿，必先试他治理人民的才能，请暂且任命他为刺史，让他广泛了解人间利病，等有了好的考绩再用他。"

# 大历十四年（公元779年）

**1** 春，正月二十一日，任命李泌为澧州刺史。

**2** 二月十二日，魏博节度使田承嗣薨逝。有十一个儿子，因为他的侄子、中军兵马使田悦最有才干，任命他主持军事，而让儿子们辅佐他。二月十三日，朝廷任命田悦为魏博留后。

**3** 淮西节度使李忠臣，贪财好色，将吏妻女长得美丽的，多被他逼奸，把军政全部委任给妹婿节度副使张惠光。张惠光挟势暴横，文武官员和百姓都深以为苦。李忠臣又任用张惠光的儿子为牙将，暴横更超过他的父亲。左厢都虞候李希烈，是李忠臣的族子，为众人所服。李希烈利用众心怨怒，三月六日，与大将丁暠等杀死张惠光父子而驱逐李忠臣。李忠臣单骑逃奔京师，皇帝因为他有功，任命他为检校司空、同平章事，留在京师；任命李希烈为蔡州刺史、淮西留后。任命永平节度使李勉兼任汴州刺史，增领汴州、颍州二州，把镇所迁到汴州。

**4** 三月二十日，调任容管经略使王翃为河中少尹、知府事。河东副元帅留后部将凌正暴横，王翃压制他。凌正与其徒乘夜作乱，王翃事先知道消息，故意减少计时滴漏水量，让他们错过约定兵变的时间，凌正等惊慌失措，溃走，王翃生擒凌正，将其诛杀，军府这才安定。

**5** 成德节度使张宝臣既申请恢复姓张，又不自安，再次请赐姓；夏，四月十三日，复赐姓李。

## 代宗崩逝，德宗即位，郭子仪被尊为尚父

**6** 五月三日，皇帝染病。五月二十一日，下制皇太子监国。当晚，皇帝崩逝于紫宸内殿，遗诏让郭子仪摄冢宰。五月二十三日，德宗李适即位，在守丧期间，一举一动都遵守礼法；曾经召韩王李迥一起吃饭，吃菜粥，不加盐，也没有奶酪。

**7** 常衮性格刚强急躁，为政苛刻琐碎，不合众心。当时，群臣早晚临丧哭哀，常衮哭得站不稳，随从有时就上前扶着他。中书舍人崔祐甫指给大家看，说："臣子在国君灵柩前哭泣，有要人搀扶的礼节吗？"常衮听见，更加怀恨。

恰巧讨论群臣丧服的事，常衮认为："按礼制，臣为君穿丧服三年。汉文帝权衡缩短，仍然要穿三十六日。高宗以来，都遵循汉制。到了玄宗、肃宗之丧，开始只穿二十七日。如今先帝遗诏说：'天下吏人，三日脱下丧服。'古代卿大夫穿丧服时间跟国君一样，皇帝穿二十七日，

在朝群臣也应当如此。"崔祐甫认为："遗诏没有朝臣、庶人之别。朝野中外，莫非天下，凡是执事的百官，谁不是吏人？都应该三日脱下丧服。"相与力争，声色凌厉。常衮下不来台，于是上奏崔祐甫擅自改变礼仪，请奏将其贬为潮州刺史，皇帝认为太重，闰五月三日，贬崔祐甫为河南少尹。

当初，肃宗之世，天下事务繁多，宰相常有数人，轮流值班决事，如果有人回家休假，皇帝下诏，命值班宰相代他署名上奏，自此成为惯例。当时郭子仪、朱泚虽以军功为宰相，都不参预朝政，常衮独居政事堂，代二人署名上奏弹劾崔祐甫。崔祐甫被贬之后，二人上表说他没有罪，皇帝问："卿之前说可以贬，如今又说他没罪，为何？"二人回答说，不知道要贬他。皇帝初即位，以为常衮欺君罔上，大为惊骇。

闰五月甲辰日（本月无此日），百官身穿丧服，序立于月华门，皇帝下制，贬常衮为潮州刺史，任命崔祐甫为门下侍郎、同平章事，听到的人都感到震惊和害怕。崔祐甫走到昭应，折返。不久，群臣穿丧服的时间仍采用常衮的意见。

皇帝当时住在守丧的地方，各种政务都委任给崔祐甫，他的建议，皇帝没有不批准的。

当初，至德年以后，天下用兵，诸将竞相论功行赏，所以官爵泛滥。到了永泰年以来，天下稍微平静，而元载、王缙秉政，四方行贿求官的挤满他们的家门，大官出于元载、王缙，小官出于卓英倩等，都让行贿者满意而去。等到常衮为相，想要改革时弊，杜绝侥幸，四方奏请，一概不准，然而因为不加甄别，贤能的和愚劣的都得不到升迁。崔祐甫取代常衮，想要收揽人心，推荐引拔，没有一天不给人升官；担任宰相不到二百日，就提拔官员八百人，前后两任宰相，都矫枉过正，结果都不恰当。皇帝曾经对崔祐甫说："有人诽谤卿，说你所用的人多是自己的亲朋故友，这是为何？"他回答说："臣为陛下选择百官，不敢不详细谨慎。如果我从来就不认识他，怎么能了解他的才能品行而任用他呢？"皇帝以为然。

## 【司马光曰】

## 用人不分亲疏、新旧，只考察贤能和不肖

我听说，用人者没有亲疏、新旧的区别，只有对贤能和不肖的考察。其人没有贤能，因为是自己亲故而任用他，固然不公平；如果他有贤能，因为是自己亲故，避嫌而不用他，也不是公心。天下有贤能的人，不是一个人能知道尽的，如果一定要等熟识他的才行后才任用，那所遗漏的就太多了。古代担任宰相的人不会这样，举之以众，取之以公。众人都说他贤能，我虽然不知其详，也姑且用他，等他没有业绩，再罢黜他；如果有功绩，则再次擢升；奖赏举荐得当的人，惩罚举荐不当的人。进退赏罚，都是众人所公认的，自己没有一丝一毫的私心。如果能以这个态度，又怎么会有错过了贤才的问题呢？

## 【华杉讲透】

崔祐甫糊弄皇帝，而皇帝刚刚登基，是个新手，也太容易被他说服。

**8** 皇帝下诏，撤销四方贡献中不急的，又撤销梨园使及乐工三百余人，剩下的全部划拨给太常。

**9** 郭子仪以司徒、中书令身份，兼领河中尹、灵州大都督、单于及镇北大都护、关内及河东副元帅、朔方节度、关内支度、盐池及六城水运大使、押蕃部并营田及河阳道观察等使，权任既重，功名声望又高，性格宽大，政令颇不整肃，当年代宗想要分他的权，又感到为难，长久不能决断。

闰五月十五日，德宗皇帝下诏尊郭子仪为尚父，加授他为太尉兼中书令，增加实封到二千户，每月给一千五百人粮、二百匹马的草料，子弟、诸女婿升官的有十余人，所兼领副元帅诸使全部被罢免；任命他的裨将，河东、朔方都虞候李怀光为河中尹，邠、宁、庆、晋、绛、慈、

隰节度使；任命朔方留后兼灵州长史常谦光为灵州大都督，西受降城、定远、天德、盐、夏、丰等军州节度使，振武军使浑瑊为单于大都护，东及中二受降城、振武、镇北、绥、银、麟、胜等军州节度使，分别统领之前郭子仪的辖区。

**10** 闰五月十七日，皇帝下诏："泽州刺史李鷃献《庆云图》。朕以风调雨顺、年年丰收为嘉祥，以进荐贤才、彰显忠诚为良瑞，像你送来这些所谓祥云、灵芝、珍禽、奇兽、怪草、异木，何益于人！布告天下，从今往后，这样的东西不要上献。"

内庄宅使上言说诸州有官租一万四千余斛，皇帝下令分给所在州县充作军队粮食储备。之前，诸国屡次进献驯象，一共有四十二头，皇帝说："豢养大象，花费很大，而有违它的天性，有什么用！"命令送到荆山南部放生，以及其他豹、貀（不清楚是什么动物，胡三省也提供了两个说法，一说是像豹，一说是像狸）、斗鸡、猎犬之类，全部放生；又释放宫女数百人。于是全国喜悦，淄青军士，都把兵器扔在地上，相顾说："出了明主，我们还要造反吗！"

**11** 闰五月十九日，任命淮西留后李希烈为节度使。

**12** 闰五月二十二日，任命河阳镇遏使马燧为河东节度使。河东在百井之战战败后，骑兵单弱，马燧召集全部牧马厮役，得数千人，训练数月，都成为精锐骑兵。制造盔甲，必定为长短三等，适合士兵身材，以便进趋。又制造战车，行军则用于装载兵器盔甲，停止则作为宿营阵地，或者用于堵塞险要地形，以遏止敌人冲击；器械无不精利。到任一年，得到挑选后的精锐部队三万人。聘请兖州人张建封为判官，任命李自良为代州刺史，对二人十分信任。

**13** 兵部侍郎黎幹，狡诈、险恶，善于阿谀谄媚，与宦官特进刘忠翼相亲善。刘忠翼本名刘清潭，仗恃皇帝恩宠，贪婪放纵。二人都为众人所厌恶。当时有人说黎幹、刘忠翼曾经劝代宗立独孤贵妃为皇后，贵妃的儿子韩王李迥为太子。德宗即位之后，黎幹秘密坐着人力小车找刘忠翼谋事；事情被察觉，闰五月二十七日，黎幹、刘忠翼都被除名，终身流放，走到蓝田，被赐死。

**14** 任命户部侍郎判度支韩滉为太常卿，任命吏部尚书刘晏为判度支。之前，刘晏、韩滉分掌天下财赋，刘晏掌江南、山南、江淮、岭南，韩滉掌关内、河东、剑南，至此，全部由刘晏统管。皇帝一向听闻韩滉搜刮太狠，所以罢免他的利权，不久外放为晋州刺史。

至德初年，第五琦开始施行食盐专卖，以供应军费，到了刘晏上任，法令益发精密。当初每年收入六十万缗，现在每年翻了十倍还多，而人民并不以此为苦，也没有怨言。大历末年，全国一年赋税收入总计一千二百万缗，而其中盐利超过三分之二。水路运盐的工人，从江、淮到渭桥，每万斛支付工资七千缗，自淮河以北，沿途设置巡察盐运的机关，选择能干的官吏主掌，不需要麻烦当地州县，都能圆满完成任务。

**【华杉讲透】**

盐铁专卖，后世王安石有一句著名的话，叫作"民不加赋而国用饶"，不需要加税，就能增加国库收入。表面上没有增加赋税，实际上是一种隐性的税收，但是，人民察觉不到，所以不以为苦，也没有怨言。从唐德宗年代的数据来看，仅仅来自食盐专卖的收入，就超过全国财政收入的三分之二，这个惊人的比例，一方面显示专卖收入之高；另一方面，对比下来，正常的税收也过低了，或者是缺乏征收办法，收不上来，而以食盐专卖的形式，征收成本较低。

**15** 六月一日，赦天下。

**16** 西川节度使崔宁、永平节度使李勉都被任命为同平章事。

## 德宗采取措施改善社会风气，节省开支，削繁就简

**17** 皇帝下诏："天下陈年冤案，州府不受理的，允许到京城上诉三司（御史台、大理寺、刑部），以御史中丞、中书舍人、给事中各一人，每日于朝堂接收诉状。对三司复审仍不满意的，可以直接来皇宫前擂登闻鼓鸣冤。自今往后，不得再上奏建造寺庙及请求剃度和尚、尼姑。"于是擂登闻鼓的人非常多。右金吾将军裴谞上疏，认为："讼者所争的都是一些小事，如果天子要一一亲自处理，那还要官吏做什么？"皇帝于是将其全部移送给有司。

**【华杉讲透】**

德宗刚刚即位，恨不得一下子就把国家搞好，要铲除世间一切不平。但是，如果觉得自己冤枉，任何人都可以亲自向皇帝上诉，那皇帝怎么可能忙得过来。有一句话叫作"我们最终都会活成自己讨厌的样子"，皇帝最终发现自己根本处理不了冤案，也就只能让一切都恢复原状了。

**18** 皇帝下制："一应山陵制度，务必从优从厚，当竭尽国库以供应修陵的经费。"刑部员外郎令狐峘上疏进谏，大略说："臣最近读先帝遗诏，说的是务从俭约，如果制度优厚，岂是遗诏本意吗？"皇帝答诏，大略说："你不仅说中了朕的错误，也成全了朕的美德，敢不闻义而徙？"令狐峘，是令狐德棻的玄孙。

**【华杉讲透】**

闻义而徙，听到正确的话，马上改变自己现在的做法，照着正确的做。

**19** 六月二日，立皇子李诵为宣王，李谟为舒王，李谌为通王，李谅为虔王，李详为肃王。六月七日，立皇弟李迺为益王，李傀为蜀王。

**20** 六月八日，依照先天年间的先例，凡六品以上清廉而有声望的官员，虽然不是供奉、侍卫之官，也每天令二人轮流在宫中值班，以备皇帝随时咨询。

**21** 六月十二日，任命朱泚为凤翔尹。

**22** 代宗优宠宦官，出使四方的，不禁止他们向当地索取财物。代宗曾经派宦官去向妃子家族颁发赏赐，回来之后，问知妃子家给宦官的酬报很少，代宗不悦，认为这是瞧不起我的人。妃子惧怕，拿出自己的私财给宦官。由此宦官们公开索求贿赂和礼物，无所忌惮。宰相曾经贮钱于阁中，皇帝每赐一物，宣一旨，送物传旨的宦官没有空手回去的。宦官们出使所历州县，直接发正式公文索取财货，效力与赋税相同，个个都重载而归。德宗皇帝一向知道这项弊病。派宦官邵光超赐给李希烈旌节；李希烈赠给宦官奴仆、马匹及绸缎七百匹，茶叶二百斤。德宗听闻，怒，杖打邵光超六十棍，将他流放。于是在外办事还没回来的宦官，都偷偷把所得财物抛弃于山谷，再有人送给他，也不敢接受了。

**23** 六月二十六日，任命神策都知兵马使、右领军大将军王驾鹤为东都园苑使，以司农卿白琇珪替代他，白琇珪更名为白志贞。王驾鹤典掌禁兵十余年，权势通行朝野，诏书下达，皇帝担心他生变；崔祐甫召王驾鹤谈话，流连很久，等王驾鹤出来，白琇珪已经到任办公了。

**24** 淄青节度使李正己畏惧皇帝威名，上表说要献钱三十万缗。皇帝想要接受，又怕他到时候不给，自己被捉弄；想要拒绝，又找不到适当理由。崔祐甫建议遣使慰劳淄青将士，就把李正己所献的钱赏赐给他们，让将士们人人感激皇帝恩典；又让其他各道听了，知道朝廷不看重货财。皇帝喜悦，听从。李正己大为惭服。天下人都认为太平之治，有了希望。

**【华杉讲透】**

李正己给皇帝出了一道难题，或许是准备公开捉弄皇帝，加强自己的权威。崔祐甫的办法，则是用他的钱赏他的兵，在他的军队里为皇帝收买人心，他还不得不照办，这就把李正己公开捉弄了。

**25** 秋，七月一日，日食。

**26** 礼仪使、吏部尚书颜真卿上言："上元中年以来，武后当政，开始增加祖宗的谥号；玄宗末年，奸臣掌权，增加先祖谥号，有加到十一个字的。看看古代君主的谥号，周文王、周武王，说'文'就不称'武'，说'武'就不称'文'，是他们没有这两个品德吗？只是群臣突出他们的特点而已。所以谥号字数多不为褒，少不为贬。如今列祖列宗谥号太多，有违古制，建议自中宗以上，都恢复他们最初的谥号，睿宗称圣真皇帝，玄宗称孝明皇帝，肃宗称宣皇帝，以省去虚浮文辞，崇尚实质，端正名分，敦实根本。"皇帝命百官集议，儒学之士，都赞同颜真卿的意见；唯独兵部侍郎袁傪，当兵出身，奏言："陵庙玉册、牌位都已刊刻，不可轻改。"事情于是被搁置下来。大家却都不知道，陵园中玉册上刻的，正是最初的谥号。

**【华杉讲透】**

### 懒惰和拖延，是人性的通病

反对一件事情，总是比赞成一件事情更容易。因为赞成之后，需要去落实执行，给大家添麻烦；而采纳反对意见，则大家什么都不用做。所以，反对的人，往往随便找个理由或困难，就能成功。颜真卿上奏要改玉册和牌位上的谥号，以"省文尚质"，不要刻那么多字，大家都赞同。袁傪的反对理由，则是已经刻好了，不能改。最终，他的意见得到了采纳。但是，大家都不知道，玉册上本来就是最初的谥号，想来当初也是怕麻烦，改了谥号，却没有重刻玉册。大家不知道这件事情，是因为没有一个人去打开看一眼，确认一下。

推进一件事情往往很难，就是因为人人都怕麻烦。懒惰和拖延，是人性的通病。

**27** 当初，代宗时代，事情多被留滞，各国使者及各地奏报计簿的官员，有时几年都不能回去，于是在右银台门设置客省，让他们居住；其他上书言事孟浪的，被免职又没有安排其他职位的，也安置其中，往往一住就是十年。常有数百人，连同他们的部曲、畜产，动以千计，国家财政负责供养他们，花费很大。皇帝下令一一梳理，被拘留的，释放；来京办事已经办完的，遣返；应当任命新职的，即刻任命。由此每年节省粮食一万九千二百斛。

**28** 七月五日，拆毁元载、马璘、刘忠翼的宅第。当初，天宝中年，贵戚宅第虽然极尽奢丽，但院墙和房屋的高低，还能遵守制度，可是不久，李靖的家庙就成为杨氏的马厩了。安史之乱后，法度堕弛，大臣、将帅、宦官竞相修建宅第，各自竭尽财力后才停止，时人称之为"木妖"。皇帝一向痛恨这股歪风，所以拆毁其中最过分的，仍命马氏献出家里的园林，由宫司接管，称为奉成园。

**【华杉讲透】**

### 唯有持守自己的志向，才能抵制攀比欲望，家业长青

房子成了"木妖"，这个词很值得玩味。所谓"问舍求田，本无大志"，人没有志向，不干正事，一心只在豪宅上攀比，以致着了魔，倾尽家财，耗尽心力，国家大事，子女教育，都不管了。

人在"成功"之后，有钱了，进了有钱人的圈子，就容易被其他有钱人的生活品位和爱好影响，开始时模仿学习，后来就开始攀比，被各

种"房妖""吃喝玩乐妖""收藏妖""人妖"附体，沉迷堕落而不自知。要抵御这些妖，唯有持守自己的志向，王阳明说："持志如心痛，一心在痛上，岂有功夫说闲话，管闲事？"这才能使家业长青。

**29** 七月六日（原文为"癸丑日"，根据柏杨考证修改），削减平常进贡宫中的绸缎一千匹，以及其他服装、器玩等数千件。

**30** 七月十三日，皇帝下诏，回纥及其他各族胡人在京师的，只许穿自己本民族服装，不得仿效汉人。之前，回纥人留在京师的常有上千人，经商的胡人身穿汉服而与汉人杂居的又比回纥人多出两倍，官府每天供应他们饮食，他们大肆购置资产，建筑家宅店铺，街市厚利都归了他们，每日放纵暴横，而官吏不敢过问。他们还改穿汉服，骗娶妻妾，所以皇帝下诏禁止。

**31** 七月二十四日，取消禁酒令及酒税。

【胡三省注】

唐朝初年并不禁酒。乾元元年，京师酒贵，肃宗认为人吃的粮食还供应不足，禁止京师酿酒，当时是准备丰收之后再恢复。乾元二年，饥荒，再次禁酒。广德二年，定天下酿酒户每月缴税。

**32** 皇帝在东宫为太子时，国子博士、河中人张涉为侍读。即位当晚，召张涉入禁中，事情无论大小，都向他咨询；第二天，任命为翰林学士，亲密器重，无人能比。七月二十八日，任命张涉为右散骑常侍，仍保留翰林学士身份。

大历十四年（779）八月至建中二年（781）五月，共1年10个月

# 代宗睿文孝武皇帝下

## 大历十四年（公元779年）

**1** 八月七日，擢升道州司马杨炎为门下侍郎，怀州刺史乔琳为御史大夫，都担任同平章事。皇帝正励精求治，破格提拔用人，要崔祐甫推荐宰相，崔祐甫举荐杨炎有器局与才干，皇帝也一向听闻他的名声，所以从贬谪中召回任用。乔琳，是太原人，性格粗率，喜欢诙谐，并无其他特长，与张涉友善，张涉说他的才干可堪大用，皇帝信了张涉的话，任用他；听到的人无不惊骇错愕。

**2** 代宗之世，吐蕃数次遣使求和，而不停地入寇抢掠，代宗把他们的使者全部扣留，前后八批，有老死在京师都不得回国的；被俘获的吐蕃人，都发配江南、岭南。皇帝想要以德怀柔，八月八日，任命随州司马韦伦为太常少卿，出使吐蕃，在京师集中所有吐蕃俘虏，共五百人，各赏赐一套衣服，遣返回国。

**3** 协律郎（掌管音律）沈既济上书，就官员选拔提出建议，认为：

"选拔任用之法，三科而已：德、才、功劳。如今负责考选的官员，对这三项都不重视，只看他的文章、简历、言词、风度而已。行动稳重，言辞从容，并不算是美德；文章华丽，也不算是才干；累积的资历和考绩，也不算是功劳。就靠这些以求天下之士，固然是不够的。

"现在，有些人远离家乡，不能靠本乡本土的举荐；吏部官员并非对鉴别人才有特别的眼光，所以也不能只靠吏部。臣详细斟酌古今，认为五品以上及群司长官，应该令宰相推荐，吏部、兵部参议。而六品以下或僚佐属官，允许州、府自己聘用，如果牧守、将帅选用不公，则吏部、兵部可以纠察并举报，治他徇私舞弊之罪。举荐人才不当的，小则加以罢黜，大则明正典刑。如此，授任官吏，责成业绩，谁敢不认真努力！如此，则贤者不必奖劝，而自求进身，不肖者不必压制，就自动退出，贤才全部得到进用，所有的官职都有能胜任的人。

"现在的选法，都是由吏部选择人才，由州郡试职任用。如果不能称职，问责于刺史，刺史就说是吏部派给他的，他不敢不用；问责于吏部侍郎，侍郎就说是考察他的文章、资历、考绩而任用的，并不能保证他以后如何；问责于具体经办官员，官员就说是根据规章办事，其他一概不知。百姓因此受到伤害，而找不到谁该承担责任！如果是州牧、郡守自己任用，他们的责任就十分清楚！如果是州郡滥用权力，则换一个刺史就解决了。如果是吏部选官不当，换掉侍郎也没有什么用处。因为天下人物太多，他不可能都能了解，这是制度问题，不是主管官员的过错。如今各道节度使、都团练、观察使、租庸使等使，自判官、副将以下，都让他们自己选择，就算其中有徇私的事，大体来说，十个总有七个是公平恰当的。事实上，这种自己延聘属官的做法，现在已经开始施行，只是还没到州县这一层罢了。孰利孰害，显然可见。如果诸使的僚佐都是由吏部选派，他们怎能负起镇守一方的重任，处理收税理财的繁重工作呢？"

沈既济，是吴县人。

**4** 当初，衡州刺史、曹王李皋有优异政绩，湖南观察使辛京杲嫉恨他，诬陷他犯法，使他被贬为潮州刺史。当时杨炎在道州，知道实情，入朝拜相之后，再次擢升李皋为衡州刺史。当初，李皋遭诬陷，被法官审问，考虑到娘亲年老，怕她受惊而发生意外，出家门之后，就身穿囚服去受审，回家时又穿上官服，拿着笏板，挂着金鱼袋，后来被贬到潮州，向娘亲说是升官了，一起庆贺；现在，才跪在娘亲跟前，告以实情。李皋，是李明（李世民的儿子）的玄孙。

**5** 朔方、邠宁节度使李怀光接替郭子仪职务之后，邠府宿将史抗、温儒雅、庞仙鹤、张献明、李光逸等功名一向在李怀光之上，都怏怏不服。李怀光发兵参加秋季防御，屯驻在长武城，军队进退，这些老将经常延误军期。监军翟文秀劝李怀光上奏调他们入京担任禁卫军官，李怀光同意，他们离营前往京师之后，又派人追捕，以其他罪名诬陷他们，并说："黄葍之役战败，都是你们的责任！"将他们全部处死。

**【华杉讲透】**

这些老将死得冤，也不冤，因为他们不服。不服，不听指挥，延误军期，本身就是罪。假如没有提拔李怀光，而是提拔了他们之中的某一位，那其他人是不是也要不服呢？如果提拔了自己，都认为是皇帝慧眼识珠，提拔了别人，就觉得愤愤不平。而这种不服，往往会遭到最凶狠的报复。这样的事古往今来都太多了。

**6** 九月七日，改淮西为淮宁。

## 崔宁拥兵自重被朝廷扣留，李晟击破蜀地的吐蕃

**7** 西川节度使、同平章事崔宁，在蜀十余年，仗恃地险兵强，恣意骄淫奢侈，朝廷深以为患，但又没法换掉他。至此，征召入朝，加授为

司空，兼山陵使。

南诏工阁罗凤去世，儿子凤迦异之前已经死去，孙子异牟寻继位。

冬，十月一日，吐蕃与南诏合兵十万，分三道入寇，一道出茂州，一道出扶州、文州，一道出黎州、雅州，说："我们将攻取蜀郡，把它作为东府。"崔宁在京师，留在西川的诸将不能抵御，敌人接连攻陷州县，刺史弃城逃走，士民窜匿山谷。皇帝忧虑，催促崔宁赶回镇所。崔宁已经辞行，准备动身，杨炎对皇帝说："蜀地富饶，被崔宁占据，朝廷丧失主权已经十四年了。崔宁虽然入朝，他的军队还留守其后，不向朝廷缴纳贡赋，与没有蜀郡一样。况且崔宁本来与诸将地位相同，只是靠着战乱而取得高位，大家并不听他的。现在就算派遣他回去，必定也不能成功；而如果他建功，从道义来说就更不能换掉他了。所以，蜀地如果败了，固然会失去；战胜了呢，朝廷也得不到。希望陛下仔细考虑。"皇帝说："那怎么办呢？"杨炎回答说："建议扣留崔宁，发朱泚所领范阳戍兵数千人，杂以禁兵，前往攻击，何忧不克？这样能把朝廷亲兵置其腹中，蜀将必不敢动，然后再任命其主帅，让千里沃壤复为国有，这是因小害而收大利。"皇帝说："好。"于是让崔宁留下。

当初，马璘忌惮泾原都知兵马使李晟功名，派遣他入京担任禁军宿卫，为右神策都将。皇帝发禁兵四千人，派李晟率领，征发邠州、陇州、范阳兵五千人，由金吾大将军、安邑人曲环率领，以救援蜀地。

东川出军，从江油直向白坝，与山南兵合击吐蕃、南诏，击破。范阳兵追击，在七盘追上，再次击破，于是攻克维州、茂州二州。李晟于大渡河外追击，又击破。吐蕃、南诏饥寒交迫，坠入崖谷死亡的有八九万人。吐蕃又悔又怒，杀了诱导他们来的人。南诏王异牟寻恐惧，修筑苴咩城，延袤十五里，把首府迁到那里。吐蕃封他为日东王。

**8** 皇帝用法严厉，百官震悚。因为先帝葬期将近，禁止屠宰；郭子仪的一个差役偷偷杀羊，运载入城，右金吾将军裴谞上奏弹劾。有人对裴谞说："郭公有社稷大功，你也不给他留一点余地吗？"裴谞说："这正是我给他留的余地。郭公勋高望重，皇帝新即位，以为群臣对他阿附的人很多，我故意揭发他的小过，以表明郭公的威权不足为畏。如此，上尊天子，下安大臣，不好吗？"

**【华杉讲透】**

君子自污，裴谞对郭子仪，这是小骂大帮忙。

**9** 十月十三日，葬睿文孝武皇帝于元陵；庙号代宗。灵柩将要起运时，皇帝送灵，看见灵车不在驰道正中行驶，而稍稍偏西，问什么缘故，有司回答说："陛下本命在正南，不敢冒犯。"皇帝哭泣说："岂有委屈先帝灵驾，而为自己求福的？"命令向正南而行。肃宗、代宗都喜欢阴阳鬼神，事情无论大小，必定请巫师求神问鬼，所以王屿、黎幹都靠这些旁门左道得以高升。皇帝不信这一套，下葬日期只择定七月，准备妥当，即行安葬，不再选择吉日。

**10** 十一月十一日，任命晋州刺史韩滉为苏州刺史、浙江东西观察使。

**11** 乔琳衰老耳聋，皇帝有时向他咨询意见，他应对失次，所谋议的，又空洞不切实际。十一月十六日，任命乔琳为工部尚书，罢免宰相职务。皇帝由此疏远张涉。

**12** 杨炎定计扣留崔宁，二人由此交恶。杨炎假托以北边需要大臣镇抚，十一月二十七日，皇帝任命京畿观察使崔宁为单于和镇北大都护、朔方节度使，镇守坊州；任命荆南节度使张延赏为西川节度使；又任命灵盐节度都虞候、醴泉人杜希全为灵州、盐州留后，代州刺史张光晟担任单于、振武等城，及绥州、银州、麟州、胜州留后，延州刺史李建徽为鄜州、坊州、丹州留后。当时崔宁既已出镇，不应当再设置留后，杨炎想要夺崔宁的权，并且观察他的反应，令三人都可以自己上奏言事，并暗示他们收集崔宁过失。

**13** 十二月十九日，立宣王李诵为皇太子。

## 德宗听从杨炎建议迁出国库，实行两税法

**14** 按旧制，天下金帛都贮藏在左藏，太府每个季度奏报数量，由比部（掌管审计）复核。等到第五琦担任度支、盐铁使，当时京师多豪强军阀，求取没有节制，第五琦不能制止，于是上奏建议，全部贮存在皇宫内的大盈内库，由宦官掌管，天子也认为这样拿取方便，所以长期没有迁出。从此天下公赋成为人君私藏，有司不再知道数目多少，也不知道增减情况，如此二十年。参与管理的宦官有三百多人，都蚕食其中，盘根错节，牢不可动。杨炎在皇帝跟前叩头说："财赋，是国之大本，生民之命，轻重安危，都因此而起，所以以前各朝都派重臣掌管，还担心虚耗浪费，账目不清。如今只让宦官管理，大臣都不得而知，政治弊病，莫过于此。我建议将国库迁出，回归有司。度量宫中每年需要多少预算，量数奉入，不敢有缺乏。如此，才可以为政。"皇帝即日下诏："凡财赋都归左藏，一切遵照以前的制度，只每年选择精美绸缎三五千匹，送入大盈内库。"杨炎以片言只语，就改变了皇帝心意，议论的人都称赞他。

**15** 十二月三十日，日食。

**16** 湖南贼帅王国良利用山势险要，落草为盗，皇帝派都官员外郎关播前往招抚。辞行，皇帝问他为政之要，关播回答说："为政之本，必求有道贤人，辅佐治理。"皇帝说："朕之前已经下诏求贤，又派使臣广加搜访，这样可以了吗？"他回答说："下诏所求，以及使者所举荐的，只能得到一些以文词求进的人罢了，岂有有道贤人肯由州县文书来举荐他的？"皇帝喜悦。

**【华杉讲透】**

关播说的是空话！用人靠的是奖惩的激励机制。一定是那人自己有上进心，有功名利欲，才能为你所用；如果他是个山野隐士，淡泊名利，即便你去求他，稍不满意他就不干了，这样的人怎么能用呢？史书记载这些话，才是臣子以文词矫情。中国古代最后的人才选拔方案是科举制度，"朝为田舍郎，暮登天子堂。将相本无种，男儿当自强。"这样才是正道。

**17** 崔祐甫生病，皇帝下令用肩抬小轿送他到中书省，或者休假在家，大事都派宦官去向他咨询决策。

# 德宗神武孝文皇帝一

## 建中元年（公元780年）

**1** 春，正月一日，改年号为建中。群臣向皇帝进献尊号为圣神文武皇帝；赦天下。开始采用杨炎的建议，命黜陟使与观察使、刺史统计百姓家庭男丁和田产，厘定等级，实行两税法。将其他所有新旧加征的各种苛捐杂税，全部取消；两税之外再有擅自征收一文钱的，以枉法论处。

唐初，税法称为租、庸、调，有田产就要交租（田租），有人丁就有庸（劳役），有户口则有调（捐税）。玄宗末年，户籍档案渐渐遭到破坏失散，大多不实。到了至德年间，战乱频仍，对各地的赋税，只是催促征收，没有一个标准。负责征收的机关不断增加，互不统属，各自随意增加科目，自立名目，新旧相杂，无穷无尽。富有人家男丁多的，全都做官或当和尚以免除劳役赋税，而贫穷人家男丁虽多，却无法藏匿，所以富人优裕，而贫户劳苦。官吏乘机蚕食，十天半月就征收一次，百姓不胜困弊，全都逃亡迁徙，成为浮户，各州本地居民不到百分之四五。至此，杨炎建议作两税法，先计算州县每年所需费用及上缴朝廷的数目，然后根据这个总数来征税，量出为入。无论本地居民还是客户，以现居地为户籍；无论青年男丁还是壮年，以贫富划分等级；对做生意的商人，由所在州县抽取三十分之一的营业税，让他们与其他居民一样，不能逃避纳税义务。对居民的征税，每年秋、夏征收两次。其他租、庸、调和杂役全部被免除，全部由度支统一管理。皇帝采纳杨炎的话，借着赦令的机会宣布施行。

**2** 当初，左仆射刘晏为吏部尚书，杨炎为侍郎，两人不和。元载之死，刘晏出了力。等到德宗皇帝即位，刘晏久掌财利大权，众臣对他都很嫉恨，大多上言说转运使可以撤销；又有流言说刘晏曾经密表劝代宗立独孤妃为皇后。杨炎为宰相，想要为元载报仇，于是在皇帝跟前流涕说："刘晏与黎幹、刘忠翼同谋，臣身为宰相而不能铲除他们，罪当万死！"崔祐甫说："这是无法证实的暧昧流言，陛下已经颁布大赦令，不应当再追究这些捕风捉影的事。"杨炎于是建言说："尚书省，是国政之本，以前分别设置诸使，分夺其权，现在应该恢复如旧。"皇帝听从。正月二十八日（原文为"甲子日"，根据柏杨考证修改），皇帝下诏，天下钱谷都归金部、仓部统管，罢免刘晏的转运使、租庸使、青苗使、盐铁使等职务。

**3** 二月一日，命黜陟使十一人分巡天下。

之前，魏博节度使田悦侍奉朝廷还算恭顺，河北黜陟使洪经纶，不识时务，听说田悦军有七万人，直接下令裁减四万，令他们复员归农。田悦假装听从命令，如数裁军。既而集合要被裁撤的士兵，激怒他们说："你们久在军中，有父母妻子，如今一旦被黜陟使裁撤，将来靠什么生活啊？"众人大哭。田悦于是拿出家财，赏赐给他们，让他们各自回自己部伍。于是军士们都感激田悦，而怨恨朝廷。

**4** 崔祐甫多病，经常不管事。杨炎独揽大政，专以报恩复仇为事，上奏用元载遗策，在原州筑城，又想要征发两京、关内丁夫疏浚丰州陵阳渠，准备开荒屯田。皇帝派宦官到泾原节度使段秀实处，向他咨询意见，段秀实认为："如今边防仍然空虚，不宜搞事情，召来敌寇。"杨炎怒，认为他阻挠自己，调段秀实入京任司农卿。

二月十二日，邠宁节度使李怀光兼四镇、北庭行营、泾原节度使，诏令他移军原州，任命四镇、北庭留后刘文喜为别驾。京兆尹严郢上奏说："朔方五城，之前是屯田肥沃之地，自从丧乱以来，人力不足，所以荒废，实际耕种的田地不到之前的十分之一。如果有足够的人力开垦，用不着等到今天去疏浚水渠。现在征发两京、关辅人到丰州疏浚水渠，开垦农田，计算下来，所得到的，不能补足工程花费，而关辅之人不免流散，这是让京畿农田荒废，而无益于军粮储备的事。"疏书递上去，没有回复。既而陵阳渠疏浚工程也没有完成，被抛弃了。

**5** 皇帝采信杨炎的话，以奏事不实为理由，二月十四日，贬刘晏为忠州刺史。

**6** 二月十八日，任命泽潞留后李抱真为节度使。

## 刘文喜反叛朝廷被杀

**7** 杨炎打算修筑原州城为军事基地，以收复秦州、原州，命李怀光在前方监督工程，朱泚、崔宁各率一万人继其后，保护工程进行。皇帝下诏，命泾州准备筑城工具，泾州将士怒道："我们为国家担任西方屏障，已经十几年了。之前在邠州，建造营房，耕田种桑，颇有安居一地的感觉。后来，调我们屯驻泾州，披荆斩棘，建立军府；屁股还没坐热，又把我们投之塞外。我们到底有什么罪，被这么折腾？"

李怀光刚做邠宁统帅，就诛杀温儒雅等，军令严峻。等到他兼任泾

175

原，诸将都恐惧，说："那五将有什么罪而被杀？现在他又要到我们这里来，我们能不担忧吗？"刘文喜利用众心不安，占据泾州，不接受诏命，上疏请求段秀实为帅，或者朱泚也行。

二月二十八日，朝廷任命朱泚兼四镇、北庭行军、泾原节度使，替代李怀光。

**8** 三月，翰林学士、左散骑常侍张涉接受前湖南观察使辛京杲金钱贿赂，事情被察觉；皇帝怒，想要将他法办。当时李忠臣任检校司空、同平章事、奉朝请，对皇帝说："陛下贵为天子，却让自己的老师因为缺钱而犯法，以臣看来，这不是老师的过错。"皇帝怒气消解，三月六日，放张涉回归田里。辛京杲以私愤杖杀部曲，有司上奏辛京杲是死罪，皇帝准备听从。李忠臣说："辛京杲早就该死了！"皇帝问什么缘故。李忠臣说："辛京杲的父亲、叔父和兄弟们都战死，就他一个人还活着，所以臣认为他早就该死了。"皇帝感到悲悯，只把辛京杲贬作王傅（亲王师傅）就算了。李忠臣乘机救人，大多如此。

**9** 杨炎被罢免度支使、转运使职务，命尚书省的金部、仓部接管。不久，由于尚书省的职能荒废已久，衔接不上，什么事也办不成，全国应缴的钱谷，都没人处理。三月二十八日，再次任命谏议大夫韩洄为户部侍郎、判度支，任命金部郎中、万年人杜佑权为江、淮水陆转运使，恢复旧制。

**10** 刘文喜又不受诏，拒绝朱泚到任，想要自己做节度使；夏，四月一日，占据泾州反叛，把儿子送到吐蕃做人质，以求援军。皇帝命朱泚、李怀光讨伐，又命神策军使张巨济率禁兵二千人助战。

**11** 吐蕃开始听闻韦伦护送俘虏回国，还不相信，等到俘虏入境，各自回到自己部落，说："新天子放出宫女，释放禽兽，英威圣德，遍及中原。"吐蕃大悦，清扫道路，欢迎韦伦。赞普即刻派出使者，跟随韦伦入朝进贡，并且致送先帝奠仪。

四月九日，吐蕃使者抵达京师，皇帝优礼接待。不久蜀将上言说："吐蕃人是豺狼，俘虏不可归还。"皇帝说："戎狄侵犯边塞，就打击他们；服了，就放他们回去。打他，是示之以威；放他回去，是示之以信。威信不立，何以怀柔远方？"命令将俘虏全部遣返。

**12** 代宗之世，每年元旦、冬至、端午、皇帝生日，州府在正常赋税之外竞相贡献，贡献多的，则皇帝喜悦。于是武将、奸吏，都借此侵渔百姓。四月十九日，德宗皇帝生日，四方贡献都不接受。李正己、田悦各献绸缎三万匹，皇帝全部交到度支，以替代租赋。

**13** 五月五日，任命韦伦为太常卿。五月二十二日，再次派韦伦出使吐蕃。韦伦请皇帝亲笔书写誓书，与吐蕃结盟。杨炎认为德宗与吐蕃赞普不是平等关系，建议由自己与郭子仪等书写，皇帝在上面写一个"可"字就行，皇帝听从。

**14** 朱泚等人于泾州包围刘文喜，切断所有交通，而闭壁不与他交战，很久都没有攻拔。此时正是旱灾，征发粮草，馈运物资，使朝野骚然不满，朝臣上书请赦免刘文喜，以解救百姓痛苦的，不可胜计。皇帝一概不听，说："一个小丑尚且不能铲除，何以号令天下？"刘文喜派他的部将刘海宾入朝上奏，刘海宾对皇帝说："臣是陛下任亲王时的部曲，岂肯依附叛贼？必定为陛下枭下他的首级以献。但刘文喜如今所要求的，只是节度使的符节而已，愿陛下姑且给他，刘文喜必定懈怠，那臣的计策就能实施了。"皇帝说："名器不可随意给人，你能立功效命固然好，我的符节他不可得。"皇帝让刘海宾回去告诉刘文喜，诏令军队继续攻击。又裁减御膳，以供应军队，城中将士应当领取的春季服装照常发给，其他正常赏赐一切如故。于是众人都知道皇帝的意志不可动摇。当时吐蕃正与唐朝和睦，不为刘文喜发兵，泾州城中势穷。

五月二十七日，刘海宾与诸将共杀刘文喜，将首级送到京师，但原州筑城始终没有完成。自从皇帝即位，李正己内心不能自安，派参佐入朝奏事；正巧泾州捷报送到，皇帝命他们去观看刘文喜首级，然后再回去。李正己更加恐惧。

**【华杉讲透】**

刘文喜本来没有反叛实力，只是弄险以图侥幸。开始时他带动大家闹事，不要李怀光，而要朱泚做节度使，皇帝妥协了。这进一步助长了他的野心——自己做节度使。不要李怀光，是泾州全体将士的心意；要他做节度使，反叛朝廷，这就对泾州兵没什么好处了，相反，杀了他倒是可以立功受奖，他却不懂得这个。皇帝如果软弱妥协，大家也还跟着他鼓噪；皇帝意志坚定不动摇，他的脑袋就要动摇了。

**15** 六月一日，门下侍郎、同平章事崔祐甫薨逝。

**16** 术士桑道茂上言说："陛下不出数年，将有离开皇宫的厄运。臣望见奉天有天子气，应该增高城墙，以备非常。"六月八日，皇帝命京兆征发丁夫数千人，杂以六军战士，修筑奉天城。

**17** 当初，回纥风俗纯朴敦厚，君臣等级差异不大，所以众志专一，劲健无敌。后来有功于唐，唐朝赏赐馈赠非常丰厚，登里可汗开始自尊自大，修筑宫殿居住，宫中妇人开始梳妆打扮，身穿锦绣。中原为之耗尽民财，而回纥风俗也开始腐化败坏。等到代宗崩逝，德宗皇帝派宦官梁文秀前往告哀，登里骄傲，非常无礼。九姓胡人归附回纥的，向登里建议说中原富饶，如今乘丧讨伐，可获大利。登里听从，准备举国入寇。宰相顿莫贺达干，是登里的堂兄，进谏说："唐，是大国，无负于我，我们前年入侵太原，获得羊马数万头，可谓大捷，而道路遥远，粮食缺乏，等到回来时，很多士卒都徒步行走（抢来的羊、马，还有自己的坐骑，都被杀来吃光了，白跑一趟）。如今举国深入，万一不捷，还回得来吗？"登里不听。顿莫贺乘人心都不想南下作战，举兵击杀登里，以及鼓动他入侵的九姓胡人二千人，自立为合骨咄禄毗伽可汗，派他的部属聿达干与梁文秀一起入朝觐见，愿为藩臣，垂发不剪，以待皇帝册命。

六月二十二日，命京兆少尹、临漳人源休前往，册封顿莫贺为武义成功可汗。

**18** 秋，七月四日，邵州贼帅王国良投降。王国良本是湖南牙将，观察使辛京杲派他戍防武冈，以防御西原蛮夷。辛京杲贪暴，王国良家富，辛京杲以死罪罪名诬陷他。王国良惧怕，占据县城反叛，与西原蛮夷联合，聚众一千人，侵掠州县，沿湖一千里地区，全部被他祸害。皇帝下诏，命荆、黔、洪、桂诸道合兵讨伐，连年不能克。等到曹王李皋为湖南观察使，说：“驱使疲惫的群众，诛讨内心不安的百姓，这不是上策。”于是写信给王国良，说：“将军并不是要叛逆，而是要救自己的命而已。我与将军都被辛京杲所构陷，我已蒙圣朝昭雪，怎么忍心再将兵刀加之于将军？将军遇到我，不赶快投降，将来后悔无及！”王国良且喜且惧，遣使乞降，犹疑未决。李皋于是假扮为使者，只带一名骑兵跟从，穿山越岭五百里，直抵王国良军营，用鞭子抽打营门，大呼说：“我是曹王，快来受降！”全军大惊。王国良快步走出，迎拜请罪。李皋拉着他的手，约为兄弟，焚毁全部攻守战具，解散他的部众，让他们回家务农。皇帝下诏，赦免王国良之罪，赐名王惟新。

**19** 七月十九日，遥尊皇帝失踪的母亲沈氏为皇太后。

## 刘宴遭杨炎陷害被杀

**20** 荆南节度使庾准迎合杨炎的意思，上奏指控忠州刺史刘晏写信给朱泚，请求营救，言辞充满怨愤，又说刘晏上奏请求补充州兵，实际上是准备抗朝命，杨炎证实刘晏确实有此阴谋。皇帝密遣宦官前往忠州，将刘晏缢杀，七月二十七日，再下诏赐死。天下人都知道刘晏冤枉。

当初，安史之乱，数年间，全国户口失亡十之八九，州县多为藩镇所占据，贡赋不上缴朝廷，朝廷府库耗竭，中原天灾人祸不断，戎狄又每年侵犯边境，所在之处部署重兵，都靠朝廷供应，花费多到无法计算，全靠刘晏筹办。刘晏起初为转运使，独领陕东诸道，陕西各道财政则直接归度支管辖，后来，陕西也交给刘晏兼管，但不久被罢免。

刘晏有精力，多机智，善于变通有无，妙招不断。常以重金招募善于奔走的人，在各地设立信息站，调查四方物价，就算是很远的地方，用不了几天，市场信息就送达使司，粮食、货物价格贵贱，全部及时掌握，国家因而获利，而天下物价得到平抑。

刘晏认为："办集众务，在于得人，所以必须选择通达机敏、精明强干、廉洁勤劳之士而任用他们；至于核对账簿、出纳钱谷，事情虽然很小，也必须委任给有文化、有操守的士人；低级官吏只能负责文书工作，不得随意发表看法。"刘晏常说："士人如果有了贪赃受贿的记录，就声名狼藉，对于他们来说，名声比利益重要，所以士人大多能清修；而基层胥吏，就算他清廉，也得不到荣誉和升迁，对于他们来说，利益就比名声重要，所以胥吏多贪污。"但是，这套办法，只有刘晏能执行，别的人学他，就没有那效果。他的属官就算在数千里之外任职，也遵守他的教令，就如同在他眼前，一举一动，一言一行，都不敢欺骗。当时权贵，有的把自己的亲朋故友托付给刘晏，刘晏也全都接收，给多少俸禄，什么时候升迁，都能让对方满意，但是不给他们实权管事。他属下的重要职位，必定找到当时最好的人选。所以，刘晏被杀之后，掌管财赋能有成绩和声名的，多是刘晏的老部下。

刘晏又认为，只要人口增长，则赋税自然增加，所以他理财，常以养民为先。在诸道各自设置知院官，每隔十天半月，就把州县雨雪丰歉的情况汇报给使司，如果丰收，就高价买进；如果歉收，就低价卖出，或者以谷米交换杂货，以供官用，或者运输到丰收地区卖出。知院官发现有歉收的迹象，先行上报，到某月需要免除若干赋税，某月需要发放救助，到了日期，刘晏不等州县申请，即刻上奏施行，应民之急，从未错过时间，不是等百姓已经困弊、流亡、饿殍满地了，才去赈济。因此人民得以安居乐业，人口繁衍增长。

刘晏刚担任转运使时，全国人口不过二百万户，到了后面几年，增长到三百余万户；在刘晏管辖的地区，户口就增长，不是刘晏管辖的地区，就不增长。起初财赋收入不过每年四百万缗，后来达到一千余万缗。

刘晏采用食盐专卖来供应军费。当时从许州、汝州、郑州、邓州以西，都吃河东咸水湖的池盐，由度支主管；汴州、滑州、唐州、蔡州以东，都吃海盐，刘晏主管。刘晏认为，官员太多，则人民受到的骚扰就多，所以只在出盐的地方设置盐官，收购盐户所煮之盐，再转卖给商人，随便他们贩运到哪里，其余州县，不再设置盐官。在距离产盐区太远的山区，则将官盐转运到那里贮存。如果商人不愿意去，盐价贵，就减价销售，称之为常平盐，官府获利，而人民不会缺盐。开始时江、淮盐税不过四十万缗，后来达到六百余万缗，由此国用充足，而人民也不受苦。而河东盐池收入，不过八十万缗，盐价却比海盐还贵。

之前，从关东运谷米入长安，因为河流湍急凶险，经常发生翻船事故，一斛米能运到八斗的，就算功劳，受到优厚的奖赏。刘晏认为长江、汴水、黄河、渭河，水文情况和运力都不同，根据每条河的特点，制造运船，训练漕卒，分段运输。长江船运送达扬州，汴水船运抵达河阴，黄河船运抵达渭口，渭河船运抵达太仓，其间沿岸设置粮仓，接力转运。自此每年运谷米到长安达到一百余万斛，没有一斗米的沉没损失。每十艘船为一纲，由军将率领，十次运输没有损失，就计以功劳，授以官职。所有人都殚精竭虑保护粮运，几趟下来，没有一个不是熬得头发斑白的。

刘晏在扬子设立十个造船厂，每艘船给钱一千缗。有人说："实际造船成本连这一半都不到，虚费太多。"刘晏说："不对，论大计者不可惜小费，凡事必须做永久考虑。现在刚刚开始设置船厂，管事的人很多，应当先让他们私人花费没有窘迫之状，那么给官家制造的船自然就坚固牢实了。如果跟他们锱铢必较，岂能长久？将来一定有人说我给的太

181

多，而要求减少；那时候如果减少一半，还可以维持质量，再减少，船的质量就差得无法使用了。"其后五十年，有司果然将造价减少一半。到了咸通中年，有司根据成本付钱，造船厂没有利润，船更加脆薄而易坏，漕运就废弛了。

刘晏为人勤力，事情无论是否紧急，必定在一天之内决策，绝不拖延到第二天，后来负责理财的人都赶不上他。

**【华杉讲透】**

刘晏从小就是名噪京师的神童，是被写进《三字经》的："唐刘晏，方七岁。举神童，作正字。"成年之后，更成长为能实干兴邦的天才。他不仅能掌握事物的本质，而且能洞悉人性，人人事事，都安排恰当，为国家做出巨大贡献。但是，木秀于林，风必摧之，他能洞悉下属的人性，却没能伺候好执政大臣，先是被常衮妒忌排挤，然后被杨炎陷害，无罪被杀。司马光详细记录了刘晏的做事方法，希望提供给后世，让其学习；只怕后世官员，看到他的悲惨结局，觉得能不能干事也不重要了。

## 张光晟杀回纥使者突董等九百余人

**21** 八月三日，振武留后张光晟杀回纥使者突董等九百余人。突董，是武义可汗的叔父。代宗时代，九姓胡人经常假冒回纥人，杂居京师，做生意，置产业，放纵暴横，与回纥人一样，都成为官民祸患。德宗皇帝即位，命突董带领自己的全部徒众归国，他们带的辎重财物非常多。走到振武，停留好几个月，索求优厚供应，每天吃肉都要一千斤，其他物资也相当，又放纵出去打柴放牧的人暴踩庄稼，砍伐果树，振武人深以为苦。张光晟想要杀掉回纥人，夺取他们的辎重，而畏惧他们部众兵强，不敢发动。九姓胡人听闻他们的种族被新可汗所诛杀，多在半途逃亡，突董严密防备他们；九姓胡人逃不掉，又不敢回去，于是秘密献计于张光晟，请杀回纥。张光晟见他们自己分裂，非常高兴，许诺同意。皇帝因为陕州之辱，心里也恨回纥。张光晟知道皇帝的心思，于是上奏称："回纥本族人口并不多，之所以强大，是因为其他各族胡人辅助他们。现在听说他们自相鱼肉，新可汗顿莫贺刚即位，旧可汗移地健留下一个庶子，与国相、将军各自拥兵数千人，相互攻击，国家未能安定。他没有钱财，就不能驱使部众，陛下不乘此机会铲除突董，反而让他回去，又带回去那么多钱财，那正是把兵和粮都给敌人送去了。我建议杀掉他。"三次上奏，皇帝不许。张光晟于是派副将经过突董所住宾馆大门，故意不行礼；突董怒，将他逮捕，打了数十鞭。张光晟报复，勒兵掩击，连同其他各族胡人，全部杀光，把尸体堆积起来，封土为京观（巨大的坟墓）。只留下一个胡人，让他归国作证，说："回纥鞭辱大将，并且密谋袭击占据振武，所以将他们诛杀。"皇帝征召张光晟为右金吾将军，派宦官王嘉祥致送礼物和信函。回纥要求交出擅自诛杀的凶手以复仇，皇帝为此贬张光晟为睦王李述的师傅，以安抚他们。

**22** 八月十六日，加授卢龙、陇右、泾原节度使朱泚兼任中书令，卢龙、陇右节度使原职保留不变。任命舒王李谟为四镇、北庭行军、泾原节度大使；任命泾州牙前兵马使、河中人姚令言为留后。李谟，是李邈（皇帝李适的弟弟）之子，早年成为孤儿，皇帝收养他为自己的儿子。

**23** 八月二十二日，皇帝下诏，追赠太后的父亲、祖父、兄长、弟弟等官职，以及其余宗族男女，有的拜官，有的封给采邑，颁发给他们的委任状和采邑证明文书，总共有一百二十七件；宦官用马驮着去赐给他们。

**24** 九月二十一日（原文为"壬午日"，根据柏杨考证修改），将作（掌管建筑的官员）上奏说，宣政殿走廊损坏，但是十月遇河魁、天罡两个凶神，不可修建。皇帝说："只要不妨碍公务，不伤害人民，就是吉祥。何必挑什么时日！"即刻命令修建。

**25** 大历年以前，赋税征收、财政出纳、官员薪俸，都没有法律依据，一切由主管长官决定；加上元载、王缙当权秉政，贿赂公行，全国有二十年没有办过贪污案。唯有江西观察使路嗣恭惩办了虔州刺史源敷翰，处以流放。皇帝因为宣歙观察使薛邕温文尔雅，又是自己的旧部，征召他为左丞。薛邕离开宣州时，盗窃隐藏官物数以巨万计，被殿中侍御史员寓揭发。

冬，十月九日，贬薛邕为连山县尉。于是州县开始畏惧朝廷典章，不敢放纵。

皇帝初即位，疏斥宦官，亲任朝士，而张涉以儒学入侍，薛邕以文雅登朝，结果都因为贪赃枉法而失败。宦官武将得以引为借口，说："南牙文臣贪赃动则巨万，却说是我们这些人浊乱天下，岂不是欺君罔上？"于是皇帝开始疑心，不知道该依靠谁了。

**【华杉讲透】**

### 每个人的社会生态环境，都是自己造成的

德宗皇帝不知道该依靠谁，他应该问他自己。儒家思想，行有不得，反求诸己，要在自己身上找问题，才能修身、齐家、治国、平天下。皇帝因为母亲在安史之乱中失踪，给母亲的家族加官进爵，一次有一百二十七人，这是他的私心，国家名器和土地，如此滥赏给自己家人，那文臣、武将、宦官，哪个不会有样学样，都往自己家里捞呢？

做老板的，总是在操心这个人不可靠，那个人也不可靠，没有一个好人。却不知道所有的原因，都是自己修养不够，每个人的社会生态环境，都是自己造成的。

**26** 中书舍人高参建议分派沈氏族人访求失踪的太后，十月庚寅日（本月无此日），任命睦王李述为奉迎使，工部尚书乔琳为副使，又任命沈氏四人为判官，与宦官分别到诸道寻访。（最后还是没有找到。）

**27** 十一月，皇帝下诏，除了待制官（等待诏命的意思，为皇帝提供咨询的近臣）之外，再增加朝集使（各郡每年遣使进京报告郡政及财政情况的官员）二人，向他们咨询时政得失，以及远方百姓的疾苦。

**28** 之前，公主下嫁，公婆都要向她下拜，而公主并不答礼。皇帝命礼官制定公主拜见公婆及夫婿的叔父、兄长、姐姐的礼仪，公婆于中堂坐着接受跪拜，叔父、兄长、姐姐于东厢站立接受，跟普通百姓家人之礼一样。有一位县主（亲王之女）将嫁，已择定十一月十七日举行婚礼，当天，皇帝的堂妹去世，于是命令取消婚礼。有司上奏说："婚礼准备已经完成，况且未成年人去世，不足以妨碍其他喜事。"皇帝说："尔爱其费，我爱其礼。"于是取消。

至德年以来，国家多事，公主、郡主、县主多不能在适婚年龄出嫁。有的头发花白了，还住在皇宫里，十年也没见过皇帝。德宗开始引见诸宗室女儿，向长辈致敬，向晚辈慰问，安排她们全部出嫁。所置送的嫁妆，必定亲自用心过目。十一月十九、二十日两天，嫁出岳阳等九十一个县主。

**【华杉讲透】**

皇帝说："尔爱其费，我爱其礼。"你爱惜钱财，我爱惜那礼节。这是引用《论语》的话："子贡欲去告朔之饩羊。子曰：'赐也，尔爱其羊，我爱其礼。'"

告，即告庙、祭告祖庙，告朔，指每月初一在祖庙祭告。依据周礼，每年岁末，周天子向诸侯颁布明年的历书，有没有闰月，每月初一是哪一天，这叫颁告朔。诸侯接回这一历书，供在祖庙，每月初一的时候，便杀一只活羊，祭于庙，这是告朔的仪式，也是向国内人民宣布，今天是初一。饩，就是指祭祀用的活牲畜。

行完告朔之礼，国君回到朝廷，朝会听政，开月例会，这叫听朔或视朔。

到孔子的时候，鲁君已经懒得去祭庙告朔了，月例会也不开了。但鲁国祖庙里每月初一照样杀一只羊。子贡觉得仪式也没了，朝会也不开了，白白可惜一只羊，就想不杀羊了。

孔子反对，说："赐也，尔爱其羊，我爱其礼。"子贡啊！你可惜那只羊，我可惜那礼呀！

礼虽然被废了，朝会也被废了，但若这羊还在，则精神符号还在。或许下一任新君继位，励精图治，他问这每月为什么要杀一只羊啊？还能引出这礼来，恢复告朔，恢复朝会听政。若你因为国君懈怠，把这羊也省了，这老礼儿，这规矩，就彻底失传了。

最后一句，"嫁岳阳等九十一县主"，也有的版本是"嫁岳阳等凡十一县主"。九十一个县主同时出嫁有点惊人，也可能是十一个。

**29** 吐蕃看见韦伦又来了，更加喜悦。十二月一日，韦伦回京，吐蕃派丞相论钦明思等和他一起，入朝进贡。

**30** 本年，册封太子的母亲王氏为淑妃。

**31** 本年人口普查，天下纳税的有三百零八万五千零七十六户，登记在册的士兵有七十六万八千余人，税钱有一千零八十九万八千余缗，谷米有二百一十五万七千余斛。

# 建中二年（公元781年）

## 李惟岳求袭父位不得，勾结李正己、田悦反叛朝廷

**1** 春，正月九日，成德节度使李宝臣薨逝。李宝臣想要把军府传给他的儿子、行军司马李惟岳，但因为他年纪太轻，又软弱无能，就预先诛杀诸将之中难以控制的深州刺史张献诚等人，以至于有十几个人同日

被杀。李宝臣召易州刺史张孝忠，张孝忠不去，李宝臣派他的弟弟张孝节去召他。张孝忠让张孝节回去对李宝臣说："诸将何罪，连颈受戮！孝忠惧死，不敢前往，也不敢反叛，就像您不入朝的原因一样。"张孝节哭泣说："我回去这么说，他一定杀了我。"张孝忠说："如果我跟你一起去，就一起被杀，我在此，他必定不敢杀你。"于是张孝节回去，李宝臣也不加罪。

兵马使王武俊，官位卑微，但是非常勇猛，所以李宝臣特别喜爱他，把女儿嫁给他的儿子王士真，王士真又深相结交李宝臣左右。所以只有张孝忠、王武俊得以保全。

李宝臣薨逝之后，孔目官胡震、家僮王他奴劝李惟岳秘不发丧二十余日，伪造李宝臣表章，请求皇帝令李惟岳继承其位，皇帝不许。派给事中、汲人班宏前往探问李宝臣的病情，并且晓谕他。李惟岳以厚资贿赂班宏，班宏不收，回去报告。李惟岳于是发丧，自任为留后，派将佐联名上奏，求节度使旌节，皇帝又不许。当初，李宝臣与李正己、田承嗣、梁崇义相互结纳，都希望能把土地传给子孙。所以田承嗣死时，李宝臣极力为他向朝廷申请，请求将符节授给田悦；代宗听从。田悦刚刚袭位时，侍奉朝廷的礼数非常恭敬，河东节度使马燧上表说田悦必反，请朝廷事先防备。至此，田悦屡次为李惟岳上表请求继袭，皇帝想要改革以前的弊病，不许。有人进谏说："李惟岳已经占据父业，不顺势任命他，必定为乱。"皇帝说："贼本来没有资本作乱，都是靠着我的土地，借用我给的位号，以号召聚集部众。以前满足他们的欲望而给他们的太多了，而祸乱更加滋长。可见爵命并不足以止乱，而恰恰足以长乱。那李惟岳必定作乱，给不给任命都一样。"最终不许。田悦于是与李正己分别派使者联络李惟岳，密谋动员军队，准备抗拒朝命。

魏博节度副使田庭玠对田悦说："你继承伯父遗业，只需谨慎地侍奉朝廷，就可以坐享富贵，这样不好吗？为什么要无故与恒州、郓州一起当叛臣？你看看兵兴以来，叛逆作乱的人，谁能保全他的家族？你如果一定要这么干，那就先杀了我，不要让我看见田氏族灭。"于是称病卧家。田悦亲自前往向他道歉，田庭玠紧闭大门，不让他进入，最后忧郁而死。

成德判官邵真听闻李惟岳的计划，哭泣进谏说："先相公受国厚恩，您还在服丧期间，就急于背叛国家，这太不应该。"劝李惟岳逮捕李正己使者，押送京师，并且请求讨伐李正己，说："如此，朝廷嘉奖您的忠心，说不定还能得到节度使任命。"李惟岳认同，命邵真起草奏章。长史毕华说："先公与二道结好二十余年，为何一朝之内就抛弃？而且就算逮捕了他们的使者，朝廷也未必相信。如果李正己忽然来袭击我们，孤军无援，那怎么办？"李惟岳又听从。

前定州刺史谷从政，是李惟岳的舅舅，有胆略，读书多，王武俊等对他都又敬又怕，李宝臣也忌惮他，谷从政于是声称生病，闭门不见宾客。李惟岳也猜忌他，不和他商量事情，日夜只与胡震、王他奴等计议，准备多散金帛，以取悦将士。谷从政前去见李惟岳，说：

"如今海内无事，从京师来的人，都说天子聪明英武，立志打造太平之世，非常不愿意诸侯的子孙专擅一方。你现在带头违抗诏命，天子必定派诸道兵马讨伐。将士们接受你赏赐的时候，都说愿意为你尽忠效死。而一旦一战不胜，各自爱惜自己生命，谁不离心？而那些掌握兵权的大将，乘你之危，寻找时机，个个都想取下你的人头，来作为自己的功劳。况且你父亲所杀掉的高级将领，数以百计，战败之际，他们的子弟中想要复仇的，还数得过来吗？

"再者，你父亲与幽州有矛盾，朱滔兄弟对我们切齿痛恨，如今天子必定任命他们为讨逆军大将。朱滔与我们相邻，军营中敲梆报时的声音相互都能听见，如果他接到皇帝诏命，疾驱而来，那就跟虎狼扑向猎物一样迅速，我们如何抵挡？

"当年田承嗣跟从安、史父子同反，身经百战，凶悍闻于天下，违抗诏命，举兵造反，自以为天下无敌。等到卢子期被擒，吴希光归国，田承嗣指天号泣，手足无措。全靠你父亲当时按兵不讲，又为他求情，先帝宽仁，才赦免而没有诛杀他，不然，田氏还能有后代吗？何况你生长于富贵之中，年纪尚轻，没有经历过艰难困苦，所以相信左右之言，还想效仿田承嗣的所作所为？为你考虑，不如辞谢将佐，让李惟诚摄领军府，你亲自入朝，乞请留下担任禁军宿卫，乘势举荐李惟诚摄理军事。一切由皇帝决定。皇帝必定喜欢你的忠义，就算不给你一个高官，也不失荣耀和俸禄，永远无忧无虑。不然，大祸将至，悔之何及！

"我也知道，你一向对我疏远猜忌，但念及舅甥之情，又事态紧急，不得不说罢了！"

李惟岳及左右见他言辞急切，更加厌恶。谷从政于是回家，闭门称病。

李惟诚，是李惟岳的庶兄，谦和宽厚，喜好读书，很得人心，他母亲的妹妹是李正己的儿媳。这天，李惟岳把李惟诚送到李正己那里去，李正己让他恢复姓张，留在淄青做官。

李惟岳派王他奴去谷从政家，观察他的起居，谷从政服毒自杀，临死说："我不怕死，只是哀痛张家如今要遭族灭之灾了！"

刘文喜死，李正己、田悦等都心中不能自安；刘晏死，李正己等更加惧怕，相互说："我们的罪恶，岂能与刘晏相比？"正在这时，汴州因为城墙狭隘，动工扩建，东方人讹言说："皇帝打算封禅泰山，所以扩建汴州城。"李正己惧怕，发兵一万人，屯驻曹州。田悦也集结部队防备，与梁崇义、李惟岳遥相呼应，河南士民惊骇慌乱。

永平军之前统领汴州、宋州、滑州、亳州、陈州、颍州、泗州七州，正月十七日，朝廷分割宋州、亳州、颍州，另设一个节度使，由宋州刺史刘洽担任；把泗州划归淮南；又任命东都留守路嗣恭为怀州、郑州、汝州、陕州四州，及河阳三城节度使。十天后，又任命永平节度使李勉统领刘洽、路嗣恭所在二道，将郑州也划归他管辖，选拔曾经做过将领的人为诸州刺史，以防备李正己等人。

**【华杉讲透】**

谷从政讲的道理，非常清楚，也是历史上重复过无数次的故事。举兵造反的人，最大的危险并不在朝廷，而是在自己内部。正如谷从政所言，只要一次战败，跟从的人就没信心了，而最能脱罪又立功的事，就是砍下你的人头，献给朝廷，其收益可能比跟你成功造反还大。

背后的哲学，还是孟子讲的"义利之辩"。你如果讲义，跟你的人都义；你如果是为了利，跟你的人也就一切为了利，而从你身上谋利，比跟从你去外面谋利方便多了。

## 德宗寻母

**2** 当初，高力士有一个养女寡居在洛阳，经常谈起很多宫中故事，洛阳宫中女官李真一怀疑她就是沈太后，派使者到京师汇报。皇帝听闻，惊喜。当时沈氏故老都已经死光了，没有人认识太后，皇帝派宦官、宫女前往调查，其与太后的年龄、相貌颇为相同，宦官、宫女们也不认识太后，但都说她就是。高氏辞称自己确实不是太后，而去调查的人更加怀疑她就是，强迎她住进上阳宫。皇帝派出宫女一百余人，带着乘舆御物到上阳宫供奉。左右千方百计引诱劝说，高氏心动，于是自称就是太后。调查人员飞马入宫上奏，皇帝大喜。

二月二日，虽然是双日，皇帝仍然登殿上朝（按规矩是单日上朝），群臣都入朝道贺。皇帝下诏，命有司制定奉迎太后的礼仪。高氏的弟弟高承悦在长安，害怕现在如果不说出来，以后要被治罪，于是报告事情本末。皇帝命高力士的养孙樊景超前往复查，樊景超看见高氏住在皇宫内殿，以太后自居，左右侍卫非常严密。樊景超对高氏说："姑妈为什么要把自己放在剁肉的砧板上？"左右呵斥樊景超，让他下去，樊景超大声说："皇帝有诏，太后是假的，左右可以下殿。"左右都下殿。高氏才说："我是被人强迫的，这并不是我的意思。"以牛车载她回家。皇帝担心后来的人不敢再说自己是太后，全都不怪罪，说："我宁愿被骗一百次，或许能找到母亲。"自此之后，全国声称找到太后的又有四次，但最后都不是，而真太后最终没有被找到。

**【华杉讲透】**

皇帝想要找到失踪的母亲，而洛阳和长安的宫女、宦官们都想立下这件奇功，换取富贵，就一起诱骗高氏假冒太后，哄骗皇帝。皇帝全都不问罪，这是"千金市骨"的智慧。当然，这智慧或许并非来自智力，而是思念母亲的感情和对自己身世的悲伤，母亲失踪，或许沦落为奴，或许早就死了，自己贵为天子，却无计可施，这就是无法抗拒的命运。

**3** 御史中丞卢杞，是卢奕之子，貌丑，脸上有大块蓝色胎记，有口才；皇帝喜欢他，二月十八日，擢升为大夫，兼领京畿观察使。郭子仪每次接见宾客，姬妾不离身侧。卢杞曾经前往探病，郭子仪屏退全部侍妾，独自靠着床几接待。有人问他缘故，郭子仪说："卢杞貌丑而心险，妇人辈见了他必定会发笑，如果得罪了他，以后他若得志，我们家就要被灭族！"

杨炎既杀了刘晏，朝野侧目，李正己累次上表，要求公布刘晏罪状，讥斥朝廷。杨炎惧怕，派心腹分别到诸道，以宣慰为名，实际上是秘密告诉节度使们说："刘晏依附奸邪，建议先帝立独孤皇后，皇帝怨恨，自己杀了他。"皇帝听闻，非常厌恶，由此有诛杀杨炎之志，隐而未发。二月十六日，调任杨炎为中书侍郎，擢升卢杞为门下侍郎，并兼任同平章事，不专任杨炎了。卢杞相貌丑陋，又没有学问，杨炎轻视他，多假托生病，不和他同桌吃饭；卢杞也恨他。卢杞阴险狡诈，想要起势立威，稍微不阿附他的，都必欲置之死地，引荐太常博士裴延龄为集贤殿直学士，亲近信任他。

**【华杉讲透】**

有缺陷的人容易自卑，自卑的人特别需要尊重。你尊重他，能得到超额回报；轻视他，则会招来凶狠报复。郭子仪明白这个道理，杨炎则不明白。

**4** 二月十七日，汴宋军更名为宣武军。

**5** 振武节度使彭令芳苛刻暴虐，监军刘惠光贪婪，激起兵变。二月二十六日，军士们一起将二人杀死。

**6** 征发京西秋季边防兵一万二千人戍防关东。皇帝到望春楼宴劳将士，唯独神策军将士不喝酒，皇帝派人诘问，将领杨惠元回答说："臣等从奉天出发时，军帅张巨济告诫我们说：'此行如果大建功名，凯旋之日，我与你们一起欢庆。在打胜仗之前，不要饮酒。'所以不敢奉诏。"等到出师，有司沿道设置酒食，唯独杨惠元所部没有打开一瓶酒。皇帝深为叹美，赐书慰劳。杨惠元，是平州人。

**7** 三月，在郾城设置溵州。

**8** 三月二十二日，任命汾州刺史王翃为振武军使，兼任镇北、绥州、银州等州留后。

**9** 派殿中少监崔汉衡出使吐蕃。

**10** 梁崇义虽与李正己等联合，但兵势寡弱，对朝廷礼数最恭敬。有人劝他入朝，梁崇义说："来公（来瑱）于国有大功（平定安史之乱），上元中年为宦宦谗言陷害，被肃宗猜疑，拖延而不敢应召进京；等到代宗嗣位，他马上入朝，结果被灭族。像我这种长年累积了这么多罪状的人，怎么能去？"

淮宁节度使李希烈屡次请求讨伐，梁崇义更加惧怕，增修武备。流民郭昔告发说梁崇义要叛变，梁崇义听闻，请朝廷给自己定罪。皇帝为此杖打郭昔，流放远方；又派金部员外郎李舟到襄州，晓谕圣旨，以安抚梁崇义。

李舟曾经奉使去见刘文喜，为他陈述祸福之道，刘文喜将他囚禁，正巧帐下将士杀死刘文喜，投降朝廷，诸道飞扬跋扈的节度使们听闻，都以为李舟能覆城杀将。李舟到了襄州，梁崇义厌恶他。李舟又劝梁崇义入朝，言辞颇为急切耿直，梁崇义更加不悦。这次朝廷遣使宣慰诸道，李舟又被派往襄州，梁崇义拒绝他入境，上言说："军中疑惧，请换成其他的使者。"

当时，黄河两岸诸镇都对朝廷猜疑不定，皇帝想要展示恩信以安抚他们，夏，四月二日（原文为"庚寅日"，根据柏杨考证修改），加授梁崇义为同平章事，妻子、儿子全都加以封赏，赐以铁券；派御史张著带着手诏征召他入朝，并任命他的裨将蔺杲为邓州刺史。

**11** 五月八日，因为兴兵打仗，将商税增至十分之一。

**12** 田悦最终与李正己、李惟岳定计，结成联盟，抗拒朝廷，派兵马使孟祐率步骑兵五千人北上增援李惟岳。

薛嵩死时，田承嗣盗据洺州、相州二州，朝廷只得到邢州、磁州二州及临洺县。田悦打算利用山脉划分边境，说："邢州、磁州就如同两只眼睛，在我腹中，不可不取。"于是派兵马使康愔率八千人包围邢州，别将杨朝光率五千人于邯郸西北设置栅栏，以阻断昭义救兵，田悦亲自将兵数万人，包围临洺。邢州刺史李共、临洺守将张伾坚壁拒守。

贝州刺史邢曹俊，是田承嗣旧将，老而有谋，田悦宠信牙官扈崿，而疏远他，等到攻打临洺，召邢曹俊问计，邢曹俊说："兵法十围五攻；尚书以逆犯顺，更加处于弱势。如今军队受阻于坚城之下，粮食吃完，又没有援兵，这是自取灭亡。不如派一万人防守嶂口，阻遏西方来的敌军，则河北二十四州都为尚书所有了。"诸将厌恶他的意见与自己不一致，一起诋毁他，田悦于是不用他的计策。

**【华杉讲透】**

### 人最大的美德在于与人为善，能够舍己从人

邢曹俊说"兵法十围五攻"，是指《孙子兵法》的兵力原则，"十则围之，五则攻之"，围城需要十倍兵力，进攻需要五倍兵力，因为防

御比进攻要容易。田悦是以逆犯顺，反叛朝廷，政治上不占道义，就更加没有胜算。兵法贵在"知胜"，即在开打之前，要知道自己有没有胜算，开战前部署错了，打起来就没法赢。诸将反对邢曹俊，并不是他们有什么判断，而是因为邢曹俊的意见和他们不一样，如果听了邢曹俊的，就是他们之前错了，没面子。田悦不懂得人性，人们表面上是坚持自己的看法，实际上是维护自己的面子，田悦就上了"面子的当"。在要面子还是要命的选择上，一些人可能会选择要面子。所以孟子说："君子莫大乎与人为善。"人最大的美德，莫过于与人为善。与人为善，不是说对人好，而是当别人的看法、做法比我的好时，我就能舍己从人，放弃自己的看法、做法，选择听从他。

# 德宗神武圣文皇帝二

## 建中二年（公元781年）

**1** 六月三日，任命浙江东西观察使、苏州刺史韩滉为润州刺史、浙江东西节度使，将他的部队命名为镇海军。

### 李希烈被派讨伐梁崇义，郭子仪薨逝

**2** 张著抵达襄阳，梁崇义更加恐惧，把军队布置森严，然后再接见他。蔺杲接到任命他为邓州刺史的诏书，不敢拆封，飞驰去见梁崇义，请示怎么办。梁崇义对着张著，只是号哭，最终不受诏，拒绝入朝。张著只好自己回京复命。

六月六日，晋封李希烈为南平郡王，加授汉南、汉北兵马招讨使，督率诸道兵讨伐梁崇义。杨炎进谏说："李希烈是董秦养子，董秦亲近信

任他的程度无可比拟，而他最终却驱逐董秦，夺了他的权位。此人狼子野心，六亲不认，没有功劳，尚且倔强不法，如果他讨平了梁崇义，还怎么能控制他？"皇帝不听。杨炎坚决争执，皇帝更加愤愤不平。

荆南牙门将吴少诚向李希烈讲献取梁崇义之策，李希烈以吴少诚为前锋。吴少诚，是幽州潞县人。

当时内自关中，西到蜀、汉，南尽江、淮、闽、越，北至太原，全国各地都出兵开往前线，而李正己派兵扼守徐州甬桥、涡口，梁崇义阻兵襄阳，运输道路全部被切断，人心震恐。江、淮进贡的船队一千余艘，停泊在涡口，不敢前进。皇帝任命和州刺史张万福为濠州刺史。张万福飞驰到涡口，跨在马上，立于岸边，命令船队开航，淄青将士在对岸观看，不敢行动。

**3** 六月十四日，汾阳忠武王郭子仪薨逝。郭子仪为上将，坐拥强兵，程元振、鱼朝恩百般谗言诽谤陷害他；但只要皇帝发出一纸诏书征召他，他没有一次不是即日上道，所以那些谗言诽谤也就不起作用。郭子仪曾经派使者去田承嗣那里，田承嗣面向西方下跪叩头说："我这膝盖不屈于人已经好多年了！"李灵曜占据汴州作乱，公私财物经过汴州的，全部被扣留，唯独郭子仪的东西，他不敢靠近，还派兵卫送出境。郭子仪兼任中书令二十四年，每月俸钱二万缗，私产收入还不包括在内；府库里珍货堆积如山。家人三千，八个儿子、七个女婿都为朝廷显官；孙子数十人，每次问安，他都不能全部认识，只是点头而已。仆固怀恩、李怀光、浑瑊等都出自他麾下，虽然贵为王公，但郭子仪对他们随意役使，他们也甘愿听命，跑得飞快，郭子仪的家人也把他们当家奴看。天下安危，全都靠他，前后三十年，功盖天下而主不疑，位极人臣而众不疾，穷奢极欲而人不非之，年八十五而终。他的将佐做到大官、名臣的，非常多。

**【华杉讲透】**

这三句舍不得译："功盖天下而主不疑，位极人臣而众不疾，穷奢极欲而人不非之。"功盖天下，权势熏天，但是皇帝并不猜疑他；位极人臣，一人之下，万人之上，而众臣都不嫉妒他；穷奢极侈，富甲天下，而舆论并不非议他，都觉得这是他该得的。而且，他还活了八十五岁！郭子仪在险恶的政治环境中，实现了代表中国人梦想的词汇——荣华富贵、一生平安、子孙满堂、望子成龙、健康长寿。在中国文化中，他就是"洪福齐天"的终极梦想的代表。

他是怎么做到的呢？五条原因。

第一条，是真人、真心、真本事。首先是有本事，没本事，就没价值，做什么也没用。

第二条，是诚意正心不设防。郭子仪忠君爱国，无私无我，始终抱着一种"精忠报国，等待被诛杀"的态度，皇帝冤杀我，我也认！对皇帝绝不设防，任何时候，皇帝一招呼，马上就去。几次下来，奸臣陷害他的谗言，也就失效了。

第三条，是绝不眷恋权力。他从来不认为权力是自己的，权力是皇帝的，自己的命都是皇帝的，更别说权力了。所以，皇帝夺他兵权的时候，他马上就交权。大家看到他权倾天下，却往往忘记了他被剥夺兵权、赋闲在家多年的事实。而随时能听从诏命，无条件放弃权力，正是他后来获得权力的原因。

第四条，是从不得罪人，在待人接物上，时刻小心翼翼。前面讲到他对卢杞的态度，就是非常生动的例子。而对那些陷害他的奸臣，他也从不报复。奸臣虐我千百遍，我待奸臣如初恋。因为所谓奸臣，不过是皇帝的另一面，也代表皇帝。

第五条，是运气！他的这些"方法"，并不适用于所有人，因为他能活下来也靠运气，中间只要有一次出差错，脑袋也就掉了。郭子仪的成功，是小概率事件。

这些都做到了，郭子仪就与皇帝和所有人建立了牢固的"心理契约"，心理契约比丹书铁券有用一万倍，而心理契约不是歃血为盟，而是血脉交融，合同条款流淌在彼此的血脉里，这个读者自己体会。

前面的都是"甲方权益"，郭子仪的心理契约，后面还有一条"乙方权益"，就是我要荣华富贵，穷奢极侈。大家也都认了，所以他"穷奢极欲而人不非之"。

这就是郭子仪的出息，但也就这点出息了。

郭子仪的故事，被广泛雕刻在中国民居的砖雕上，一千多年来，大家都羡慕他。

**4** 六月二十五日，任命怀、郑、河阳节度副使李芃为河阳、怀州节度使，在东畿（洛阳属县）划出五个县隶属他管辖。

**5** 北庭、安西自从吐蕃攻陷河、陇地区以来，与中原隔绝不通，伊西、北庭节度使李元忠，四镇留后郭昕帅将士闭境拒守，数次遣使奉表朝廷，都不能送达，声讯断绝十余年。至此，他们遣使穿越诸胡人地区，绕道回纥，终于抵达长安，皇帝嘉勉他们。

秋，七月一日，加授李元忠为北庭大都护，赐爵宁塞郡王；任命郭昕为安西大都护、四镇节度使，赐爵武威郡王；将士们都连升七级。李元忠的姓名，是朝廷所赐，本姓曹，名令忠；郭昕，是郭子仪弟弟的儿子。

**6** 李希烈因为久雨，没有进军，皇帝觉得奇怪，卢杞暗中对皇帝说："李希烈拖延，是因为杨炎。陛下为何爱惜杨炎的面子，而破坏国家大事？不如暂时免去杨炎的宰相职务，以取悦李希烈，等战事平定之后，再恢复杨炎原职，也没关系。"皇帝以为然。

七月三日，调任杨炎为左仆射，罢免宰相职务。任命前永平节度使张镒为中书侍郎、同平章事。张镒，是张齐丘之子。又任命朔方节度使崔宁为右仆射。

**7** 七月十九日，追赠已故的伊州刺史袁光庭为工部尚书。袁光庭天宝末年为伊州刺史，吐蕃攻陷河、陇地区，袁光庭坚守数年，吐蕃百方引诱，都拒绝投降。粮竭兵尽，城池眼看就要陷落，袁光庭先杀死妻儿，然后自焚。郭昕的使者抵达京师，朝廷才知道这件事，所以给他追赠官职。

**8** 七月二十四日，任命邠宁节度使李怀光兼朔方节度使。

**9** 七月二十六日，河东节度使马燧、昭义节度使李抱真、神策先锋都知兵马使李晟，于临洺大破田悦。当时田悦攻打临洺，数月不能攻拔，城中粮食将尽，府库空竭，士卒多死伤。张伾把自己的爱女梳妆打扮，让她出来向将士们跪拜，说："各位坚守岗位，战斗非常艰苦，我家没有其他东西，就有这一个女儿，现在把她卖了，供应将士们一天的费用。"众人皆哭，说："愿尽死力，不敢要赏赐！"李抱真向朝廷告急，皇帝下诏，命马燧率步骑兵二万人与李抱真一起讨伐田悦，又派李晟率神策兵与他同行；又下诏命幽州留后朱滔讨伐李惟岳。马燧等军在还未走出险关隘道之前，先遣使送信给田悦，好言好语，田悦以为马燧怕他，不设防备，马燧于是与李抱真合兵八万，东下壶关，驻军于邯郸，攻击田悦支军，击破。田悦正在急攻临洺，分李惟岳兵五千人援助杨朝光。第二天，马燧等进攻杨朝光栅栏，田悦率一万余人救援，马燧命大将李自良等在双冈抵御，命令他说："田悦如果得以通过，我必定将你斩首！"李自良等力战，田悦军退却。马燧推火车焚毁杨朝光栅栏，斩杨朝光，斩首及俘虏五千余人。五天后，马燧等进军抵达临洺，田悦全军力战，前后一百余回合，田悦兵大败，被斩首一万余级。田悦引兵连夜逃遁，邢州也解除包围。

当时平卢节度使李正己已经薨逝，儿子李纳秘不发丧，自行主掌军务。田悦求救于李纳及李惟岳，李纳派大将卫俊率军一万人，李惟岳派兵三千人救援。田悦收合散卒，得二万余人，驻军于洹水；淄青军在其东，成德军在其西，首尾相应。马燧率诸军进屯邺城，上奏请求派河阳兵援助；皇帝下诏，命河阳节度使李芄率军前往会师。

**10** 八月，李纳才为父亲发丧，奏请继承父位，皇帝不许。

**11** 梁崇义发兵攻打江陵，抵达四望，大败而归，于是收兵，把所有部队集中到襄州、邓州。李希烈引军顺着汉水而上，与诸道兵会师；梁崇义派部将翟晖、杜少诚迎战于蛮水，李希烈将他们打得大败；追到疏口，再次击败他们。二将请降，李希烈让他们率领部众先进入襄阳城慰劳晓谕军民。梁崇义下令闭城拒守，但守门军士打开城门，争相逃出，不可禁止。梁崇义与妻子跳井自杀，尸体被捞出，砍下首级，送到京师。

**12** 范阳节度使朱滔将要讨伐李惟岳，驻军于莫州。张孝忠率精兵八千人镇守易州，朱滔派判官蔡雄对张孝忠说："李惟岳乳臭小儿，敢抗拒朝命；如今昭义、河东军已击破田悦，淮宁军李仆射已攻克襄阳，算计下来，河南诸军随时就会北上，恒州、魏州的覆亡，指日可待。假如使君能首先献出易州，归顺朝廷，则击破李惟岳的首功就从使君开始，这是转祸为福之策。"张孝忠赞同，派牙官程华到朱滔处，又派录事参军董稹带着奏章到京师，朱滔又上表举荐他；皇帝喜悦。九月六日，任命张孝忠为成德节度使。

皇帝命李惟岳护送父亲灵柩回京，李惟岳不从。

张孝忠感激朱滔，为儿子张茂和娶朱滔的女儿为妻，二人深相交结。

**13** 九月七日，加授李希烈为同平章事。

**14** 当初，李希烈请讨梁崇义，皇帝对朝臣们赞扬他的忠诚。黜陟使李承从淮西回来，对皇帝说："李希烈必定能立一点小功劳；但恐怕有功之后，骄横不臣，更要麻烦朝廷用兵了。"皇帝不以为然。

李希烈既得了襄阳，就据为己有，皇帝这才想起李承的话。当时李承为河中尹，九月九日，任命李承为山南东道节度使。皇帝想要派禁兵护送他上任，李承只要单人匹马前往。到了襄阳，李希烈把他安置在外馆，万方威胁逼迫，李承誓死不屈，李希烈于是在襄阳全境大肆抢劫，然后离去。李承治理襄阳，经过一年，军府稍微完备。李希烈留牙将于襄州，看守他所抢掠的财物，由此不时有使者往来。李承也派他的心腹臧叔雅往来许州、蔡州，用厚重礼物结交李希烈的心腹周曾等，与他们秘密图谋李希烈。

**【华杉讲透】**

皇帝要派禁兵护送，李承不要，因为兵少了，没有意义，现在又不和李希烈开战，带兵做什么呢？于是单骑而去，坦坦荡荡，代表朝廷来接收襄阳。李希烈如果不交出襄阳，就是公开反叛。所以他对李承万方威胁逼迫，而李承誓死不屈，他也就无可奈何，只好交割。现在还不是摊牌的时候，大家各自准备，图穷匕见的时候再开战吧。

**15** 当初，太子太师萧嵩的家庙建在曲江边，唐玄宗认为那是娱乐游玩的地方，不适合神灵居住，命令迁走。杨炎为相，厌恶京兆尹严郢，把他贬为大理卿。卢杞想要陷害杨炎，提拔严郢为御史大夫。

之前，杨炎准备建造家庙，他在东都洛阳有一所住宅，委托河南尹赵惠伯出售，赵惠伯将宅子买下，作为官衙，严郢调查，认为有溢价盈利。卢杞召大理正田晋，问他依法应该如何处理，田晋认为："按法律规定，主管官员采购有获利，以索贿论，应当免职。"卢杞怒，贬田晋为衡州司马。另召其他官吏议法，认为："监主自盗，应当处以绞刑。"杨炎的家庙，正好建在萧嵩家庙故地，卢杞于是谗言陷害杨炎，说："这块地有王气，所以玄宗令萧嵩迁走。杨炎有异志，所以在这块地建家庙。"

冬，十月十日，杨炎从左仆射贬为崖州司马。派宦官护送，走到距崖州还有一百里处，将他缢杀。赵惠伯从河中尹贬为费州多田县尉。不久也被诛杀。

**16** 辛巳（十月无此日），册封萧氏为太子妃。

**17** 十月十八日，祫祭太庙。之前，太祖牌位面向正东，献、懿二祖（李虎的父亲李熙、祖父李天赐）的牌位收藏在西夹室，没有香火。至此，把献祖的牌位拿出来，也东向供奉香火。

**18** 徐州刺史李洧，是李正己的堂兄。李纳入寇宋州，彭城县令太原人、白季庚游说李洧献出本州，归顺朝廷，李洧听从，派摄巡官崔程奉表到京师，并让他口头奏报，并报告宰相，说："徐州不能单独抵抗李纳，乞请让我兼领徐州、海州、沂州三州观察使，况且海州、沂州二州，如今皆为李纳所有。我与刺史王涉、马万通一向有约定，只要得到朝廷诏书，必能成功。"崔程从外地来，以为只有一个宰相，先报告张镒，张镒转告卢杞。卢杞愤怒崔程没有先向自己汇报，不批准他的申请。十月二十三日，加授李洧为御史大夫，兼招谕使。

**19** 十一月四日，把永乐公主下嫁检校比部郎中田华为妻，这是先帝曾经许诺的，皇帝不愿违背先帝心意。

**20** 蜀王李傀，更名为李遂。

## 朔方军于徐州大破淄青、魏博叛军

**21** 十一月七日，宣武节度使刘洽，神策都知兵马使曲环，滑州刺史、襄平人李澄，朔方大将唐朝臣，于徐州大破淄青、魏博叛军。

之前，李纳派部将王温与魏博军将领信都崇庆共同攻打徐州，李洧派牙官、温县人王智兴到京师告急。王智兴善于奔走，不到五天就抵达。皇帝为他发朔方兵五千人，以唐朝臣为将，与刘洽、曲环、李澄共同救援。当时朔方军物资装备没有送到，军旗、军服都很破烂。宣武军士兵对他们嗤之以鼻，说："一群乞丐，能打胜仗吗？"唐朝臣用这些话激怒士卒，并说："都统有令，先攻破贼营者，营中财物全部给他。"士卒都奋勇争先。

信都崇庆与王温攻打彭城，二十天不能攻下，向李纳求救兵。李纳派部将石隐金率一万人援助，与刘洽等相拒于七里沟。天色将晚，刘洽引军稍稍退却，朔方马军使杨朝晟对唐朝臣说："公率步兵背山扎营，严阵以待两支叛军，我率骑兵埋伏于山坳，贼军看见公孤军深入，必定上前搏战；我率伏兵拦腰伏击，可以击败他们。"唐朝臣听从。信都崇庆等果然率骑兵二千人过桥向西，追击官军，伏兵发动，拦腰横击。信都崇庆等兵被截成两节，狼狈而返，退守桥头，以拒官军。士兵有的争抢上桥受阻，便涉水而渡。杨朝晟指着说："他们可以涉水，我们为何不能？"于是涉水追击，占据桥头的叛军士兵也都退走，信都崇庆等兵大溃；刘洽等乘势追击，斩首八千级，溺死过半。朔方军士缴获叛军全部辎重，军旗、军服鲜艳华丽，于是对宣武人说："乞丐的战功，与你们宣武军相比如何？"宣武军都羞惭。官军乘胜逐北，抵达徐州城下，魏博、淄青军解围退走，江、淮漕运这才打通。

**【华杉讲透】**

从这段战史记叙来看，属于《孙子兵法·地形篇》的"支形"，官军采用的，是支形的标准战术。什么是支形呢？《孙子兵法》说："我出而不利，彼出而不利，曰支。支形者，敌虽利我，我无出也，引而去之，令敌半出而击之利。"

敌我双方处在隘路的两端，谁先出动，就对谁不利，这就叫支形。比如两军之间相隔一个峡谷，谁去攻打，都要先经过峡谷，经过峡谷时，就容易中对方埋伏。或者两军隔河对峙，谁要进攻，都得渡河，这就给对方半渡而击的机会，所以谁都不想先进攻。在这次战斗中，两军隔着七里沟对峙，就是标准的支形。兵法说，遇到这种支形，敌人虽然利诱我，我也不出击。我们应引军离开，让敌人出击，出了一半我们再出伏兵攻击他。

我们来看战斗经过，官军刘洽部先稍稍退却，唐朝臣部孤军大摇大摆地在山坡上列阵作为诱饵，引诱信都崇庆进攻，而杨朝晟部埋伏等待。这就是支形的教科书式战术。

我们也可以用《孙子兵法》中"以正合，以奇胜"的分战法来解读。此时官军是一正两奇，表面上唐朝臣部为正兵（**先出战**），刘洽、杨朝晟为两支奇兵（**预备队**），接着是正奇转换。信都崇庆上当，发动攻击，此时杨朝晟部伏兵出击，转换为正兵——以正合——先合战。唐朝臣部转换为奇兵了。然后刘洽杀回，与唐朝臣部合兵一处，两支奇兵加入战斗——以奇胜——信都崇庆大败。

对兵法有兴趣的读者可以参阅拙作《华杉讲透〈孙子兵法〉》。

**22** 十一月十五日，皇帝下诏，削夺李惟岳官爵；招募他的部属投降，给予赦免和赏赐。

**23** 十一月三十日，淮南节度使陈少游派兵攻击海州，刺史王涉献出州城投降。

**24** 十二月，李纳的密州刺史马万通乞降；十二月十三日，朝廷任命马万通为密州刺史。

**25** 崔汉衡抵达吐蕃，赞普认为，皇帝敕书中把吐蕃送给唐朝的礼物称为"贡献"，而唐朝给吐蕃的礼物则称为"赐"，完全是把吐蕃当藩臣对待。又，云州之西，应当以贺兰山为边境，要求崔汉衡改正。

十二月二十三日，崔汉衡派判官与吐蕃使者入朝上奏。皇帝为之修改敕书，修订边境，满足赞普全部要求。

**26** 加授马燧为魏博招讨使。

## 建中三年（公元782年）

**1** 春，正月，河阳节度使李芃引兵进逼卫州，田悦守将任履虚诈降，不久复叛。

### 马燧率军大破田悦军，王武俊杀死李惟岳

**2** 马燧等诸军屯于漳滨。田悦派部将王光进修筑半月形城堡，以把守长桥，诸军无法渡河。马燧以铁锁连车数百乘，装上土囊，在下游沉入水中，水浅，诸军涉水而渡。当时军中缺粮，田悦等深壁不战。马燧命诸军带十日粮食，进兵屯驻仓口，与田悦在洹水两岸对峙。李抱真、李芃问："粮少而深入，为何？"马燧说："我军粮少，必须速战速决，如今三镇连兵不战，是想要拖垮我军。我若分军击其左右，田悦必定救援，则我军腹背受敌，战必不利。所以进逼田悦，这就是兵法所言'攻其所必救'。他如果出战，我必定为诸君击破他。"于是在洹水上架起三道桥梁，每天前往挑战，田悦不出战。马燧令诸军半夜起来吃饭，沿着洹水，直扑魏州，下令说："如果敌军追来，就停下列阵。"留下骑兵一百人，在营中击鼓鸣角，并拿着火把，抱着干柴，等诸军全都出发后，就停止擂鼓，藏起号角；等田悦军渡河后，焚毁桥梁。

官军行进十里之后，田悦收到消息，率淄青、成德步骑兵四万人过桥追击，乘风纵火，鼓噪而进。马燧按兵不动，先割除前面百步内的杂草作为战场，严阵以待，招募勇士五千余人为前列。田悦军抵达，大火熄灭，田悦士气衰退，马燧纵兵攻击，田悦军大败。神策、昭义、河阳军之前稍微退却，见河东军得胜，转回加入战斗，再次击破田悦军。马燧军追奔到河边，三座桥梁已全部焚毁，田悦军大乱，投水淹死的不可胜计，斩首二万余级，俘虏三千余人，尸体相互枕藉，连绵三十余里。

田悦收余兵一千余人退走魏州。马燧与李抱真不和，屯兵于平邑

寺庙，迁延不进。田悦夜里抵达南郭，大将李长春关闭城门，不让他进城，以等待官军，过了很久，天色将明，官军不至，李长春只好开门接纳。田悦杀李长春，登城拒守。城中士卒不满数千，死者亲戚，号哭满街。田悦忧惧，于是手持佩刀，乘马立在府门外，召集全部军民，流泪说："田悦不肖，蒙淄青、成德两位长辈大恩，自不量力，抗拒朝命，丧败至此，让士大夫肝脑涂地，都是田悦之罪。田悦上有老母，不能自杀，愿诸公以此刀砍断田悦首级，提头出城投降马仆射，自取富贵，不要与田悦死在一起！"然后从马上自投于地。将士们争相上前抱起田悦说："尚书举兵起义，不是为一己之私。胜败乃兵家常事。我辈累世受恩，怎么忍心听到这样的话？愿奉尚书一战，不能取胜，也死而无怨。"田悦说："诸公不因为我丧败而抛弃我，我就是死了，于地下也不敢忘记诸君的深情厚意！"于是与诸将各自剪断头发，约为兄弟，誓同生死。拿出府库中所有钱财，又搜刮富民之财，得一百余万，用以奖赏士卒，军心于是安定。又召来贝州刺史邢曹俊，命他整顿部伍，修缮守备，军势再次振作起来。

李纳军在濮阳，为河南军所逼，奔还濮州，向魏州求援。田悦派军使符璘率骑兵三百人前往，符璘的父亲符令奇对符璘说："我老了，历观安、史辈叛乱者，如今都在哪里？田氏能长久吗？你如果能乘此机会弃逆从顺，就是让父亲我扬名于后世了。"父子咬臂诀别。符璘于是与副将李瑶率众投降马燧。田悦收捕他的家族，符令奇谩骂而死。李瑶的父亲李再春献出博州投降，田悦的堂兄田昂献出洺州投降，王光进献出长桥投降。田悦入城十几天，马燧等诸军才抵达城下，攻城，不克。

### 【华杉讲透】

马燧所言"攻其所必救"，出自《孙子兵法·虚实篇》："故我欲战，敌虽高垒深沟，不得不与我战者，攻其所必救也。"官军缺粮，田悦坚壁不战，准备耗死官军。马燧于是率军直扑田悦老巢魏州，田悦怕丢了老巢，必须来救。而马燧的目的，并非魏州，而是把田悦调出营垒，和他野战。虚实，就是把敌人由实转虚，让我军由虚转实。敌人深沟高垒，在城堡里面，他守得很坚实；我军粮食快吃光了，再不战就得饿死，越来越虚。攻其所必救，把他从城堡里调出来，他就由实转虚了；我军事先选好战场，严阵以待，就是由虚转实。我实敌虚，就可以实击虚。

**3** 正月十二日，李惟岳派兵增援孟祐，镇守束鹿，朱滔、张孝忠攻拔束鹿，进兵包围深州。李惟岳忧惧，掌书记邵真再次游说李惟岳，秘密上表朝廷，先派弟弟李惟简入朝，然后诛杀诸将之中不听命令的，亲自入朝，让岳父冀州刺史郑诜暂时代理节度使，以等待朝廷命令。

李惟简动身之后，孟祐知道他的密谋，秘密派使者告诉田悦。田悦大怒，派衙官扈岌前往见李惟岳，责备他说："田尚书举兵，是为您索求节度使旌节而已，不是为他自己。如今您听信邵真之言，派弟弟奉表朝廷，把反逆之罪全都推给田尚书，以求自己清白，田尚书有什么地方辜负了您，以至于此？如果您现在斩了邵真，则相待如初；不然，当与您绝交了。"

判官毕华对李惟岳说："田尚书因为您，身陷重围，您一旦背弃他，这是不义之极。况且魏博、淄青兵强食富，足以对抗天下，形势尚未可知，为什么急着三心二意呢？"李惟岳一向懦弱胆怯，不能坚守之前的计划，于是把邵真带上来，当着扈岌的面斩了；发成德兵一万人，与孟祐一起包围束鹿。

正月十二日，朱滔、张孝忠与恒州军战于束鹿城下，李惟岳大败，烧毁军营逃遁。

兵马使王武俊被左右所构陷，李惟岳怀疑他，但是爱惜他的才能，还不忍心铲除。束鹿之战中，命王武俊为前锋，王武俊暗中考虑说："我击破朱滔，则李惟岳军势大振，回来必定要杀我。"所以作战不用全力，于是战败。

朱滔打算乘胜攻打恒州，张孝忠引兵返回西北，扎营于义丰。朱滔大惊，张孝忠的将佐们也不理解，张孝忠说："恒州军宿将很多，不可轻视。逼迫他们，则并力死战；缓和一下，他们就开始内斗了。你们等着瞧，我军就待在义丰，坐等李惟岳殄灭。况且朱司徒口气大，见识浅，可以与他善始，难与其善终！"于是朱滔也屯驻在束鹿，不敢前进。

李惟岳的部将康日知献出赵州，归降朝廷，李惟岳更加怀疑王武俊，王武俊非常惧怕。有人对李惟岳说："先相公把王武俊当成心腹，让他辅佐大夫，又有骨肉之亲（王武俊的儿子王士真娶李惟岳的妹妹为妻）。王武俊勇冠三军，如今危难之际，却猜疑他；如果没有王武俊，派谁去为大夫击退敌人呢？"李惟岳以为然，于是命步军使卫常宁与王武俊共同攻击赵州，又命王士真将兵宿卫府中，保卫自己。

【华杉讲透】

### 只想保全自己，不敢担风险的人将承担所有风险

鸿门宴上，项羽被张良蒙骗，范增骂道："竖子不足与谋！"这句话，放李惟岳身上就最合适了，他就是标准的"竖子"，总想保自己安全，对任何一方都没有担当，随时出卖任何人，这就失去了所有人的信任，无论是朝廷、盟友还是下属，最后都只能抛弃他。他不敢担风险，就承担了所有风险的总和，最终只有死路一条了。

**4** 正月二十九日，蜀王李遂更名为李溯。

**5** 淮南节度使陈少游攻拔海州、密州二州，李纳反攻，又把二城收复。

**6** 王武俊出了恒州，对卫常宁说："我今天幸而逃出虎口，不再回去了！当向北归降张尚书。"卫常宁说："李惟岳暗弱，信任左右，看他的形势，最终将被朱滔所灭。如今天子有诏，谁能得到李惟岳的首级，就把李惟岳的官爵赏给他。您一向为众人所服，与其出亡，不如倒戈，取

下李惟岳首级，转祸为福，易如反掌。事情如果失败，那时候再归降张尚书，为时未晚。"王武俊深以为然。正巧李惟岳派要藉（节度使亲卫官）谢遵到赵州城下，王武俊邀请谢遵同谋对付李惟岳。谢遵回去，密告王士真。

闰正月二十一日，王武俊、卫常宁从赵州回军袭击李惟岳。谢遵与王士真矫称李惟岳命令，开城门接纳。黎明，王武俊率骑兵数百人突入府门。王士真为内应，杀十余人。王武俊下令说："大夫叛逆，将士归顺，敢违拒者灭族！"众人都不敢动。于是抓获李惟岳，又逮捕郑诜、毕华、王他奴等，将其全部杀死。王武俊因为李惟岳是旧节度使之子，想要把他押送长安。卫常宁说："他见了天子，将会再把叛逆之罪归咎于您。"于是缢杀李惟岳，将首级送到京师。

深州刺史杨荣国，是李惟岳的姊夫，投降朱滔，朱滔让他官复原职。

**7** 恢复全国酒类专卖制度，唯独西京长安可以自由买卖。

## 朱滔、田悦、王武俊对朝廷不满，三镇联合准备造反

**8** 二月五日，李惟岳所任命的定州刺史杨政义投降。当时河北大部都已被平定，唯独魏州还在田悦手里。河南诸军于濮州攻李纳，李纳势力越来越萎缩。朝廷认为天下不日即可平定下来。

二月十一日，任命张孝忠为易州、定州、沧州三州节度使，王武俊为恒、冀都团练观察使，康日知为深、赵都团练观察使，把德州、林州二州划归朱滔，令他回到镇所。朱滔坚持要求得到深州，皇帝不许，由是失望怨恨，留在深州不走。王武俊一向轻视张孝忠，自以为手诛李惟岳，功劳在康日知之上，而张孝忠为节度使，自己与康日知只是都团练使，又失去赵州、定州二州，也心怀不满。皇帝又下诏，命他供应朱滔粮食三千石，给马燧战马五百匹。王武俊认为朝廷不想让他们这些成德旧将做节度使，打败魏博叛军之后，必定谋取恒州、冀州，所以先分散

他的粮食、战马，以削弱他，心中怀疑，不肯奉诏。

田悦得到消息，派判官王侑、许士则走小路到深州，游说朱滔："您奉诏讨伐李惟岳，十天半月之间，就攻拔束鹿，打下深州，李惟岳穷途末路，所以王武俊靠着您战胜的声势，得以枭下李惟岳的首级，这本来都是您的功劳。况且天子之前明下诏书，说您攻下的李惟岳城邑，全都归您；如今却割深州给康日知，这是朝廷失信。当今皇帝志在扫清河朔，不让藩镇世袭，将全部以文臣替代武臣。魏亡之后，接着就是燕、赵；如果魏能保存，则燕、赵无患。如果您有意怜悯魏博今天的危急，而伸出援手，则不仅有存亡继绝之义，也是子孙万世之利。"又许诺把贝州献给朱滔。朱滔一向有异志，听到这话，大喜，即刻派王侑回去报告魏州，让将士们知道有外援，坚定信心。又派判官王郅与许士则一起到恒州，对王武俊说："您冒着万死一生的危险，诛杀逆首，拔除乱根，康日知都没有离开赵州一步，岂能与您的功劳相提并论？而朝廷对他的褒赏却与您相同，谁不为您义愤填膺？如今又听说有诏书要支取您的粮食和战马给邻道，朝廷之意，无非是认为您善战无敌，恐怕成为后患，所以先削弱您的军府，等平定魏州之日，派马燧北上，朱滔南下，一起消灭您罢了。朱滔也不敢自保，按我们的想法，与您一起救援田悦以保全他。大夫留下粮马供应自己的军队；朱滔也不想把深州给康日知，愿意还给您，请早定刺史以镇守。我们三镇联合之后，就如同耳目手足，相互救援，那以后就永无祸患了！"王武俊也喜悦，许诺，即刻派判官王巨源出使朱滔，并且任命他掌管深州事务，秘密约期举兵南下。朱滔又派人游说张孝忠，张孝忠不听。

**【华杉讲透】**

王侑、许士则游说朱滔以"存亡继绝之义"，是"存亡国，继绝嗣"，出自《论语》："兴灭国，继绝世，举逸民，天下之民归心焉。"复兴被灭亡的国家，为绝嗣的家族寻访并扶持后人，恢复香火，举拔隐逸的人才，则天下归心。这是东周诸侯霸主的做法，是齐桓公、晋文公的事业。王侑、许士则引用这段话，说明他们都把自己当诸侯国的国君，而不是朝廷的"军区司令"了。这是两种思想、两种体制，势同水火，战争还得继续下去，只是换了不同的叛军叛将，而反叛是一样的，朝廷太乐观了。

**9** 宣武节度使刘洽于濮州攻打李纳，攻克其外城。李纳于城上涕泣哀求改过自新，李勉又派人劝说李纳。癸卯（二月无此日），李纳派判官房说带着他的同母弟弟李经及儿子李成务入京朝见。宦官宋凤朝说，李纳已经穷途末路，不可宽恕，皇帝因此把房说等人囚禁在皇宫中，李纳于是回到郓州，再次与田悦等人联合。朝廷发现李纳声势并未衰减，三月十三日，才任命徐州刺史李洧兼徐州、海州、沂州都团练观察使，而海州、沂州已经被李纳所占据，李洧终究一无所得。

李纳当初反叛时，他所任命的德州刺史李西华防守森严，都虞候李士真秘密在李纳面前诋毁李西华，李纳召李西华回到军府，以李士真替代他。李士真又假传李纳命令，召棣州刺史李长卿，李长卿路过德州时，李士真将他劫持，与他一同归降朝廷。夏，四月六日，朝廷任命李士真、李长卿为二州刺史。李士真求援于朱滔，朱滔已有异志，派大将李济时率三千人声言协助李士真守德州，并且召李士真到深州商议军事，到了之后，将他扣留，让李济时统领德州。

**10** 四月八日，吐蕃归还之前所俘掠的兵民八百人。

**11** 皇帝派宦官征发卢龙、恒冀、易定兵一万人到魏州讨伐田悦。王武俊不受诏，逮捕使者，送到朱滔处。朱滔对众人说："将士们有功的，我奏请官爵，都不成。如今想与诸君整装同去魏州，击破马燧，以求温饱，如何？"大家都默不作声。朱滔问了三次，才有人回答说："幽州人自从安、史之反，跟从他们南下的，没有一人得以生还，现在，他们的家人还痛入骨髓。况且太尉（朱泚，朱滔的哥哥）、司徒（朱滔）都受国家恩宠，将士们也各有官勋，我们愿意保有目前已有的，不敢再有侥幸冀望。"朱滔默然而罢，于是诛杀大将数十人，优厚安抚他们的士卒。康日知听闻他的阴谋，告诉马燧，马燧奏闻朝廷。皇帝认为，魏州还未攻下，王武俊又叛变，没有力量再对付朱滔，四月十日，赐朱滔爵位通义郡王，希望以此安抚他。朱滔却更加积极准备造反，于赵州分兵扎营，以威逼康日知，把深州交给王巨源。王武俊任命他的儿子王士真为恒州、冀州、深州三州留后，自己率军包围赵州。

涿州刺史刘怦与朱滔是同县人，他的母亲是朱滔的姑妈，朱滔任命他为幽州留后，刘怦听说朱滔想要救田悦，写信劝谏说："如今昌平故里，朝廷改为太尉乡、司徒里，这也是您不朽之名。只需要以忠顺自持，则事无不济。我私底下想，近年来务大乐战、不顾成败而家灭身屠者，就是安禄山、史思明吧！我有幸成为您的近亲，如果默不作声，那是辜负了您对我的知遇。希望您好好思量，不要以后后悔。"朱滔虽然不用他的话，但是也嘉许他能尽忠，对他没有疑心。

【华杉讲透】

### 人性是趋利避害，而人性的弱点，是见利忘害

刘怦劝朱滔的话，可谓至理名言，"但以忠顺自持，则事无不济"，只要忠心服务国家，就没有什么事不顺的。但朱滔的心态，正是后面那八个字——"务大乐战""不顾成败"。这是人性的弱点，总想搞一把大的，而不顾风险。

我们一生只需要成功一次，朱泚、朱滔兄弟已经成功了，只需要持守忠顺，就能安享富贵、封妻荫子。但是，他们想要更大的"成功"，就不顾生死，走向身死家灭。

人性是趋利避害，而人性的弱点是见利忘害，只看见正面，看不见负面。将士们被朱滔挑拨三次，都不愿造反，说不敢有侥幸冀望。而朱滔的心思，正是冀望侥幸。

## 朱滔举兵南下被马燧击破，朝廷搜刮劫掠长安民财

朱滔将要起兵，担心张孝忠为后患，再次派牙官蔡雄前往游说。张孝忠说：“当年司徒从幽州出兵，派人告诉我说：‘李惟岳背负国恩，成为叛逆。’说我若能归顺国家，就是忠臣。我性格耿直，听了司徒的教诲。现在，我已经是忠臣了，不再协助叛逆。况且我与王武俊都是蛮夷出身，深知他的性情，最是反复无常。司徒不要忘了我今天的话，有一天你会想起来！”

蔡雄百般巧言劝说，张孝忠怒，想要逮捕他押送京师。蔡雄惧怕，逃回。朱滔于是派刘怦率军屯驻要害，以防备张孝忠。张孝忠修缮城池，厉兵秣马，独居于强寇之间，谁也不能让他屈服。

朱滔率步骑兵二万五千人从深州出发，抵达束鹿。第二天一早，将要行军，行军号尚未吹完，士卒忽然大乱，喧噪说：“天子令司徒回幽州，为什么要违抗敕令，南下救援田悦？”朱滔大惧，走入驿站后堂躲藏。蔡雄与兵马使宗项等对士卒们诈称：“你们不要喧闹，听司徒传令。”众人稍微停止。蔡雄又说：“司徒当初从范阳出发时，皇帝说诸将能攻下李惟岳的州县的，就都归自己所有，司徒因为幽州缺少丝绵，所以与你们竭力血战以取深州，希望能得到深州出产的丝绵，以减少你们的赋税负担，想不到国家言而无信，把深州给了康日知。另外，朝廷认为你们有功，赏赐每人绸缎十匹，运到魏州西境，全部被马燧夺走。司徒只需要待在范阳，已经足够富贵了，这次南下，全是为了你们，不是为了他自己。你们如果不想南下，让你们回北方便是，为什么要喧哗悖乱，违抗军礼？”众人闻言，不知所为，于是说：“敕使为什么不为军士守护好朝廷赏赐的财物？”转头冲进敕使院，把敕使砍成几片。又呼喊说：“虽然知司徒此行是为了士卒，但还是不如暂且奉诏，回归本镇。”蔡雄说：“好吧，你们各回本队，明早就回深州，休息数日，再一起回范阳。”众人接受，安定下来。朱滔即刻引军回深州，密令诸将访察带头作乱的，查出二百余人，将其全部斩首，其他人吓得两腿发抖。于是再次举兵南下，这次没有一个人敢上前阻拦。

朱滔率军进击，攻取宁晋，留下扎营，等待王武俊。王武俊率步骑兵一万五千人攻取元氏，向东方的宁晋进发。

王武俊之前诛杀李惟岳时，派判官孟华入京朝见。皇帝问他河朔地区形势，孟华性情忠直，有才略，应对慷慨；皇帝喜悦，任命他为恒冀团练副使。等到王武俊与朱滔有异谋，皇帝派遣孟华回去晓谕圣旨。孟华抵达，王武俊已经出师，孟华进谏说："圣意对您非常深厚，您只要能尽忠义，何愁官爵不高、土地不广？天子很快就会调康中丞到其他地区，深州、赵州终将为您所有，何苦这么急要叛逆作乱呢？他日不能成功，悔之何及！"

孟华之前在李宝臣幕府，因为耿直，已经被同僚所忌恨，这次被皇帝任命为副使，其他人更加嫉妒，对王武俊说："孟华把军中秘密上奏天子，自请为内应，所以得到破格提拔；这是他将要倾覆您的军队，您应该防备。"王武俊因为他是自己的老部下，不忍心诛杀，只是剥夺他的官职，让他退休回家。

田悦仗恃援兵将至，派部将康愔率一万余人出城西，与马燧等战于御河上，大败而还。

**【华杉讲透】**

孟华劝谏王武俊的话，没有说服力，因为皇帝不会把深州、赵州给王武俊，而是要收回所有节度使的地盘。节度使们想要建立周朝那样分封诸侯国的体制，而皇帝要的是秦制。这是两种体制之争。而周朝的体制已经成为历史，不可能恢复，节度使们现在要做诸侯王，从而走向称帝之路，只能是你死我活。

**12** 当时因为黄河南北的战争，朝廷每月要花费一百余万缗，国库支撑不了几个月。太常博士韦都宾、陈京建议，认为："货利所聚，都在富商，请搜刮富商钱财，只许他们保留一万缗，多余的借给朝廷，以供军费。这样计算下来，全国不过借一二千商人，就足够几年开支了。"皇帝听从。四月十二日，下诏借商人钱，令度支编制商人名册及借贷数目。判度支杜佑大肆搜索长安城中商贾所有财货，认为商人有所隐瞒的，就加以拷打，商人不堪其苦，甚至上吊自杀。长安城一片混乱，仿佛陷入寇盗。最后也才"借"到八十余万缗。又搜刮当铺现金，百姓家中有钱帛粮食的，一律"借"四分之一，查封他们的钱柜和粮窖。百姓为之罢市，一起拦在宰相马前诉苦的，成千上万。卢杞开始还抚慰晓谕，但是无法遏止，于是从其他道路疾驱回去。最终计算向商人"借贷"所得，才二百万缗，而民财已经枯竭了。

陈京，是陈叔明的五世孙。

**【华杉讲透】**

一旦朝廷要求商人交钱，商人往往最终就只能自杀。为什么呢？因为商人不愿意交，一定会隐藏钱财，而隐藏就要被拷打。商人受不了酷刑，交出一部分，负责的官吏就认为肯定还有没交出的。最后就算你真的没有了，也没人相信，继续被拷打。只有你死了，你的钱才算是交完了。

**13** 四月二十二日，任命昭义节度副使、磁州刺史卢玄卿为洺州刺史兼魏博招讨副使。

当初，李抱真为泽潞节度使，马燧统领河阳三城；李抱真要杀怀州刺史杨铁，杨铁逃奔马燧那里，马燧收留他，并且上奏说他无罪，李抱真怒。等到两人一同讨伐田悦，数次因为讨论事情有不同意见而相互仇恨，怨隙越来越深，不再相见。由此诸军推脱观望，很久都不能成功，皇帝数次派宦官前往调解。后来王武俊进逼赵州，李抱真分麾下二千人戍防邢州，马燧大怒说："余贼未除，应该同心协力，李抱真却分兵守他自己的地盘，难道要我一个人与叛军作战吗？"也想引兵撤退。李晟对马燧说："李尚书因为邢州、赵州接壤，分兵防守，这也没有什么害处。如果您突然自己撤退，大家会怎么看您呢？"马燧喜悦，于是单骑造访李抱真营垒，与他释除前嫌，结为欢好。正巧洺州刺史田昂申请入朝，马燧就上奏把洺州划归李抱真，并举荐卢玄卿为刺史，兼充招讨副使。

李晟军之前隶属李抱真，现在他请求同时隶属马燧，以示二人协和。皇帝全部听从。

**14** 卢龙节度行军司马蔡廷玉厌恶判官郑云逵，报告朱泚，上奏贬他为莫州参军。郑云逵的妻子，是朱滔的女儿，朱滔又上奏举荐他为掌书记。郑云逵极力向朱滔构陷蔡廷玉。蔡廷玉又与检校大理少卿朱体微对朱泚说："朱滔在幽镇，遇事多不请命而擅自行动，他的性情不忠厚，不可以把兵权交给他。"朱滔知道了，大怒，几次写信给朱泚，请杀此二人，朱泚不从。由此兄弟二人颇有矛盾。等到朱滔抗拒朝命，皇帝想要归罪于蔡廷玉等，以取悦朱滔，四月十二日，贬蔡廷玉为柳州司户，朱体微为万州南浦县尉。

**15** 宣武节度使刘洽进攻李纳的濮阳，守将高彦昭投降。

**16** 朱滔派人将蜡书藏在发髻中送给朱泚，想要与他一同造反；被马燧缴获，连同使者一起送到长安，朱泚不知道。皇帝以驿马传召朱泚于凤翔，抵达之后，把蜡书和使者展示给他看，朱泚惶恐顿首请罪。皇帝说："你兄弟二人相距千里，你并未与他同谋，不是你的罪。"然后把他留在长安私宅，赏赐给他名园、肥田、锦彩、金银，非常丰厚，让他安心；他的幽州、卢龙节度使，太尉，中书令等职务全部被保留不变。

皇帝因为幽州兵在凤翔，希望能得到一位重臣以替代朱泚。卢杞忌恨张镒忠直，为皇帝所器重，想要把他排挤出京师，这样自己得以专总朝政，于是回答说："朱泚名位一向尊崇，凤翔将校的级别也已经很高，除非宰相或陛下的亲贵大臣，否则无法镇抚他们，臣请求派臣自己去。"皇帝低头不语，卢杞又说："陛下必定认为臣相貌丑陋，不为三军所服，那就由陛下另行选定吧。"皇帝于是回头对张镒说："才兼文武，望重内外，除了卿也没别人了。"张镒知道自己是被卢杞排挤，但是也没有理由推辞，只能再拜受命。

四月二十六日，任命张镒兼凤翔尹、陇右节度等使。

当初，卢杞与御史大夫严郢一同构陷杨炎、赵惠伯，杨炎死，卢杞又忌恨严郢。正巧蔡廷玉等被贬官，殿中侍御史郑詹却把公文误送到昭应，命昭应县府派官差解送。蔡廷玉等人已走到蓝田，昭应把二人追回，改由昭应东行，蔡廷玉等人以为是把自己解送交给朱滔，走到灵宝西，投河而死。皇帝听闻，惊骇，卢杞乘势上奏说："朱泚必定怀疑，认为是陛下的旨意，请派三司调查郑詹。"又说："御史所为，必定事先禀告大夫，请连同严郢一起调查。"调查还未结案，四月三十日，卢杞上奏，将郑詹于京兆府乱棍打死；贬严郢为费州刺史，严郢最后死于费州。

皇帝刚即位时，崔祐甫为相，一切推崇宽大，所以当时政声和谐，以为有贞观之风。等到卢杞为相，知道皇帝性格多猜忌，就发挥各种疑点离间群臣，劝皇帝以严厉苛刻驾驭群臣，朝廷内外，大失所望。

**17** 淮南节度使陈少游上奏，本道税钱每一千请增加二百。

五月四日，皇帝下诏，其他各道税钱都和淮南一样；又，盐每斗价格都增加一百钱。

**18** 朱滔、王武俊从宁晋南下，救援魏州。

五月九日，皇帝下诏，命朔方节度使李怀光率朔方及神策步骑兵一万五千人东讨田悦，并且拒战朱滔等。朱滔行军到宗城，掌书记郑云逵、参谋田景仙抛弃朱滔，归降朝廷。

**19** 五月十五日，加授河东节度使马燧为同平章事。

**20** 五月二十九日，在定州设置义武军节度使，辖区为易州、定州、沧州三州。

**21** 当初，张光晟杀突董时，皇帝想要就此与回纥断交，传召册命可汗使源休回到太原。过了很久，又再派源休将突董、翳密施及大、小梅录等四人灵柩送回回纥，可汗派宰相颉子思迦等迎接。颉子思迦坐在大帐中，让源休等人站在帐前雪地上，诘问他们为什么要杀突董，中间四次想要杀掉他们，招待十分简陋；扣留五十余日，才放他们回去。可汗派人对他们说："国人都想杀了你们报仇，我意则不然。你国已杀突董等，我又杀你，如此以血洗血，太脏污了！今天我以水洗血，不好吗？唐朝欠我买马的绸缎一百八十万匹，应当赶快归还。"派他的散支将军康赤心跟随源休入京朝见，源休最终没能见到可汗，就回来了。

六月二十八日，源休一行抵达长安，皇帝下诏，以绸缎十万匹、金银十万两偿还马价。源休非常有口才，卢杞担心如果让他见了皇帝，会得到宠幸，在他返抵京师之前，抢先任命他为光禄卿。

## 五镇封王，卢杞专政

**22** 朱滔、王武俊军抵达魏州，田悦带着牛肉、美酒出迎，魏州人欢呼动地。朱滔于惬山扎营，当天，李怀光军也抵达，马燧等以盛大军容欢迎。朱滔以为是要袭击自己，也摆出阵势。李怀光勇而无谋，想要乘其营垒未就，马上出击。马燧请他暂且让将士休息，伺机而动，李怀光说："等他营垒建立，将为后患，此时机不可失。"于是于惬山之西攻击朱滔，杀步卒一千余人，朱滔军崩溃沮丧。李怀光骑在马上观战，面有喜色。士卒争相冲入朱滔军营，拿取宝货，王武俊引二千骑兵横冲李怀光军，把李怀光军截成两节；朱滔引军后继，官军大败，挤入永济渠溺死者不可胜数，士兵相互踩踏，尸积如山，水为之不流，马燧等各自收军，退保营垒。当天晚上，朱滔等堵塞永济渠，把水灌入王莽时期的故河，断绝官军粮道及归路，第二天，水深三尺余。马燧惧怕，派出使者用谦卑的言辞向朱滔道歉，请求他放自己与诸节度使各自回自己本道，上奏天子，请以河北事全部交给朱滔处置。朱滔想要同意，王武俊认为不可；朱滔不听。

秋，七月，马燧与诸军涉水向西，但并未撤回本道，而是在魏县布防，以拒战朱滔，朱滔这才向王武俊道歉，王武俊由此恨朱滔。后来过了数日，朱滔等也引兵在魏县东南扎营，与官军隔水相拒。

**23** 李纳求援于朱滔等，朱滔派魏博兵马使信都承庆率军援助。李纳攻宋州，不能攻克，派兵马使李克信、李钦遥戍防濮阳、南华，以抵御刘洽。

**24** 七月二十三日，任命淮宁节度使李希烈兼平卢、淄青、兖郓、登莱、齐州节度使，讨伐李纳；又任命河东节度使马燧兼魏博、澶相节度使；加授朔方、邠宁节度使李怀光为同平章事。

**25** 神策行营招讨使李晟自请率自己所部北上解除赵州包围，与张孝忠合势攻打范阳，皇帝批准，李晟从魏州引兵北趋赵州，王士真解围而去。李晟留在赵州三日，与张孝忠合兵向北，攻略恒州。

**26** 演州司马李孟秋举兵造反，自称安南节度使；安南都护辅良交讨伐，将他斩首。

**27** 八月，丁未（八月无此日），设置汴东、西水陆运，两税、盐铁使二人，度支只管大原则而已。

**28** 八月十一日，任命泾原留后姚令言为节度使。

**29** 卢杞厌恶太子太师颜真卿，想要把他排挤出京。颜真卿对卢杞说："您的父亲当年被安禄山所杀，首级送到平原，我用舌头舔干净他脸上的血。如今您竟然容不下我吗？"卢杞矍然起身下拜，但是内心更加恨颜真卿。

**30** 九月二十三日，殿中少监崔汉衡从吐蕃归国，赞普派他的大臣区颊赞跟随崔汉衡入京朝见。

**31** 冬，十月二日，任命湖南观察使、曹王李皋为江南西道节度使。李皋到了洪州，集合全部将佐，考察他们的才能，得牙将伊慎、王锷等，擢升他们为大将，聘请荆襄判官许孟容为自己幕僚。伊慎，是兖州人；许孟容，是长安人。伊慎曾经跟从李希烈讨伐梁崇义，李希烈爱他的才干，想要留下他，伊慎逃回。李希烈听闻李皋任用伊慎，担心成为自己的祸患，送给伊慎一套贵重的盔甲，再伪造一封伊慎的回信，故意遗失在边境上。皇帝听闻，派宦官到军中斩伊慎，李皋为他申冤；朝廷没有回复。正巧长江水盗三千余人入寇，李皋派伊慎击贼，以救赎自己；伊慎将敌寇击破，斩首数百级而还，由此得以免罪。

**32** 卢杞秉政，知道皇帝必定还要再任命一位宰相，担心分了自己的权，找机会举荐吏部侍郎关播儒雅敦厚，可以引导风俗；十月七日，皇帝任命关播为中书侍郎、同平章事。政事都由卢杞决定，关播等人只是拱手不置可否。皇帝曾经从容与宰相论事，关播觉得某件事有所不可，站起来准备发言，卢杞递眼色制止他。回到中书省，卢杞对关播说："因为你庄重谨慎，沉默少言，所以才举荐你到这个位置，刚才你怎么想张嘴说话呢？"关播从此不敢发言。

**33** 十月十九日，派都官员外郎、河中人樊泽出使吐蕃，告知两国缔结盟约的日期。

**34** 十月二十七日，肃王李详薨逝。

**35** 十一月一日，加授淮南节度使陈少游为同平章事。

**36** 田悦感激朱滔援救，与王武俊商议，奉朱滔为主，向他称臣，朱滔不接受，说："惬山之捷，都是两位兄长之力，朱滔何敢独居尊位？"于是幽州判官李子千、恒冀判官郑儒等共同建议："与郓州李大夫（李纳）为四国，都称王，而不改年号，如同当年诸侯奉周朝正朔。筑坛同盟，有违反盟约的，众人一起讨伐他。不然，岂能常为叛臣？茫然无主，用兵既无名，有功也无官爵为赏，让将吏们没有归属！"朱滔等都赞同。于是朱滔自称冀王，田悦称魏王，王武俊称赵王，仍请李纳称齐王。当天，朱滔等于军中筑坛，祭告上天，接受王位。朱滔为盟主，自称"孤"；王武俊、田悦、李纳称"寡人"。所居厅堂称为"殿"，指示称为"令"，群下上书称为"笺"，妻子称为"妃"，长子称"世子"。各自以其所治州城为"府"，设置留守兼元帅，把军政委托给他；又设置东、西曹，比照朝廷的门下、中书省；左右内史，比照侍中、中书令；其他官职都仿照天朝而更名。

王武俊任命孟华为司礼尚书，孟华始终不接受，呕血而死；任命兵马使卫常宁为内史监，把军事委任给他。卫常宁密谋诛杀王武俊，王武俊将他腰斩。王武俊派部将张终葵入寇赵州，康日知击斩张终葵。

**【华杉讲透】**

名不正则言不顺，言不顺则事不成。李子千、郑儒想出这个主意，让大家都称诸侯王，尊皇帝为"周天子"。但是，周朝体制已经结束几百年了，回不去了，他们自己都不信，怎么能让将士们有归属感？这也就是沐猴而冠，一场闹剧。

**37** 李希烈率所部兵三万移镇许州，派亲信拜访李纳，与他密谋共同袭击汴州；又遣使告诉李勉，说自己奉命兼管淄青，想要借道上任。李勉为他修缮桥梁，沿途准备饮食，但是严密防备。李希烈最终没有来，又秘密与朱滔等人交通往来，李纳也数次派游兵渡过汴水以迎接李希烈。由此东南向京师运输的船队都不敢走汴渠，从蔡水而上。

十二月二十九日，李希烈自称天下都元帅、太尉、建兴王。当时朱滔等与官军相拒数月，官军有度支供应粮草，诸道又不断增兵，而朱滔与王武俊孤军深入，全靠田悦供应，客主日益困弊。听闻李希烈军势甚盛，既怨恨他不予援助，又期望得到他的支持，于是相互谋议，遣使到许州，劝李希烈称帝，李希烈于是自称天下都元帅。

**38** 司天少监徐承嗣请求重新修订《建中正元历》；皇帝听从。

卷第二百二十八　唐纪四十四

建中四年（783）正月至十月，共10个月

# 德宗神武圣文皇帝三

## 建中四年（公元783年）

**1** 春，正月十日，陇右节度使张镒与吐蕃尚结赞于清水签订盟约。

### 李希烈扣留颜真卿，四王推李希烈为帝

**2** 正月十三日，李希烈派部将李克诚袭击攻陷汝州，抓获别驾李元平。李元平，本来是湖南道判官，略有才艺，性格疏阔骄傲，敢说大话，喜欢谈论兵法；中书侍郎关播觉得他是个人才，举荐给皇帝，说他是将相之器，因为汝州距离许州最近，擢升李元平为汝州别驾，知州事。李元平到了汝州，即刻招募工人，修缮城墙。李希烈秘密派壮士前往应募，混入工人队伍，有数百人之多，李元平毫无察觉。李克诚率骑兵数百人突然杀到城下，应募者在城内响应，捆缚李元平，飞驰而去。

李元平身材短小，不长胡须，见了李希烈，恐惧，大小便失禁，污了一地。李希烈骂道："瞎眼宰相！派你来对付我，是多看不起我！"

李希烈任命自己的判官周晃为汝州刺史，又派部将董待名等四处抄掠，攻取尉氏，包围郑州，官军数次被他击败。巡逻骑兵向西抵达彭婆，洛阳士民震骇，逃窜藏匿于山谷之中。洛阳留守郑叔则进驻宫城西苑，严密防守。

皇帝问计于卢杞，卢杞回答说："李希烈年少骁将，仗恃功劳，骄傲怠慢，他的将佐们不敢谏止他。如果能得到一位儒雅重臣，奉使前往宣讲圣上恩泽，向他陈述逆顺祸福之道，李希烈必定革心悔过，可以不劳军旅，而让他臣服。颜真卿是三朝旧臣，忠直刚决，名重海内，人所信服，正是人选！"皇帝以为然。正月十七日，命颜真卿到许州宣慰李希烈。诏下，举朝官员，都吓得面无人色。（卢杞借刀杀人之计，目的是害死颜真卿。）

颜真卿乘驿车抵达洛阳，郑叔则说："去了必定是死，最好留在洛阳，等待皇帝下一步命令。"颜真卿说："既有君命，岂能逃避？"于是出发。李勉上表说："白白损失一位元老，又让国家蒙羞，请让他留下。"又派人在半路拦截颜真卿，没有追上。颜真卿写信给儿子，只是嘱咐他"奉祀家庙，抚养孤儿"而已。

颜真卿抵达许州，准备宣读诏旨，李希烈派他的养子一千余人环绕谩骂，又拔出刀刃，做出要割下他的肉以吞食的架势。颜真卿脚步不移，脸色不变。李希烈用自己身体遮蔽保护他，挥手让众人退下，招待颜真卿住进宾馆，礼貌接待。李希烈想要遣送颜真卿回京，正巧李元平在座，颜真卿斥责他，李元平羞惭而起，向李希烈呈递一封密函；李希烈于是改变心意，扣留颜真卿。

朱滔、王武俊、田悦、李纳各自遣使到李希烈处，上表称臣，劝他称帝。使者拜舞于李希烈面前，对李希烈说："朝廷诛灭功臣，失信天下。都统英武自天，功烈盖世，已为朝廷所猜忌，将有韩信、白起之祸，希望您即刻称皇帝尊号，让四海臣民知道有所依归。"李希烈召颜真卿来观看，对他说："如今四王派使者来推举我，不谋而同，太师观此事势，岂是仅仅因为我被朝廷所猜忌，而没有容身之地吗？"颜真卿说："这是四凶，说什么四王！相公不自保功业，做唐朝忠臣，而与乱臣贼子相从，是想跟他们一起覆灭吗？"李希烈不悦，把颜真卿扶出去。

另一天，颜真卿又与四位使者一同宴会，四使说："久闻太师重望，如今都统将要称帝，而太师恰好抵达，这是上天把宰相赐给都统啊。"颜真卿呵斥说："谁是你的宰相？你们知道有位骂安禄山而死的颜杲卿吗？那就是我的兄长。我今年八十岁了，只知道守节而死，岂能受你们引诱威胁？"四使不敢再说。李希烈于是派甲士十人于馆舍看守颜真卿，在庭院里挖坑，声称要将他活埋，颜真卿神色怡然，见李希烈说："死生已定，何必搞那么多小动作？你给我一把剑，岂不更快让你称心如意？"李希烈于是道歉。

**3** 正月二十一日，任命左龙武大将军哥舒曜为东都、汝州节度使，率凤翔、邠宁、泾原、奉天、好畤行营兵一万余人讨伐李希烈，又下诏诸道共同征讨。哥舒曜行军到郏城，与李希烈前锋将领陈利贞遭遇，将他击破；李希烈声势稍微受挫。哥舒曜，是哥舒翰之子。

李希烈派部将封有麟占据邓州，南方道路于是断绝，进贡、商旅都不能通行。正月二十五日，皇帝下诏，开凿上津山路，设置驿站。

**4** 二月一日，命鸿胪卿崔汉衡送区颊赞回吐蕃。

**5** 二月十九日，河阳三城、怀州、卫州合并成立河阳军。

**6** 二月二十日，哥舒曜攻克汝州，生擒周晃。

**7** 三月一日，江西节度使、曹王李皋于黄梅击败李希烈部将韩霜露，将他斩首。

三月十四日，李皋攻拔黄州。当时李希烈军在蔡山布置栅栏工事，山势险要，无法进攻。李皋声言西取蕲州，引水军溯江而上，李希烈部将引兵沿着江岸尾随作战。离蔡山三百余里，李皋突然放舟顺流而下，急攻蔡山，攻拔。李希烈军还师救援，已经赶不及。李皋于是进军攻拔蕲州，上表举荐伊慎为蕲州刺史，王锷为江州刺史。

**8** 淮宁都虞候周曾，镇遏兵马使王玢，押牙姚憺、韦清秘密联络李勉，表示愿意归顺。李希烈派周曾与十将康秀琳率军三万人攻打哥舒曜，大军抵达襄城，周曾等密谋还军袭击李希烈，推举颜真卿为节度使，让王玢、姚憺、韦清为内应。李希烈知道了，派别将李克诚率骁军三千人袭击周曾等，杀了他，并杀王玢、姚憺及其党。

三月十七日，皇帝下诏，追赠周曾等官职。

开始时，韦清与周曾等密约，如果事情泄露，责任各自承担，不要把对方牵连出来，所以唯独他得以免死。韦清担心终将大祸临头，向李希烈申请前去找朱滔求援兵，李希烈派他去，韦清走到襄邑，逃奔到刘洽那里。

李希烈听闻周曾等有变，一连数日，紧闭营垒；李希烈在尉氏、郑州的党羽，也逃回大营。李希烈于是上表，归咎于周曾等人，自己引兵回蔡州，表示悔过顺从，实际上是等待朱滔等救援。李希烈把颜真卿软禁于龙兴寺。

三月二十日，荆南节度使张伯仪与淮宁兵战于安州，官军大败，张伯仪仅仅逃得一命，他的节度使符节也丢失了。李希烈让人拿着张伯仪的符节及割下的俘虏们的耳朵给颜真卿看。颜真卿大声恸哭，昏厥投地，继而苏醒，从此再不跟人说话。

**9** 夏，四月，皇帝任命神策军使白志贞为京城召募使，招募禁兵以讨伐李希烈。白志贞奏请：凡是曾经做过节度使、观察使、都团练使的，无论亡故还是在世，他的子弟都要率领奴仆、马匹，自备武器装备从军，授以五品官。如此，富家尚可维持，家贫的就非常愁苦，人心开始摇动。

## 没有什么是理所应当，一切都是难得可贵

之前为了军费，向长安富人"借钱"；现在又要所有已经退休的将领家族贡献。皇帝这是把人都得罪完了。还是那句老话："没有什么是理所应当，一切都是难得可贵。"皇帝要人为朝廷做贡献，也要有这个考虑。

**10** 皇帝命宰相、尚书与吐蕃区颊赞于丰邑里盟誓，区颊赞认为，上次清水之盟，划定双方疆界的事尚未解决，这次盟约因而没有定成。四月十三日，命崔汉衡入吐蕃，请赞普裁决。

**11** 四月十四日，加授永平、宣武、河阳都统李勉为淮西招讨使，东都、汝州节度使哥舒曜为他的副使，任命荆南节度使张伯仪为淮西应援招讨使，山南东道节度使贾耽、江西节度使曹王李皋为副使。皇帝督促哥舒曜进兵，哥舒曜进到颍桥，遇上大雨，退保襄城。李希烈派部将李光辉攻打襄城，被哥舒曜击退。

**12** 五月九日，颍王李璬薨逝。

**13** 五月十九日，任命宣武节度使刘洽兼任淄青招讨使。

**14** 神策行营招讨使李晟，计划夺取涿州、莫州二州，以截断幽州、魏州往来交通线，与张孝忠之子张升云于清苑包围朱滔所任命的易州刺史郑景济，一连数月不能攻下。朱滔任命他的司武尚书马寔为留守，率步骑兵一万余人镇守魏州大营，自己率步骑兵一万五千人救援清苑。李晟军大败，退保易州。朱滔还军瀛州，张升云逃奔满城。这时李晟重病，引军退保定州。

王武俊认为，朱滔既已击破李晟，却留在瀛州，没有即刻回魏桥，派给事中宋端前往催促。宋端见了朱滔，言辞颇为不逊，朱滔怒，让他回去对王武俊说："我因为身体发烧，暂时没有南返，大王二兄（王武俊）突然说出这些话。我因为救援魏博，背叛君主，抛弃兄长，都跟扔掉一双破鞋一样。二兄如果一定要怀疑我，那就随你的便！"宋端回去汇报，王武俊向马寔解释误会，马寔把情形报告朱滔，说："赵王知道宋端无礼于大王，已经重重责备他，没有其他意思。"王武俊也派承令官郑和跟着马寔使者一起去见朱滔，道歉。朱滔这才喜悦，相待如初。但是王武俊从此更加痛恨朱滔了。

六月，昭义节度使李抱真派参谋贾林到王武俊军营诈降。王武俊接见他。贾林说："我这次是奉诏前来传旨，并非投降。"王武俊脸色一变，问他缘故，贾林说："天子知道您一向满怀忠诚，一心报效国家，登坛称王那天，还抚着胸膛，回头对左右说：'我本来一腔忠义，天子却看不见。'诸将也曾经一同上疏，为您辩护。天子对使者说：'朕之前确实是处理失误，现在非常后悔。朋友之间有矛盾，尚且可以道歉，何况朕身为四海之主呢？'"王武俊说："我是胡人，作为将领，尚且知道爱护百姓，何况天子，岂能专以杀人为事？如今山东战火连天，白骨遍野，就算是战胜，又与谁守护国土？我不怕归顺国家，只是已经与诸镇结盟。胡人性格耿直，不愿意自己理亏，天子如果能下诏，赦免诸镇之罪，我当首先倡议归顺；诸镇有不从的，请奉诏讨伐。如此，则上不负天子，下不负同列，不过五十天，河朔地区就安定了。"命贾林回去报告李抱真，双方秘密协定。

## 朝廷推行税间架及除陌钱法，民间怨声载道

**15** 六月五日，开始推行税间架（征收房产税）及除陌钱法（征收交易税）。当时河东、泽潞、河阳、朔方四军屯驻魏县，神策、永平、宣武、淮南、浙西、荆南、江泗、沔鄂、湖南、黔中、剑南、岭南诸军

环绕淮宁地区，团团包围。按旧制，诸道军队出境，都由朝廷度支供应。皇帝优恤士卒，每次出境，另外供给酒肉，本道粮饷仍然发给他的家属，这样一个人能领三份薪饷，所以将士们都贪图这项利益。各道出军，都是刚刚越过自己边境，就停下扎营，朝廷每月费钱一百三十余万缗，正常的赋税不能保证供给。判度支赵赞于是上疏推行这两个新的税种。所谓税间架，每屋以两根横梁为一间，上等房屋交税二千钱，中等房屋一千钱，下等房屋五百钱，税吏拿着笔和算盘，进入人们家里计算房屋间数。有的人家，房屋虽然多，而没有其他资产，出钱动则数百缗。敢藏匿一间，杖打六十棍，举报者赏钱五十缗。所谓除陌钱，是指无论公私赠与及买卖所得的钱，每一缗征税五十钱，如果物物交易，则折合估价，按价征收。敢隐瞒一百钱的，杖打六十棍，罚钱二千，告密者赏钱十缗，其赏钱则由犯事的人承担。于是愁怨之声，远近沸腾。

**16** 六月二十二日，郴王李逾改封为丹王，郿王李遘改封为简王。

**17** 六月二十五日，答蕃判官、监察御史于頔与吐蕃使者论刺没藏从青海来，说疆界已经划定，请遣送区颊赞归国。

秋，七月九日，任命礼部尚书李揆（本年七十二岁）为入蕃会盟使。

七月十七日，皇帝下诏，命诸将与区颊赞一起于长安城西盟誓。李揆有才望，卢杞厌恶他，所以派他出使吐蕃。李揆对皇帝说："臣不怕远行，只怕死于道路，不能送达诏命！"皇帝为之恻然，对卢杞说："李揆恐怕是太老了吧！"卢杞回答说："出使远夷，非熟谙练达朝廷故事的人不可。况且李揆去了，以后年纪比李揆小的人，就不敢推辞远使了。"

**18** 八月二日，李希烈将兵三万人于襄城包围哥舒曜。皇帝下诏，命李勉及神策将刘德信将兵救援。八月十日，李希烈部将曹季昌献出随州投降，但不久就被他的部将康叔夜所杀。

# 陆贽上书分析关中形势，德宗未采纳

**19** 当初，皇帝在东宫为太子时，听闻监察御史、嘉兴人陆贽的名声，即位之后，召为翰林学士，数次向他咨询国政得失。当时两河用兵，久拖不决，赋税劳役越来越重，陆贽认为兵穷民困，恐怕内部再生出别的祸变，于是上奏，其大略说：

"克敌之要，在于得到称职的大将；驾驭大将的方法，在于朝廷能掌握住权柄。如果大将不称职，兵再多也不足为恃；如果朝廷掌握不住权柄，大将就算有才十也不能为我所用。"

又说："大将不能指挥士兵，国家不能驾驭大将，那就不只是浪费钱财、培养贼寇，还有玩火自焚之灾。"

又说："如今两河、淮西叛军元帅，就四五个凶人而已。其中恐怕还有一些是因为误会，心怀疑惧，仓皇失措而上了贼船，想下来又下不来的。何况其他人，都是被胁迫跟从，如果他们知道自己可以得到赦免，保全性命，岂愿跟从为恶？"

又说："如果不能解除眼前之忧，恐怕还有意外之患。人者，邦之本也。财者，人之心也。人心伤了，国本就受伤，国本伤了，枝干就枯萎脱落了。"

又说："人心摇动不宁，事态变化难测，是以兵贵拙速，不尚巧迟。若不靖于本而务救于末，则救之所为，乃祸之所起也。"

## 【华杉讲透】

### 人是国本，钱是人心；兵贵拙速，不尚巧迟

人者，邦之本也。财者，人之心也。陆贽说，人是国本，钱是人心。国家由人民组成，没有人，就没有国。人民的心在哪里呢？就在钱上，在他的财产上。你把他的钱财都夺走了，就把他的心伤了，人心伤了，国家就根基动摇了。

"兵贵拙速，不尚巧迟"是引用《孙子兵法》："夫钝兵挫锐，屈力殚货，则诸侯乘其弊而起，虽有智者，不能善其后矣。故兵闻拙速，未睹巧之久也。"

打仗时间拖长了，后方和外交都会出问题。如果兵疲气挫，力尽财竭，列国诸侯就会乘你的危机而起兵进攻。到那时，再有智谋的人，也束手无策，所以用兵只听说过老老实实的速决，没见过弄巧的持久。

克劳塞维茨在《战争论》中说，与其在复杂的巧计上胜过敌人，不如在简单直接的行动上始终走在敌人前面，这也是"拙速"。陆贽说到了痛处，无论是皇帝，还是叛将，个个都追求"巧"，形势稍微对自己有利，就想再出下一招"奇谋巧计"，进一步扩大利益；而形势稍微不利，又反了，怎样妥协都行！但这时候，对方又要利益最大化了。双方都弄巧，战事就越拖越久，最后不可收拾。

"若不靖于本而务救于末，则救之所为，乃祸之所起也。"救末，是要解决前方的战事；而为解决前方战事所采取的举措和调动的资源呢，却是在动摇国本。我们已经看到皇帝连出三招了，第一招是找富人"借"钱，第二招是要退休将领家属自备资粮投军，现在出第三招，征收房产税和交易税。这就是舍本救末。这些"救国"的举措，本是为了解决问题，却反而制造出新的、更大的问题，是"祸之所起"，掀起新的滔天大祸。

陆贽是一代名相，他一出场，就留下这篇字字珠玑的奏章。用史家的老话来说，读者"宜熟玩焉"！要反复诵读，认真钻研，代入自己，时常琢磨。


陆贽又论关中形势，认为："王者蓄积威严，昭显恩德，恩威并重，如果二者缺一，则必定发生危险；君主身居重地，掌握重兵，以驾驭权轻力寡的将帅们，如果颠倒过来，则必定发生悖乱。京畿地区，是全国的根本。当年太宗列置府兵，分隶禁卫，全国八百余所府兵，在关中的就有五百所。全国不敌关中，这居重驭轻之意，是非常明显了。

"但是，和平的日子长了，武备渐渐松弛，虽然府兵、禁卫军都还在，但是很少进行军事训练。所以安禄山窃取权柄，仗恃边疆重兵，一举滔天，以致两京失守。幸而西边有兵，诸牧有马，每州有粮，所以肃宗得以中兴。

　　"肃宗乾元年之后，外患不断发生，而动用了全国军队向东讨伐，边备松弛，完全没有防卫能力，吐蕃乘虚，深入为寇，所以先皇帝不能抵御，只好避难而东行。这都是因为失去了'居重驭轻'的权柄，忘记了深根固本的考虑。内部发生寇乱，则崤山、函谷关天险失去意义，外敌入侵，则沔水、渭水全部落入戎狄之手。到了那种时候，就算四面八方都有雄师，也救不了这突然爆发的紧急情况，陛下追想及此，岂不为之寒心？

　　"如今朔方、太原军队，远在山东（李怀光、马燧正在讨伐田悦）；神策六军之兵，又开出关外（李晟、哥舒曜、刘德信都已出潼关东征）。如果有贼臣引诱外敌，狡猾的敌虏窥视边境，寻找机会，乘虚而入，攻击边防部队，这正是愚臣我所担忧的。不知陛下准备如何抵御！

　　"我从侧面听说，在伐叛之初，议事的人大多认为易如反掌，都认为有征无战，时间不会超过一年，预计动员的军队不需太多，预算军费也不太大，只是一件没有什么烦扰的小事，也不会让人太操心；没想到兵祸连接，变故难测，日引月长，离大家最初的预料越来越远。之前认为是国家祸患，说除掉他们就可以天下太平的，是李正己、李宝臣、梁崇义、田悦。之前认为是国家所信赖的，说任用他们就可铲除祸乱的，是朱滔、李希烈。不久李正己死了，李纳继续；李宝臣死了，李惟岳继承；梁崇义死了，李希烈叛变；李惟岳被杀了，朱滔兵变。那么，之前的心腹大患，四个已经死了三个，而祸患终不能消失；之前所信任的，如今却自己叛变了，而其他那些忠诚的将领，谁还能保证他们的忠诚？由此可知，国家的安危在于势，做事能否成功在于人。势如果安定，则异类同心；势如果危殆，那本来同舟共济的人，也会变成仇敌。陛下岂可不追鉴往事，改过惟新，厉行改革，收回权柄以安邦固国？但是，陛下却孜孜不倦，劳心劳神，去追求达不到的目的，冀望实现不了的功效！如今关辅之间，征发已经到了极限，而宫苑之内，武备禁卫十分单薄。万一将帅之中，再出一个朱滔、李希烈那样的人，或者在边疆割据，引诱邻国，或者在京畿发动兵变，惊犯宫阙，这是愚臣私底下所担忧的，不知道陛下到时候如何防备！陛下如果能听我的愚计，所派遣出去的神策六军李晟等及退休将领的子弟，可以全部追回；明令泾州、陇州、邠州，宁州，只下令他们严密守备疆界，并强调朝廷不再征发，让他们各自保境安民。又降下德音，撤销京城及畿县房产税等杂税，希望已经缴纳的人平息怨气，使现在居住在京城及畿县的人们获得安宁，则人心不摇，邦本自固。"

皇帝不能用。

**【华杉讲透】**

### 看问题，要往前看几步；做事情，要往后退几步

陆贽的上疏，深刻，精彩，而且生动，把事情全都说透了，路也指明了，但是皇帝不能用，为什么呢？我们先看陆贽说了什么："立国之安危在势，任事之济否在人。势苟安，则异类同心；势苟危，则舟中敌国。"人都是跟着形势走，没有人一定要叛变，也未必有人一定会忠诚，作为君王，要掌握的是"势"，造就大家忠君爱国的形势。这就是孙子兵法说的"任势择人"，统帅的责任是造势，势造好了，再选择人；势第一，人第二。但是，德宗李适没有这个高度，他自己也是跟着形势走，"势苟安"，他就强硬；"势苟危"，他就妥协。那么大家都没个定准了。

看问题，要往前看几步；做事情，要往后退几步。

往前看几步，是能预测事态发展的各种可能性，不要让你解决问题的举措，制造出新的、更大的问题。往后退几步，是空间换时间，获得余地，巩固根本。

李适的问题，就是既不能往前看，也不能往后退。之前没能往前看的错误已经犯下了；现在应该往后退，不要急于平叛。军阀再强，此时还是皇帝最强，以重新夺天下的心态，先巩固自己的根据地，凝聚自己的人心，再做远图。

但是，李适心态不行。什么心态呢？陆贽给他说得一针见血："孜孜汲汲，极思劳神，徇无已之求，望难必之效。"孜孜，是孜孜不倦；汲汲，是急促，心情急迫。极思劳神，他时时刻刻都在挖空心思想办法，对不可能办到的、没有办法的事情想办法；而他想出的办法，只会制造出更大的新问题，那他又需要想新办法了。

"徇无已之求，望难必之效"，这一个"必"字，是最大的毛病。儒家对"必"字解说很多。这种心态，叫"期必"，又叫"将迎意必"，期待结果必定会怎样，《论语》里叫"意必故我"，主观臆断，一厢情愿，将迎意必，固执己见，做不到"无我"。他每次想出一个办法，都认为这次肯定行，然后急不可耐马上就去做。结果嘛，当然是一地鸡毛。但是这一点都不会影响他的雄心，"孜孜汲汲，极思劳神"，他继续想下一招。

陆贽划出的道，是正道。政治的正道是什么呢？孔子说，就是"近者悦，远者来"。近处的百姓喜悦了，远方的人心就归附了。李适做的正相反，把近处的人也伤害了。陆贽的路线完全正确，但是要求时间长，来得慢。所以李适不能用，他要的招，是马上解决！你要马上解决嘛，就一招接一招，愈演愈烈，永远解决不了。

**20** 八月十七日，任命汴西运使崔纵兼魏州四节度都粮料使。崔纵，是崔涣之子。

**21** 九月十二日，神策军将领刘德信、宣武军将领唐汉臣与淮宁军将领李克诚在沪涧交战，战败。当时，李勉派唐汉臣率军一万人救援襄城，皇帝派刘德信率诸将家应募的三千人助战。李勉上奏说："李希烈精兵都在襄城，许州空虚，如果袭击许州，则自然解除襄城之围。"派二将向许州挺进，还差几十里就到许州时，皇帝派宦官前来，斥责他们违背诏书，二将狼狈返回，也没有派出斥候警戒。李克诚伏兵邀击，杀伤大半。唐汉臣逃奔大梁，刘德信逃奔汝州；李希烈游兵一路抢劫到伊阙（距洛阳南约十公里处）。李勉再派遣部将李坚率四千人助守洛阳，李希烈派军截断后路，李坚军无法返回。汴州军队由此一蹶不振，襄城更加危急。

**【华杉讲透】**

《孙子兵法》讲知胜之道，其中有一条："将能而君不御者胜。"将领很能干，君王又不干预者能胜。李勉本来施一个围魏救赵之计，而皇帝连这么小的部队都要派宦官来直接指挥，那就不是知胜，而是知道他要败了。

**22** 皇帝认为讨伐淮宁叛军的军队没有统一指挥，九月二十六日，任命舒王李谟为荆襄等道行营都元帅，更名为李谊；任命户部尚书萧复为长史，右庶子孔巢父为左司马，谏议大夫樊泽为右司马，其余将佐都精选当时朝廷和地方最有才干和名望的人。还未出发，突然发生泾州兵变，结果没有成行。萧复，是萧嵩的孙子；孔巢父，是孔子三十七世孙。

## 长安发生兵变，德宗出逃

**23** 皇帝征发泾原等诸道兵救援襄城。

冬，十月二日，泾原节度使姚令言率军五千人抵达京师。军士冒雨前进，非常寒冷，又多携带家中子弟而来，希望能得到丰厚赏赐，到了之后，一无所赐。

十月三日，行军到浐水，皇帝下诏，命京兆尹王翃犒劳军队，只有粗糙饭菜，一点肉也没有。众怒，把饭菜踢翻在地，扬言说："我们将战死沙场，却连一顿饱饭都不给，岂能以这条贱命去抵挡刀刃？听说琼林、大盈两座仓库，金帛满盈，不如一起去夺取。"于是穿上盔甲，大张旗帜，鼓噪而回，直奔京城。

姚令言入宫辞行，还在禁中，听到消息，飞驰到长乐阪，遇上变兵。军士向姚令言射击，姚令言抱着马鬣，突入乱兵，呼喊说："诸君失计！东征立功，何患不能富贵，为什么要做出这样灭族的事情？"军士不听，包围裹挟姚令言，一起西进。皇帝急忙命令赏赐绸缎，一人二匹。众人更加愤怒，射击传诏宦官。皇帝再派中使宣慰，变兵已经抵达通化门外，中使出门，被变兵杀死。皇帝又命拿出金帛二十车赏赐；变兵已经入城，喧声浩浩，无法遏止。百姓狼狈惊骇逃走，变兵大声呼喊说："你们不要怕，从此之后，再也没有人来'借'你们的钱，也不会有房产税了！"皇帝派普王李谊、翰林学士姜公辅出面慰谕。变兵已经于丹凤门外列阵，小民聚集围观的数以万计。

当初，神策军使白志贞掌管招募禁兵，东征将士战死的，白志贞都隐瞒不报，而是接受市井富家子弟的贿赂，把他们的名字补上去，于是，这些人名字在军籍上，领取军饷，接受赏赐，而人在街市上继续做生意。司农卿段秀实上言："禁兵不精，人数不全，如果突然发生患难，将如何应对？"皇帝不听。至此，皇帝召禁兵以御贼，竟无一人前来。变兵已斩关而入，皇帝于是与王贵妃、韦淑妃、太子、诸王、唐安公主从苑北门逃出，王贵妃把传国玉玺系在衣服中带着；后宫诸王、公主来不及跟上的有十之七八。

当初，鱼朝恩被诛杀后，宦官不再掌握军权，有叫窦文场、霍仙鸣的两个人，曾经在东宫侍奉皇帝，至此，率宦官左右一百人跟从，让普王李谊为前锋，太子手执兵器殿后。司农卿郭曙带着部曲数十人在猎苑中，听到警跸声，在道旁拜谒，然后率领部众跟从。郭曙，是郭暧（郭子仪的儿子）的弟弟。右龙武军使令狐建正在军中主持射击训练，听到消息，率麾下四百人跟从，于是命令狐建殿后。

姜公辅拦在皇帝马前叩首说："朱泚曾经做过泾州军统帅，因为是朱滔的哥哥，废处京师，快快不乐。臣曾经说，陛下对他既不能推心以待，就不如杀了他，不要等到后来，成为祸患。如今乱兵如果奉他为主，就难以制服了。请召他从行。"皇帝仓促之间，来不及采纳他的建议，说："来不及了！"于是匆匆上道。夜里抵达咸阳，仅吃了几勺饭。当时事发突然，群臣都不知道皇帝乘舆所在。卢杞、关播从中书省翻墙而出。白志贞、王翃及御史大夫于颀、中丞刘从一、户部侍郎赵赞、翰林学士陆贽、吴通微等在咸阳追上皇帝。于颀，是于顿的堂弟；刘从一，是刘齐贤的侄孙。

## 朱泚占据长安，德宗抵达奉天

变兵入宫，拥入含元殿，大喊说："天子已经跑了，大家自求富贵！"于是欢呼鼓噪，争相冲入府库，运出金帛，一直到精疲力竭才停止。小民也乘乱入宫，盗窃库物，出而复入，通宵不止。那些挤不进皇宫的，就在路上抢夺。诸坊居民各自相率自守。姚令言与乱兵商议说："如今众人无主，不能持久，朱太尉闲居私第，我们一起去推举他。"众人许诺。于是派骑兵数百人到晋昌里朱泚宅第迎接。夜半，朱泚骑马按辔，火炬夹道，卫队吆喝开路，进入皇宫，住进含元殿，警卫森严，自称暂且掌管六军。

十月四日清晨，朱泚迁居白华殿，发表文告，称："泾原将士久处边陲，不懂朝廷礼节，进入皇宫，以致惊动皇帝乘舆，西出巡幸。太尉已权临六军，所有神策军军士及文武百官凡有职位薪俸的，都到皇帝行在；不能前往的，即刻到本司报到。三天之后，检查两边都不在名册的，一律斩首！"于是百官出来晋见朱泚。有人劝他迎回皇帝乘舆，朱泚不悦，百官稍稍开始遁逃。

源休出使回纥回来后，皇帝对他赏赐很微薄，他怨恨朝廷，入宫晋见朱泚，屏退他人，密谈很久，为朱泚分析成败之道，又引用符命预言，劝他僭逆称帝。朱泚喜悦，但是还犹豫未决。宿卫诸军举白幡投降的，于宫门前列队，非常多。朱泚夜里从苑门出兵，白天再从通化门入城，络绎不绝，张弓露刃，以此假装兵多，威胁众人。

皇帝想起桑道茂的预言（参见公元780年记载，术士桑道茂说皇帝不出数年，将有离开皇宫的厄运。奉天有天子气，应该增高城墙，以备非常），从咸阳前往奉天。县衙官僚听闻皇帝车驾突然抵达，想要逃窜藏匿入山谷，主簿苏弁制止他们。苏弁，是苏良嗣的哥哥的孙子。文武百官也稍稍陆续抵达。

十月五日，左金吾大将军浑瑊抵达奉天。浑瑊一向有威望，众人倚恃他，稍稍安心。

十月六日，源休建议朱泚，十个城门全部戒严，所有朝士不得出城，朝士们往往换装为佣仆偷偷逃出。源休又为朱泚诱说文武之士，让他们归附朱泚。检校司空、同平章事李忠臣长久失去兵权，太仆卿张光晟自负其才，都郁郁不得志，朱泚全部起用他们。工部侍郎蒋镇出逃，坠马伤足，被朱泚抓获。之前，源休以才能，张光晟以节义，蒋镇以清廉，都官员外郎彭偃以文学，太常卿敬钎以勇略，都为时人所重，至此皆为朱泚所用。

凤翔、泾原将领张廷芝、段诚谏率军数千人救援襄城，还没出潼关，听闻朱泚占据长安，于是杀死他们的大将陇右兵马使戴兰，溃逃回京，归附朱泚。朱泚受到鼓舞，自以为众心所归，终于确定反谋，任命源休为京兆尹、判度支，李忠臣为皇城使。百官供职，六军宿卫，一切都按皇帝规格。

十月七日，皇帝李适任命浑瑊为京畿、渭北节度使，行在都虞候白志贞为都知兵马使，令狐建为中军鼓角使，任命神策都虞候侯仲庄为左卫将军兼奉天防城使。

朱泚认为司农卿段秀实被长期剥夺兵权，必定怏怏不乐，派骑兵数十人去召他。段秀实闭门拒绝，骑士翻墙而入，以兵器劫持。段秀实自度躲不过，对子弟们说："国家有难，我无法逃避，我当以死报国；你们最好各自求生。"于是前往见朱泚。朱泚喜悦说："段公来，我的事成了。"请他入座，向他问计。段秀实说："公本以忠义著闻天下，如今泾州军因为犒劳赏赐不丰厚，就干出猖狂之事，让皇帝颠沛流离。那犒劳赏赐不足，是有司的过错，天子怎么会知道？公应该以此开导晓谕将士，示以祸福之道，迎回皇帝乘舆，重返皇宫，这是莫大的功劳！"朱泚默然不悦，但是认为段秀实与自己都是被朝廷所废黜，还是推心置腹地委任他。左骁卫将军刘海滨、泾原都虞候何明礼、孔目官岐灵岳，都是段秀实一向所亲厚的，段秀实与他们密谋诛杀朱泚，迎回皇帝。

皇帝初到奉天，下诏征近道兵入援。有人上言："朱泚为乱兵所立，将要来攻城，应该早修守备。"卢杞切齿说："朱泚忠贞，群臣莫及，为什么要说他跟从作乱，伤大臣之心？臣请以全家百口担保朱泚不反。"皇帝也以为然，又听说群臣劝朱泚奉迎自己，于是下诏，命诸道援兵已经抵达的，都于三十里外扎营。姜公辅进谏说："如今宿卫单寡，防备不可不深，如果朱泚竭忠奉迎，也不怕我们兵多；如其不然，有备无患。"皇帝于是召全部援兵入城。

卢杞及白志贞对皇帝说："臣观察朱泚心迹，必定不至于为逆，愿择大臣入京城宣慰，以观察他。"皇帝问跟从的大臣们，都畏惧不敢去；唯有金吾将军吴溆请行，皇帝喜悦。吴溆退下后对人说："食君之禄，而逃避国难，何以为臣？我幸而为皇亲国戚，并非不知道去必死，只是看见举朝没有蹈难之臣，使圣情失望罢了！"于是奉诏去见朱泚。朱泚反谋已决，虽然表面上假装接受君命，招待吴溆住进宾馆，但很快就把他杀了。吴溆，是吴凑的哥哥。

朱泚派泾原兵马使韩旻率领精锐部队三千人，声言迎接皇帝大驾，实际上是要袭击奉天。当时奉天守备单弱，段秀实对岐灵岳说："事态紧急了！"让岐灵岳伪造姚令言军令，命令韩旻撤回，与大军一起出发。派出偷窃姚令言印信的人还没回来，段秀实把司农印倒过来盖章，伪造军令，招募一个善于奔走的人去追赶。韩旻至骆驿，得到军令，撤回。段秀实对同谋的人说："韩旻回来，我们都活不成了！我当直接冲上去与朱泚搏斗，杀了他，不成则死，终究不能做朱泚之臣！"于是令刘海宾、何明礼秘密联结军中勇士，想要让他们在外响应。韩旻带兵回来，朱泚、姚令言大惊。岐灵岳独自承担罪责，被杀，没有牵连到段秀实等。

当天，朱泚召李忠臣、源休、姚令言及段秀实等商议称帝的事。段秀实勃然而起，夺下源休象牙笏板，冲上前朝朱泚脸上吐口水，大骂说："狂贼！吾恨不得把你斩成万段，岂能跟从你造反？"然后以笏板猛击朱泚，朱泚举手遮挡，段秀实打中了他的额头，溅血洒地。朱泚与段秀实搏斗，左右由于事出仓促，感到愕然，不知所为。刘海宾不敢上前，乘乱逃逸。李忠臣上前帮助朱泚，朱泚得以匍匐脱走。段秀实知道大事不成，对朱泚党羽说："我不与你们同反，何不杀我？"众人争相上前，杀了他。朱泚一手捂着流血的伤口，一手制止众人说："这是义士，不要杀。"段秀实已死，朱泚为他哭丧，非常哀痛，以三品官员规格将他礼葬。刘海宾穿着丧服逃走，两天后被抓获，处死；口供没有牵连到何明礼。何明礼跟从朱泚攻打奉天，又密谋杀朱泚，事情失败，也被处死。皇帝听闻段秀实死，悔恨没有任用他，哭了很久。

**【华杉讲透】**

历史往往重复上演，角色剧本都一样。刺杀的事，有一个荆轲，就有一个秦舞阳。段秀实刺杀朱泚，刘海宾就相当于扮演了秦舞阳。

**24** 十月八日，任命少府监李昌巎为京畿、渭南节度使。

**25** 凤翔节度使、同平章事张镒，性格儒缓，喜欢打扮，注重仪容，不懂军事，听闻皇帝在奉天，想要迎接大驾，准备服装、用具、货财，进献到皇帝行在。他的后营将领李楚琳，为人剽悍，军中都畏惧他，曾经侍奉朱泚，为朱泚所厚待。行军司马齐映与同僚齐抗对张镒说："不除去李楚琳，他必定为首作乱。"张镒命李楚琳出兵屯驻陇州。李楚琳找个借口，不按时出发。张镒正以迎驾为忧，以为李楚琳已经走了。李楚琳夜里与其党羽作乱，张镒用绳子从城墙吊下逃走，被变兵追上杀死。判官王沼等也被杀。齐映从出水的孔道逃出，齐抗乔装成用人，背着东西，混出城外，二人得以逃生。

当初，皇帝因为奉天城小，想要前往凤翔，户部尚书萧复听闻，赶忙请见，说："陛下大误，凤翔将卒都是朱泚的旧部曲，其中必有与他同恶的。臣尚且担忧张镒支撑不了太久，岂能让陛下的车驾蹈入不测之渊？"皇帝说："我已经决定了，为了你的话，暂且多留一天看看吧。"第二天，凤翔兵变消息传来，于是打消念头。

齐映、齐抗都赶到奉天，皇帝任命齐映为御史中丞，齐抗为侍御史。李楚琳自封为节度使，投降朱泚；陇州刺史郝通投奔李楚琳。

**26** 商州团练兵杀死刺史谢良辅。


### 朱泚称帝，崔宁遭卢杞构陷被杀

**27** 朱泚从白华殿入驻宣政殿，自称大秦皇帝，改年号为应天。

十月九日，朱泚任命姚令言为侍中、关内元帅，李忠臣为司空兼侍中，源休为中书侍郎、同平章事、判度支，蒋镇为吏部侍郎，樊系为礼部侍郎，彭偃为中书舍人，其余张光晟等，都一一拜授官职。

朱泚立弟弟朱滔为皇太弟。

姚令言与源休共掌朝政，凡朱泚的谋划、官员升降、军旅、资粮，都向源休汇报。源休劝朱泚诛杀在京城的宗室，以断绝人们对唐朝的期望，于是杀郡王、王子、王孙共七十七人。不久，又任命蒋镇为门下侍郎，李子平为谏议大夫，都兼任同平章事。蒋镇忧惧，怀里总是藏着匕首，想要自杀，又想逃走，但是性格怯懦，两样都没干成。源休劝朱泚诛杀朝士中逃窜藏匿者，以胁迫其他人，蒋镇竭力挽救，靠他得以保全的人非常多。樊系为朱泚撰写登基诏书，写好之后，服毒自杀。大理卿、胶水人蒋沇前往皇帝行在，被朱泚的士兵抓到，逼他在伪朝廷当官，蒋沇绝食称病，得以逃走。

**28** 哥舒曜军粮吃尽，抛弃襄城，投奔洛阳；李希烈攻陷襄城。

**29** 右龙武将军李观率卫兵一千余人跟从皇帝到奉天，皇帝委托他招兵，数日，得五千余人，在大街上列队，旗鼓严整，城里人为之心气大增。

姚令言之前率军东下时，任命兵马使、京兆人冯河清为泾原留后，判官、河中人姚况知泾州事。冯河清、姚况听闻皇帝逃到奉天，集合将士大哭，以忠义激励他们，发给盔甲、兵器和各种装备一百余车，通宵运送到皇帝行在。城中正苦于没有武器盔甲，得到之后，士气大振。

皇帝下诏，任命冯河清为四镇、北庭行营、泾原节度使，姚况为行军司马。


**30** 皇帝到了奉天数日，右仆射、同平章事崔宁抵达，皇帝非常高兴，慰劳有加。崔宁退下后，对亲近的人说："主上聪明英武，从善如流，只是为卢杞所惑，以至于此！"言罢潸然泪下。卢杞听闻，与王翃密谋陷害他。王翃对皇帝说："臣与崔宁一起出京城，崔宁数次下马撒尿，很久都不回来，有观望成败，再做决定之意。"正巧朱泚下诏，任命左丞柳浑为同平章事，崔宁为中书令。柳浑，是襄阳人，当时逃亡在山谷。王翃命盩厔县尉康湛伪造崔宁写给朱泚的信，交给皇帝。卢杞于是诬陷说崔宁与朱泚结盟，约为内应，所以单独后到。

十月十一日，皇帝派宦官召崔宁进帐，说要宣读密旨，两位力士从身后将他缢杀，朝廷内外都说他冤枉；皇帝听闻，赦免他的家属。


### 【华杉讲透】

崔宁明知道卢杞害死了很多人，却不小心对"亲近的人"说了心里话，以致于丢了性命。"亲近的人"为什么不可信呢？并不是说他会去告密，而是你说出了大家的心里话，大家都想说，但是自己说出来没有力度，而如果转述为"连崔宁都说"，那就比较鼓舞人了。在这样的转述下，不出两次，就会传到卢杞的耳朵里。

反过来，卢杞陷害崔宁，则是精心策划了一个"三人成虎"之计。《战国策·魏策二》中说，街市上不可能有老虎逛街，这是很明显的事，但是如果三个人都跟你说他看见了，你就信了。卢杞先让王翃做一个铺垫，然后由康湛举报，最后自己出面直接指控，皇帝就中了圈套。

那么，崔宁应该怎么办呢？要么明哲保身，一言不发，以后再说；要么他就应该乘着皇帝落难，当面弹劾卢杞，历数他的罪恶，把丢失京城的责任全部推给卢杞。这样做，首先证明自己是真正的忠臣，是在为国除害；即便皇帝不听，公开成为卢杞的敌人，卢杞也不能用这种手段陷害他了，因为卢杞不管向皇帝指控崔宁什么，皇帝都认为他们之间有私仇，他的话不可信；最糟糕的结果——被卢杞害死，那也死得其所，不至于背着反贼之名被皇帝处死。

读史的关键是复盘，代入自己，想想如果是你，你会怎么做。

**31** 朱泚遣使送信给朱滔，声称："三秦之地，指日克平；大河之北，委托你铲除贼匪，我当与你会师于洛阳。"朱滔收到信，又将来信在军府中传阅，并通告各道，以自夸自大。

**32** 皇帝派宦官到魏县行营（讨伐田悦的各军）通知京师兵变消息，诸将相与恸哭。李怀光率众奔赴长安，马燧、李芃各自引兵回本镇，李抱真撤退屯驻临洺。

**33** 九月十三日，任命户部尚书萧复为吏部尚书，吏部郎中刘从一为刑部侍郎，翰林学士姜公辅为谏议大夫，都担任同平章事。

**34** 朱泚亲自率军进逼奉天，军势盛大。任命姚令言为元帅，张光晟为副帅，任命李忠臣为京兆尹、皇城留守，仇敬忠为同、华等州节度使、拓东王，以抵御关东军队，任命李日月为西道先锋经略使。

邠宁留后韩游瑰、庆州刺史论惟明、监军翟文秀，受诏率军三千于便桥抵御朱泚，与朱泚在醴泉遭遇。韩游瑰想要撤回奉天，翟文秀说："我军去奉天，贼军也追随而至，这是引贼以逼迫天子。不如留在这里扎营，贼军必定不敢越过我军去奉天。如果他们不顾而过，则我军与奉天军前后夹攻他们。"韩游瑰说："贼强我弱，若贼分军以牵制我军，主力直扑奉天，奉天兵力也弱，怎么夹攻？我军现在急忙行军去奉天，是保卫天子。况且我军士卒饥寒，而贼军财物很多，如果他们以钱财引诱我军士兵，我没法禁止。"于是引兵进入奉天；朱泚也尾随而至。官军出战，不利，朱泚兵争抢城门，想要冲进去；浑瑊与韩游瑰血战一整天。门内有几辆草车，浑瑊派虞候高固率甲士以长刀砍杀，都以一当百，再拖曳草车，堵塞城门，纵火焚烧。众军乘着火势出击，贼军于是撤退。当天夜里，朱泚于城东三里扎营，敲击木梆巡夜，点起营火，布满原野，又命西明寺僧法坚制造攻城装备，拆毁佛寺木材，用来做长梯和冲车。韩游瑰说："寺庙的木材，都是干柴，准备火种等待敌人攻城就行。"高固，是高侃的玄孙。

朱泚自此每天都来攻城，浑瑊、韩游瑰等昼夜力战。前去救援襄城的幽州兵听闻朱泚造反，突入潼关，到奉天归附朱泚，普润戍卒也归附他，有部众数万人。

皇帝与陆贽语及祸乱缘故，深深地责备自己。陆贽说："导致今日之患的，是群臣之罪。"皇帝说："这也是天命，不是人事。"陆贽退下后，上疏，认为：

"陛下志在统一全国，出军四方，征讨叛逆，凶贼（田悦、李纳等）尚未诛灭，逆将（朱滔、李希烈等）又继起作乱，兵连祸结，将近三年。征兵越来越多，赋税越来越重，内自京邑，外到边陲，出征的将士有丧生之忧，居家的平民也面临随时被诛杀勒索的厄运。所以，叛乱继起，怨谤并兴，大忧大患，全国人民都同受其苦。唯有陛下泰然高居于深宫之中，四周一片宁静，听不见天下的沸腾，一直等到凶卒擂鼓前行，白昼侵犯宫阙，才猛然惊醒。这岂不是我们自己让人有机可乘，而变兵反而是顺应了人心？

"陛下有股肱之臣，有专门负责情报的，有专门负责谏诤的，有专门负责保卫的，可是，见危不能竭其诚，临难不能效其死。所以，我说导致今日之患，都是群臣之罪，岂是一句空话？

"圣旨又说国家兴衰，都有天命。我听说，上天所看所听的，都是人！（《尚书》：'天视自我民视，天听自我民听。'上天所看到的来自我们老百姓所看到的，上天所听到的来自我们老百姓所听到的。所谓'人在做，天在看'，就是人在看。）所以祖伊斥责纣王不应该说：'我生不有命在天（难道我的命运不是由上天决定吗）！'武王数落纣王之罪说：'他竟然宣称自己有天命，对自己做的错事，从不后悔。'这就是必定不可舍弃人事而把责任推给天命的道理！《易经》说：'视履考祥（实践真理，就是吉祥）。'又说：'吉凶者，失得之象（吉，就是做得对；凶，就是犯了错误）。'这就是天命由人的道理，非常明显了。圣人的哲理，《六经》所注，都说祸福由人，不说盛衰有命。人事有条理，而天命降下祸乱的事，从未有过；人事乱而天命降下福报的，也从未发生。

"近年以来，征讨颇频，法网严密，物力耗竭，人心惊疑，就像居于惊涛骇浪之中，浮动而不能安定。上自朝臣，下至黎民百姓，亲戚朋友们日夜聚集在一起，讨论商议，都担忧必有变故，不久之后，泾原士卒叛乱，果然跟大家担忧的一样。

"京师之人，动不动就预测未来，并不是因为他们都通晓占卜，只是说明招致寇乱的缘由，未必都跟天命有关。臣听说，'理'或许会生出'乱'，'乱'或许能资助'理'，有无难而失守的，也有因多难而兴邦的。如今生乱失守之事，已经既往而不可复追了；而资理兴邦之业，在于陛下克勤克俭，勉励自己，谨慎修为。不必担忧那些作乱之人，也不必畏惧面临的厄运！只需勤励不息，就足以再造天下太平，岂止荡涤妖孽，重返宫阙而已？"

## 【华杉讲透】

### 做事的三条准则

德宗皇帝先是"深自克责"，全都怪自己，也不把责任推给群臣；继而又说："此亦天命，非由人事。"自己也没责任，大家都没责任，全

249

是天命。天命所在，不就是皇帝吗？你自己就是天命。天命的责任，就是皇帝的责任。

德宗为什么不怨群臣呢？因为他根本没把群臣放在眼里，他认为自己都能解决。但是，到了最后，一件事也没干成，反而越搞越糟。这时候，他陷入了一种深深的无力感，那种典型的个人在大时代面前的无力感，全国人民都深陷其中的那种无力感，现在德宗皇帝也感受到了。

德宗的问题，大概是三条：一是目标定得太高，二是心太急，三是总想以最小代价获得最大效益。这也是我们今天很多企业家的通病。药方也很简单，三味药：一是目标要定得低；二是不要心急，自己解决不完，下一代解决也行；三是坚持以最大投入获取最小回报。

德宗说都怪天命也没错。天是什么呢？就是大时代。我们今天面临的一切，是历史上发生的一切事情的总和的结果，而我们今天的行为，又决定未来。德宗所面临的局面，是从唐玄宗闯祸开始，一路延续下来的天下大乱。从安史之乱到现在，已经三十年了。积累了三十年的问题，理论上解决它也需要三十年。如果你按三十年去定战略，做计划，就一切都顺了。如果你心急，想三年就解决，就会重复十个三年、二十个三年，越搞越糟。这就是心越急，不仅时间拖得更长，而且解决不了问题。

治疗"心急症"的药方，就是两句话："最高的效率是不返工，最快的进步是不退步。"一次没搞成，就要返工，就反而退步，这就是德宗的情况。如果每一次都做对，每一步都向前拱一小步，从来没有退步过，那看起来进展慢，却会很快很快达成结果。

目标问题，德宗要定的目标，不是平叛，而是首先把自己现在控制的地区搞好！自己本来就是唯一合法君主，国家搞好了，叛乱区民众自然心向朝廷，叛贼内部自然会分化，等到有机可乘的时候，派出王师，就可传檄而定。这就是《孙子兵法》说的"先为不可胜，以待敌之可胜"，也是陆贽在上一封奏折里说的巩固根本之计。德宗一心想要平叛，结果是在自己内部制造出了新的叛乱，直接把皇宫都丢了。这就是我们说过多次的：你解决问题的举措，可能不仅不能解决问题，反而会制造出新的、更大的问题。

总结一下，在巨大的困难面前，我们都会有无力感。无力感会带来两个问题，一是颓废放弃，就像德宗此时的心情；二是冀图侥幸，走向冒险，这也是德宗的常态。解决无力感，就要降低目标，不要心急，能做什么就做什么。如果德宗此时把目标定为先搞好朝廷控制的地区，那他一下子就能获得"有力感"，励精图治，大有可为！

最后说"投入产出"问题。这次兵变的诱因，是士兵待遇问题，赏赐问题。我们看德宗历次处理问题，都是想要以小博大，能少付一点代价就少付一点代价，而不是压倒性投入，加大保险系数。这也是他的弱点。

德宗有一个陆贽，陆贽的每一句话、每一个字都对，都能落地，可执行，但是德宗听不懂，不能任用他，而是一直被卢杞之流牵着鼻子走。他为什么不能辨别忠奸呢？所有的不能辨别忠奸，都是因为自己的心不正。如果自己的心正，则心如明镜，物来则照，了了分明。如果自己的心不正，那"心镜"就蒙上了污垢，看不清人和事物。德宗的问题，还是私心太重，对国家和人民，他并没有诚意。

"苟利国家生死以，岂因祸福避趋之。"这句话可以送给德宗。

## 王武俊密结官军，朱泚围攻奉天

**35** 田悦游说王武俊，让他与马寔联合攻击退守临洺的李抱真，李抱真则再次派贾林游说王武俊："临洺兵精而有备，不可轻视。如今战胜得地，则利归魏博；不胜，则恒冀大伤。易州、定州、沧州、赵州，都是您的故土，不如先攻取这些地区。"王武俊于是辞别田悦，与马寔北归。十月十八日，田悦在馆陶为王武俊送行，执手泣别，下到将士，馈赠非常丰厚。

之前，王武俊召回纥兵，让他们截断李怀光等粮道，李怀光等已经西去，而回纥达干（回纥官职）率领回纥一千人、杂兵二千人才抵达幽州北境。朱滔乘势游说，想要与他们一起进军河南，攻取东都洛阳，接应朱泚，许诺事成之后，河南的子女、金帛都归他们。朱滔娶回纥女为侧室，回纥人称他为朱郎，又贪图俘虏抢掠所得，许诺同意朱滔。

贾林再次游说王武俊："自古国家有患，未必不能因此而中兴。何况主上九叶天子（高祖、太宗、高宗、中宗、睿宗、玄宗、肃宗、代宗，德宗是第九任皇帝），聪明英武，天下谁肯舍弃他，而去侍奉朱泚呢？朱滔自从担任盟主以来，对同列态度轻蔑，河朔地区古代并无冀国，冀只是一个大夫的封地，如今朱滔称冀王，又西倚其兄，北引回纥，他的志向，是想吞并整个河朔地区，到那时候，您就算愿意做他的臣子，恐怕也不可得了。况且您雄勇善战，朱滔根本不能跟您比；而且，您本来是以忠义手诛叛臣（李惟岳），是当时的宰相（卢杞）处置失宜，又被朱滔所诳骗引诱，所以蹉跌至此，不如与昭义军并力攻取朱滔，从形势来看，必定获胜。朱滔灭亡之后，朱泚自然就瓦解了。这是不世之功，转祸为福之道。如今诸道兵马从四面八方围攻朱泚，很快就会将他扫平。如果等天下已定，您再悔过而归国，则为时已晚！"

当时王武俊已经与朱滔有矛盾，听了这话，卷起袖子，慷慨激昂说："对有二百年国祚的天子，我都不能称臣，岂能向此田舍儿称臣？"于是秘密与李抱真及马燧相结，约为兄弟。但表面仍然侍奉朱滔，礼数非常周到，与田悦各自遣使到河间晋见朱滔，祝贺朱泚称帝，并且请求马燧率军相助，一起攻打据守赵州的康日知。


**36** 汝州、郑州应援使刘德信率子弟兵驻扎在汝州，收到皇帝落难消息，引兵入援，与朱泚军战于见子陵，得胜。因为东渭桥囤积有转运的粮食，十月十九日，进军屯驻东渭桥。

**37** 朱泚夜攻奉天东、西、南三面。十月二十日，浑瑊力战将他击退；左龙武大将军吕希倩战死。十月二十一日，朱泚再次攻城，将军高重捷与朱泚部将李日月战于梁山之下。高重捷将他击破，乘胜逐北，身先士卒，被叛军伏兵生擒。其麾下十余人奋不顾死，追击，想要把他抢回来。叛军不能抵御，于是斩下他的首级，抛弃尸身而去。麾下收尸入城，皇帝亲自抚尸哀哭，用蒲草扎成头，与遗体一起安葬，追赠为司空。朱泚见了他的首级，也哀哭说："忠臣也！"用蒲草扎成身体，和头一起下葬。李日月，是朱泚的骁将，战死于奉天城下；朱泚把他的尸体运回长安，厚葬。李日月的母亲始终不哭，骂道："奚奴！国家有什么地方辜负你，你要造反？你现在死，已经是死得晚了！"后来朱泚败亡，贼党全部被灭族，唯独李日月的母亲没有连坐。

十月二十五日，加授浑瑊为京畿、渭南、北、金商节度使。

**38** 十月二十八日，王武俊与马寔抵达赵州城下。

**39** 当初，朱泚镇守凤翔时，派部将牛云光率领幽州兵五百人戍防陇州，任命陇右营田判官韦皋为陇右留后。后来陇州刺史郝通弃职逃奔凤翔，牛云光诈称生病，想要等韦皋来探病时，伏兵逮捕他，以响应朱泚，事情泄露，牛云光带着自己的部众投奔朱泚。走到汧阳，遇到朱泚派来的宦官苏玉，带着诏书，要加授韦皋为中丞，苏玉对牛云光说："韦皋只是一个书生而已。您不如与我一起去陇州，如果韦皋受命，那他就是我们的人；如果不受命，你带兵诛杀他，不就跟杀一只猪崽一样吗？"牛云光听从。

到了陇州，韦皋在城上问牛云光说："之前不辞而别，现在又回来，这是为何？"牛云光说："之前不知道您的心，现在您有新的任命，所以回来，希望与您推心置腹。"韦皋于是先让苏玉进城，接受他的诏书，对牛云光说："将军如果没有异心，请交出全部盔甲武器，让城中没有疑心，部队才可以进城。"牛云光认为韦皋一个书生，没把他当回事，于是交出全部盔甲武器，徒手进城。

第二天，韦皋于郡舍宴请苏玉、牛云光及其士卒，埋伏甲兵，将他们全部诛杀。筑坛，与将士们盟誓说："李楚琳谋杀本使（杀死他的上司——凤翔节度使张镒，自任节度使，投靠朱泚），他既不侍奉上司，岂能体恤下属？应该一起讨伐他！"派他的哥哥韦平、韦弇前往奉天，又遣使求援于吐蕃。

# 德宗神武圣文皇帝四

## 建中四年（公元783年）

**1** 十一月二日，以陇州为奉义军，擢升韦皋为节度使。朱泚又派宦官刘海广前往，许诺任命韦皋为凤翔节度使；韦皋将刘海广斩首。

**2** 灵武留后杜希全、盐州刺史戴休颜、夏州刺史时常春，会合渭北节度使李建徽，合兵一万人勤王，将要抵达奉天，皇帝召集将相，商议从哪条道行军进城。关播、浑瑊说："漠谷道路险要狭窄，恐怕被贼军伏击。不如从乾陵北侧通过，紧靠柏城（皇帝陵墓种满柏树，俗称柏城）而行，于城东北鸡子堆扎营，与城中掎角相应，并且可以分化贼军兵势。"卢杞说："漠谷路近，如果被贼军邀击，则城中出兵接应即可。如果走乾陵，恐怕惊动先帝陵寝。"浑瑊说："自从朱泚围城，砍伐乾陵松柏，日夜不停，对陵寝的惊动已经够多了。如今城中危急，诸道救兵未至，只有杜希全等赶来，干系重大，如果能在险要地方扎营，则可击破朱泚。"卢杞说："陛下行军，岂能与逆贼相提并论？如果让杜希全等经过，那是我们自己惊动陵寝。"皇帝于是命杜希全等从漠谷进军。

十一月三日（原文为"丙子日"，根据柏杨考证修改），杜希全等军抵达漠谷，果然被贼军邀击，从高处以大弩、巨石攻击，死伤惨重。城中出兵应接，又被贼军击败。当晚，四军崩溃，退保邠州。朱泚就在奉天城下检阅缴获的官军辎重，从官相视失色。戴休颜，是夏州人。朱泚攻城更急，环城挖掘壕沟。朱泚把大帐移到乾陵，俯瞰城中，一动一静都看得分明。还不时遣使环城招诱士民，嘲笑他们不识天命。

### 【胡三省注】

从两河兵兴到皇帝流亡，卢杞的话没有一句不误国，而德宗对他信任如故，这是昏庸之甚了。

### 【华杉讲透】

这在传播学上叫"议程设置"，指通过安排相关的议题来左右人们关注哪些事实和意见，以及他们谈论的先后顺序。你可能无法决定人们怎么想，却可以影响人们想什么。在这次军事会议中，议程本来是讨论勤王军队的行军路线，卢杞却把议程偷换为是否要惊动先帝陵寝。你跟他谈行军安全，他跟你谈先帝陵寝，这就是议程设置。奸臣奸臣，奸就奸在通过偷换议程掌控权力。

**3** 神策河北行营节度使李晟病愈，听闻皇帝到了奉天，率众将勤王。张孝忠迫于朱滔、王武俊，倚靠李晟为援，不想要李晟走，一再阻止。李晟于是留下儿子李凭，让他娶张孝忠的女儿为妻，又解下玉带贿赂张孝忠亲信，让他帮忙说话，张孝忠于是允许李晟西归，派大将杨荣国率精锐士兵六百人与李晟同行。李晟引兵出飞狐道，昼夜兼行，抵达代州。

十一月四日，皇帝加授李晟为神策行营节度使。

**4** 王武俊、马寔攻打赵州，不能攻克。十一月八日，马寔回瀛州，王武俊送行，一直送出五里，犒赏馈赠非常丰厚；王武俊也回恒州。

**5** 皇帝逃到奉天时，陕虢观察使姚明敭把军事委任给都防御副使张劝，自己前往皇帝行在。招募士兵得数万人。十一月十一日，皇帝任命张劝为陕虢节度使。

## 朱泚被李怀光击败，李怀光被卢杞排挤

**6** 朱泚攻围奉天一个多月，城中物资、粮食全部消耗一空。皇帝曾经派健步善走的人出城侦查敌情，那人跪在皇帝面前，恳切地说，天气非常寒冷，乞请给他一套衣裤。皇帝为他寻求，无法找到，最后只能悲悯不语，派遣他出发。当时供应御厨房的，才有糙米二斛，每每趁着贼军休息的时候，夜里把人用绳子吊出城外，采集芜菁根给皇帝食用。皇帝召集公卿将吏，对他们说："朕因不德，自陷危亡，这是活该。你们无罪，应该早早投降，以救自己家室。"群臣都顿首流涕，愿尽死力，所以将士们虽然困急，锐气不衰。

皇帝到奉天时，粮料使崔纵劝李怀光入援，李怀光听从。崔纵搜刮所有军资，与李怀光一起前来。李怀光昼夜倍道兼程，抵达河中，精疲力竭，休兵三日。河中尹李齐运倾力设宴犒赏，军士们还想拖延。崔纵先把货财运送渡河，对众人说："到了河西，全部分赐给你们。"众人贪财，于是渡过黄河，屯驻于蒲城，有部众五万人。李齐运，是李晖的孙子。

李晟西上，沿途招募士兵，也从蒲津渡过黄河，驻军于东渭桥。开始时有士卒四千人，李晟善于抚御，与士卒同甘共苦，人们都乐意跟从他，十天半月之间，发展到一万余人。

神策兵马使尚可孤讨伐李希烈，率三千人在襄阳，从武关入援，驻军于七盘，击败朱泚部将仇敬，于是攻取蓝田。尚可孤，是宇文部落一

个支派。

镇国军副使骆元光，他的祖先是安息（伊朗）人，宦官骆奉先把他收为养子，将兵镇守潼关近十年，为众人所服。朱泚派部将何望之袭击华州，刺史董晋弃州逃走，投奔皇帝行在。何望之占据华州城，准备聚集兵马，截断东方供应奉天物资的道路。骆元光引关下兵袭击何望之，何望之撤回长安。骆元光于是驻军华州，招募士卒，数日，得一万余人。朱泚几次派兵攻打骆元光，都被骆元光击退，贼军由此不能向东。皇帝即刻任命骆元光为镇国军节度使，骆元光于是率军二千人向西，屯驻在昭应。

马燧派他的行军司马王权和其儿子王汇将兵五千人入援，屯驻在中渭桥。

于是，朱泚党羽所占据的，只有一座长安城而已，官军的游骑兵不时抵达望春楼下。李忠臣等屡次出兵，都战败，求救于朱泚，朱泚担心民间乘机偷袭他，所派的兵都昼伏夜行。

朱泚十分担心长安局势，于是急攻奉天，让和尚法坚制造云梯，高数丈，宽也数丈，裹上犀牛皮，下装巨大的车轮，上面可容纳壮士五百人；城中人望见，惊恐畏惧。皇帝问群臣，浑瑊、侯仲庄回答说："臣看那云梯非常沉重，既然沉重，就容易陷进地里去。臣建议，在他来的路上挖地道，用木柱支撑，准备火种等待（云梯车经过时烧毁木柱，地道塌陷，则云梯车陷入地道中）。"神武军使韩澄说："云梯小技，不足上劳圣虑，请让臣去抵御。"他观察那云梯的攻击方向，是城东北角，于是在三十步范围内，储积大量膏油、松脂、干柴、苇草。

十一月十四日，朱泚集结重兵，鼓噪攻南城，韩游瑰说："这是声东击西，想要分散我们的兵力。"于是引兵严密防备东北。

十一月十五日，北风迅急，朱泚军推着云梯，上面盖着湿毛毡，悬挂着水囊，载壮士攻城，两翼各有轒辒（攻城用的一种特殊战车。其顶上和两侧皆有用木头和生牛皮构成的坚固屏障）保护，士兵躲在下面，抱着干柴，背着土囊，填平壕沟上前，箭、石、火炬都不能伤到他们。贼军并兵攻城东北隅，乱箭飞石，如雨而下，城中死伤不可胜数。

贼兵已有登上城墙的，皇帝与浑瑊相对哭泣，群臣唯有仰首向上天祷告。皇帝把从御史大夫到食封邑五百户以下的一千多张空白委任状，授给浑瑊，让他招募敢死之士抵御，又赐给他御笔，授权他根据将士功劳大小，直接填上名字发给他们，如果委任状发光了，就把封的官爵直接写在对方身上，并且说：“朕现在就与卿道别了。”浑瑊俯伏流涕，皇帝抚着他的背，悲不自胜。当时士卒们饥寒交迫，又缺乏盔甲，浑瑊抚慰晓谕他们，激励以忠义，士兵们都鼓噪力战。浑瑊被流箭射中，仍然继续战斗，没有喊一声痛。正巧云梯辗过地道，一个轮子陷进去，不能前进，火从地中烧出来，风势也转回吹向叛军，城上人投下苇草火炬，抛掷松脂，喷洒膏油，欢呼震地。一会儿工夫，云梯及梯上人都烧为灰烬，几里外都能闻到尸臭，贼军引退。于是三个城门都出兵，太子亲自督战，贼军大败，死亡数千人。对于受伤的将士，太子亲自为他们包扎。入夜，朱泚再次前来攻城，箭射到皇帝跟前三步坠落，皇帝大惊。

李怀光自蒲城引兵直向泾阳，沿着北山向西，先派兵马使张韶身穿平民服装，走小道到皇帝行在，把表章藏在蜡丸中。张韶到了奉天，贼军正在攻城，见到张韶，以为是个贱民，驱使他与其他民工一起填壕沟。张韶找到机会，翻越壕沟跑到城下高呼：“我是朔方军使者。”城上人放下绳子吊他上去，等拉上城墙，身上已经中了几十箭，守军从他身上找到奏表，上呈皇帝。皇帝大喜，命人把张韶抬在担架上，绕城游行，四面城墙上，士兵们都欢声如雷。

十一月二十日，李怀光于澧泉击败朱泚兵。朱泚收到消息，惧怕，引兵遁回长安。众人都认为，李怀光再晚三天来，奉天城就陷落了。

朱泚已退，从臣都向皇帝道贺。汴滑行营兵马使贾隐林进言说：“陛下性格太急，不能容人，如果这个性格不改，就算朱泚败亡，灾难也不会结束！”皇帝并不生气，还称赞他。侍御史万俟著开通金州、商州运输道路，包围既已解除，诸道贡赋相继抵达，花费才开始充足起来。

朱泚到了长安，也不再进取，一心只想着怎么守城，不时从城外派人来，周走呼喊说：“奉天城已经攻破啦！”以此迷惑众人。朱泚已占据国府财富，不爱金帛，散财以取悦将士，公卿家属在城内的，每个月都发给俸禄。神策军及六军跟从皇帝车驾及哥舒曜、李晟的，朱泚也给他们的家属供应粮食；加以修缮器械，每天花费非常大。等到后来长安平定，府库中还有余蓄，看见的人都追怨当年有司的横征暴敛。

有人对朱泚说："陛下既受命，唐朝的陵墓不宜再保存。"朱泚说："朕曾经北面侍奉唐朝，岂能忍心做出这样的事？"又有人说："百官缺额很多，请派兵胁迫士人出任。"朱泚说："强迫授给他官职，让人恐惧。他如果自己想当官，就委任他，何必去敲门拜官呢？"他所能任用的，只是范阳、神策团练兵。泾原士卒骄纵，都不听他指挥，只是守着自己所抢掠来的财货，不肯出战，还密谋杀朱泚，没有成功才作罢。

李怀光性格粗疏，从山东来赴难，经常跟人谈起卢杞、赵赞、白志贞是奸臣，并说："天下之乱，都是这些人弄的！等我见了皇帝，当请皇帝诛杀他们。"解了奉天之围后，自认为立下大功，皇帝必定以高规格接待他。有人对王翃、赵赞说："李怀光一路愤叹，说宰相谋议乖方，度支赋敛烦重，京尹犒赐刻薄，以致皇帝逃亡，都是这三个大臣之罪。如今李怀光新立大功，皇帝必定开诚布公，向他询访得失，如果他把这些话说给皇帝听，岂不是太危险了？"王翃、赵赞将这话告诉卢杞。卢杞心中惧怕，不动声色地对皇帝说："李怀光立下大功，社稷全都依靠他，贼徒破胆，都无心守城，如果派他乘胜取长安，则一举可以灭贼，这是破竹之势。如果现在让他入朝，必当赐宴，流连多日，让贼军进入京城，得以从容准备防御，恐怕就难办了！"皇帝以为然。下诏命李怀光直接引军屯驻便桥，与李建徽、李晟及神策兵马使杨惠元克期共取长安。李怀光自以为数千里竭诚赴难，击破朱泚，解除重围，而咫尺之隔，竟然见不到天子，怏怏不乐，说："我今天已被奸臣排挤，国家前途无望，这是可以知道的了！"于是引兵离去，到了鲁店，留下休整二日，继续前行。

## 【华杉讲透】

卢杞再次展现了他偷换议程的"奸臣专业技能"，本来该讨论如何赏赐立下不世之功的李怀光，却把议程改成不能耽误时间，要乘胜攻取长安。德宗皇帝马上上当，为什么上当呢？因为他一贯地做人太差！危急时啥都可以给，稍微缓一口气，他又端起架子来。之前空白委任状一发就是一千多张；等到李怀光救了他的命，他只是暂时安稳下来，就竟然连接见一下的面子都不给，完全将其视若无物。像德宗这种老板，跟他做事是最没意思的，李怀光最终也要被他推到自己的对立面了。

李怀光的错是什么呢？他是个粗人，没有那些"文化人"狡猾，大嘴巴没遮拦，太早暴露了自己的心思。如果他一言不发，见了皇帝再弹劾卢杞，就没有后面的事了。

**7** 剑南西山兵马使张朏率所部兵作乱，攻入成都，西川节度使张延赏弃城逃奔汉州。鹿头戍将叱干遂等讨伐，斩张朏及其党羽，张延赏重返成都。

**8** 淮南节度使陈少游将兵讨伐李希烈，屯驻在盱眙，听闻朱泚作乱，撤回广陵，挖掘壕沟，修筑堡垒，修缮武器、盔甲。浙江东、西节度使韩滉关闭所有关口和桥梁，禁止马牛出境，修筑石头城，挖井近百口，修缮宾馆、宅第数十座，又整修营垒工事，西起建业，东抵京岘，碉堡相连，以准备迎接皇帝车驾渡江，同时也是保自己。陈少游发兵三千人在江北阅兵；韩滉也出动水军三千人在京江耀武扬威，与他呼应。

盐铁使包佶有钱帛八百万，准备运往京师。陈少游认为叛军占据长安，什么时候能收复还不知道，想要强取。包佶不给，陈少游准备杀他；包佶惧怕，把妻子、儿女藏在文件堆里，紧急渡江。陈少游没收了全部钱帛。包佶有守财卒三千人，陈少游把他们全部编入自己旗下。包佶只与数十人一起到了上元，又被韩滉劫夺。

当时南方藩镇各自闭境自守，唯有曹王李皋数次派使者抄小路前往进贡。李希烈攻逼汴州、郑州，江淮地区道路断绝，朝贡都绕道宣州、饶州、荆州、襄州前往武关。李皋修建驿站，平整道路，由此往来使者，通行无阻。

## 陆贽规劝德宗听从劝谏，德宗采用他的话

**9** 皇帝问陆贽，当今最紧急的任务是什么。陆贽认为，之前之所以造成祸乱，都是因为上下之情不通，劝皇帝要经常接见臣下，听从谏劝，于是上疏，大略说：

"臣认为当今急务，在于审察群情，人心所向的事情，陛下先去做；人心所厌恶的，陛下先革除。皇帝好恶与天下人相同，而天下人不归心的，自古及今，从未有过。治乱之本，系于人心，何况现在，正是变故动摇之时，危疑向背之际，人之所归则屹立，人之所离则倾覆，陛下怎能不审察群情，与人民同爱同恨，让亿兆归心，以安邦定国！这就是当今的急务。"（陆贽这段话，就是我们现在经常听到的，看人民高兴不高兴：人民高兴的，就去做；人民不高兴的，就不要做。）

又说："最近私底下听到很多议论，对很多事情，有了深入了解，各地以与朝廷意见相反为患；百官又患于君臣之间彼此隔阂。郡国的意见不能上达朝廷，朝廷的诚意则出不了皇宫的殿堂。皇恩无法下布，下情不能上达，实情不一定知道，知道的不一定是实情，上下隔绝，真伪掺杂，怨声嚣嚣，议论沸腾，这种情况下，想要上下坦诚交心，怎么可能！"

又说："集合天下之智以助长自己的聪明，顺应天下人心以施行教令，则君臣同心，谁不听从！远近归心，谁会作乱！"

又说："虑有愚而近道，事有要而似迂。"奏疏递上去十天，皇帝什么反应也没有，也不追问。

## 【华杉讲透】

### 紧急哲学

"虑有愚而近道，事有要而似迂。"有些思想，看起来愚笨，实际上却接近大道；有些事非常紧急，听起来却很迂腐。这句话太深刻，太

本质了！不过陆贽跟德宗皇帝讲这些，完全是对牛弹琴，他百分百听不懂，一个字也听不懂。而我们读《资治通鉴》，就是要读懂这些话。

这句话的思想，我称为"紧急哲学"，什么叫紧急？什么事紧急？

皇帝问现在最紧急的事是什么，可以说陆贽答非所问，所以皇帝很失望，什么也没做，也不再问他。

为什么答非所问呢？因为皇帝说的紧急和陆贽说的紧急，不是一回事。皇帝的紧急，是做什么能马上解决问题，陆贽回答的，当然不能马上解决问题，所以皇帝不满意。那么，怎么做才能马上解决问题呢？答案是怎么做都不能。皇帝想要的东西不存在。积重难返的事，只能从头再来，一点一点地做。陆贽回答的，就是真紧急。就好像我们对一个学生说："你现在最紧急的，就是上课认真听讲，下课完成作业，不要太贪玩。"还有比这更紧急的吗？除此之外还有别的什么吗？这就是"虑有愚而近道，事有要而似迂"。正确道路只有一条，没有"千方百计"。但是学生觉得这还用你说吗？这我还不知道吗？这解决不了我现在的问题！由于不能马上解决，他就不采纳，还是不认真听讲，还是不写作业，还是贪玩，那就一直烂下去了。

皇帝认为陆贽说的道理他都知道，实际上他只是知道那些说法，没有知行合一，不是真知道。如果真知道，他早就去做了。

这样的事太多了，"虑有愚而近道，事有要而似迂"，你跟他讲真正的道理，他觉得"你说的这些，解决不了我的问题"。而他去尝试的那些解决问题的举措呢，只会错上加错，给他制造出新的、更大的问题。


陆贽见皇帝没什么反应，再次上疏，其大略说：

"臣听说，立国之本，在于得到人民拥护，得到人民拥护的关键，在于体察民情。所以孔子说，人情是圣王之田，意思就是，治理国家的大道都在这里。"

又说："《易经》，乾卦在下，坤卦在上，叫'泰'；坤卦在下，乾卦在上，叫'否'；削减上面，补益下面，叫'益'；削减下面，补益上面，叫'损'。如此天在下而地处上，从位置来说是颠倒了，反而称之为'泰'，这是上下交流的缘故。君在上而臣处下，从义来说是顺的，反而称之为'否'，那是上下不交流的缘故。君上能克制自己，而让人民宽裕，人民必定喜悦而尊奉君上了，这岂不就是'益'？君上蔑视人民而放肆自己的各种欲望，人民必定怨恨而叛上了，这岂不就是'损'？"

又说："舟就是君道，水就是人情。舟能顺应水之道，就能浮在水面，违背则会沉没。君王能得人心，地位就稳固；失人心，则危险。所以古代圣王居于人上，必定以他个人的欲望顺从天下人心，而不敢以天下之人顺从他的欲望。"

又说："陛下愤恨藩镇跋扈，习以成俗，妨碍国家治理，于是亲自担负起削平强藩的责任，以明威压制，以严法制裁。但是，流弊时间太久，根深蒂固，积重难返。离得远的，惊疑之下，阻抗朝命，逃命作乱；离得近的，畏惧震慑，苟且避罪。君臣意见相反，上下人心隔阂，君王务在治理，而下面的人心思全在如何防止自己被诛杀灭族。有臣子想要效忠的，又担心君上怀疑他是欺骗，所以君主的睿智和诚意不能下达到臣属，臣属的真情也不能上达于君主。臣往年担任御史，奉准参加朝会，将近半年时间，陛下表情严肃，高高在上，从未降旨询问大家的意见；而群臣惶恐紧张，恨不得朝会早点结束，也不列事奏陈。君臣都在一个房间里，尚且不交谈，以宇宙之广，远在天边的臣子，又如何能自通心意？虽然陛下仍按惯例与待制的使臣谈话；朝会之外，陛下也会单独召见宰辅大臣，但是，这既与众人献言不同，又跟公开进言有别。对还未施行的决策，陛下会警告他们，这是国家机密，不可外传；已经施行的，又告诉他们，朝廷已经决定的事，不要唱反调。如此，渐渐生出拘束阻碍，动则相互猜疑，于是人人隐瞒真情，以言论为忌讳，以至于变乱将起，亿兆同忧，唯独陛下恬然不知，还以为天下太平就要到来！陛下把今天所看到的情况，对照一下之前听到的汇报，孰真孰假，何得何失，就知道陛下之前的信息渠道是通畅还是堵塞，也知道每个人的真伪了！"

皇帝于是派宦官晓谕陆贽说："朕的本性，最愿意推诚，也能纳谏。认为君臣一体，全不提防，而正因为推诚布公，深信不疑，所以多被奸人出卖耍弄。今日所致患害，朕反复思量，原因不在其他，失误就在推诚。又，谏官论事，很少有能慎密的，差不多都是炫耀自夸，归过于朕，以求取自己的声名。朕自从即位以来，见奏对论事的非常多，大抵都是雷同，道听途说，有时我加以质问，他马上就理屈词穷。如果他真有奇才异能，朕岂会舍不得官职擢升他？朕看见一直以来，事情就是这样，所以近来也不愿意随便找人谋议，并不是朕倦于接纳臣属意见。卿应该深深了解朕的心意。"

## 【华杉讲透】

### 糟糕的老板失败后在别人身上找原因

胡三省评论说："德宗致乱之由，诚如赟言。"德宗造成天下大乱的原因，都被陆贽说透了。不过陆贽说得再透彻，德宗也听不懂。为什么呢？他的回答，实在是太生动了！他说自己的本性，就是推诚，而祸乱的原因，正是自己对人太实诚了，对臣下推心置腹，毫不设防，所以被奸臣欺骗。他这个回答，让陆贽的每一句话都白说了。

什么是诚呢？朱熹有一句解释："诚者，不自欺也。"就是不欺骗自己，因为你自己怎么回事，自己知道。德宗说这话，就是自欺欺人了。

诚，又是无私无我，德宗行事，一贯自私自利自我，他说自己"本性甚好推诚"，就是极端自我的表现。真正"推其至诚"的人，根本不会说自己多么有诚意，只是去做。因为当宣称自己有诚意的时候，往往暗含指责对方诚意不足，这就触犯了"己所不欲，勿施于人"的原则。

德宗这段话，我从很多人嘴里听过很多遍，是典型的"糟糕老板思维"，就三句话：

（一）我以诚待人，从无防人之心，所以被下属欺骗。

（二）他们给我的东西，都没什么思想，没什么价值。

（三）他若真有本事，我会舍不得给他升职加薪吗？但是他对我有什么贡献啊？

孟子说："行有不得，反求诸己。"事情不成功，要在自己身上找原因。但是糟糕老板呢，找到的不好原因都在别人身上，自己的原因永远只有一条——都怪我对人太好！

陆贽认为，人君居高临下，应当以诚信为本。进谏的人即使辞情笨拙，意见鄙陋，也应当优容对待，以开言路，如果以威严震慑他，以辩辞来使他们折服，则臣下怎敢尽言，于是再次上疏，其大略说：

"天子之道，与天同理，天不会因为地有恶木而废除万物生长，天子不因为时有小人而废除听谏纳劝。"

又说："信与诚，是最根本的。君王一旦有失于诚信，就无补于治道。陛下说正是自己太过于诚信，才导致祸患，臣私底下认为，这话太过了。"

又说："用智巧来驾驭人，那人们就会用欺诈应付，对人表示怀疑，对方就会苟且惰怠。上级怎么做，下级就会照着做；上级怎么对待下级，下级就会如何回报。如果自己不能竭诚待人，而希望别人对自己坦诚，众人必定怠慢而不从。不诚于前而曰诚于后，众心疑而不信矣。所以，诚信之道，不可一刻离身。愿陛下慎守而行之有加，恐怕不应该为自己曾经以诚待人而后悔！"

【华杉讲透】

### 诚信之道，必须是持续不断的

"不诚于前而曰诚于后"，一针见血地概括了德宗的表现，即之前并无诚心，之后却一口咬定自己满腔诚意。就这次导致兵变的导火索来看，德宗之前给士兵的待遇恶劣，等士兵造反了，又愿意拿出金帛赏赐。这就是"不诚于前而曰诚于后",所以"众心疑而不信",你赏赐啥我们也不要了,我们自己去取!所以,诚信之道,必须是持续不断的,不可一刻离身,要"慎守而行之有加",时刻注意,加倍努力!这在《中庸》里,叫作"至诚无息",无息,就是没有停息,不能对这件事诚,对那件事不诚;也不能对这个人诚,对那个人不诚。诚是自己的事,跟别人诚不诚没关系。

至诚无息,就是无条件的,没有选择性。德宗的问题,是两个选择性,做的时候是选择性地"诚",做之后是选择性地只记得自己"诚"的部分。

陆贽讲得太透彻了,没法再透彻了。但是,还是那句话,无论他怎么讲,德宗也听不懂。一个人选择一种哲学,因为他本身就是那样的人。德宗不是那样的人,所以他永远听不懂。


陆贽又说:"臣听说,仲虺赞扬成汤,不是说他无过,而是称赞他改过;吉甫歌颂周宣王,不是赞美他没有缺点,而是赞美他能补缺。所以,圣贤之意非常明显,就是以改过为能,不以无过为贵。因为人的行为,必定会有过错,无论是上智还是下愚,都不能免于犯错。智者改过而迁善,愚者相反,耻于自己的过错,不承认而坚持错误。能迁善,则他的品德日日更新;坚持过错,则他的恶行不断累积。"

又说:"陛下认为谏官的话,并不严谨,还出去夸耀自己说了啥,或许他们也并不忠厚,但是,这对陛下的圣德,并没有什么伤害。陛下如果能接纳他们的谏劝,那么传出去正可增加陛下的美誉;陛下如果不采纳,又怎么能禁止他们外传?"

又说:"夸大其词,不切实际的话不必采用(比如德宗信任的裴延龄,就是个满嘴跑火车的大话精),质朴合理的话不必违弃(比如德宗后来罢免柳浑,就是因为他说话太直)。言辞拙朴而行事能见效验的人未必愚蠢(比如萧复进谏德宗不要去凤翔,德宗不听,结果第二天就传来凤翔兵变消息),甜言蜜语而以重利引诱的人未必智慧(比如赵赞建议收房产税)。这些都应该据实验证,考虑后果,对谏言是否采纳,只是看它是否有益于国家罢了。"

又说："陛下说'最近看奏对论事的，都是道听途说，相互雷同'。臣私底下认为，既然雷同，就是很多人有一致的意见，足见代表民意，必有可行之处，也要有敬畏之心，恐怕不宜一概轻侮而不反省采纳。陛下又说'稍微质问他们，就理屈词穷'，臣恐怕陛下虽然让他们词穷，未必让他们理屈，能让他们口服，而不能让他们心服。"

又说："臣下没有不愿意尽忠的，君王没有不想把国家搞好的。但是，臣下总是苦于君王不能治理国家，君王总是苦于臣下不能尽忠。这是为什么呢？是上下两情不通的缘故。臣下都希望君王能了解下面的情况，君王也没有不想了解下情的，然而臣下总是苦于不能上达，君王总是苦于下情难知。这又是为什么呢？是九项弊病不能去除的缘故。所谓九弊，君王有六项，臣下有三条。好胜人、耻闻过、骋辩给、眩聪明、厉威严、恣强愎，这六项，是君王之弊；谄谀、顾望、畏懦，这三条，是臣下之弊。君王好胜，必定喜欢听拍马屁的佞辞，君王耻于听到自己的过错，必定忌讳听到直谏，这样，臣下都谄媚阿谀，顺着皇帝旨意说话，而忠实的声音就听不到了。君王能言善辩，驰骋辩辞，必定打断而驳斥谏言，君王喜欢炫耀自己的聪明，必定臆测而怀疑别人是诈伪，这样臣下就会有顾虑而不敢言无不尽，而是察言观色、曲意逢迎，为自己求利了。君威严厉，必然不能平易近人，君王刚愎自用，必定不能承认自己的错误而接受规劝，如此则臣下畏懦之人，为了逃避罪罚，连合情合理的话也不敢说了。以国家之广大、人民之众多、宫阙之重深、尊卑之限隔，全国人民之中，能亲眼见到皇帝的，亿兆之中也没有一个人；能见到皇帝，还能跟皇帝说上话的，又是千万分之一；幸而得到接见交谈的，又有九弊居于其间，则上下之情很难相通了。上情不通于下，人们就疑惑，下情不通于上，则君王猜疑。猜疑则不能接纳忠诚，疑惑则不能听从命令。忠诚得不到接纳，就会转变为悖逆；命令得不到执行，就会加之以刑罚。臣下悖逆，君上严刑，国家能不败亡吗？战乱的日子多，治平的时代少，自古以来就是这样。"

## 做老板，一定要做到无我

这里我们重点了解一下老板的六个毛病：

（一）好胜人，喜欢压人一头，显示自己比别人聪明。

（二）耻闻过，耻于听到自己的过失。这样人家就不说了。

（三）骋辩给，能言善辩，还喜欢辩倒下属。下属敢跟老板提意见已经是鼓起莫大的勇气，老板要强词夺理，他当然就不敢再说了。只要老板要辩论，一定是老板赢。

（四）眩聪明，炫耀自己聪明。要炫耀自己聪明，就不愿意采纳别人的意见。

（五）厉威严，下级在老板面前本来就有压力，你再绷着个脸，下级见了你都躲着走，更别说给你提意见了。

（六）恣强愎，刚愎自用，不听谏劝。

这六条，主要都是太自我。做老板，一定要做到无我。因为你已经太强势，只有无我，才能让下属的能力得到发挥。而让每一个人的能力得到发挥，正是体现领导力的根本所在。

陆贽又说："当年赵文子不善言辞，而成为晋国的贤臣；绛侯周勃木讷，而成为汉朝元辅重臣。可见善辩者未必可信，词穷者未必理屈。知人之难，连尧、舜那样的圣君都觉得难！怎么可以凭着一问一答就认为已经把对方看穿了呢？如果这样来考察天下民情，一定大量失实；以此而轻视天下之士，必定会错过很多人才。"

又说："进谏的人多，正表示我喜欢听取臣属意见；进谏的人说话直，正说明我能包容；进谏的人诬罔，证明我能宽恕；进谏的人把跟我的谈话泄露出去，正彰显我能从善如流。有这几项中的一项，都是盛德。这是人君与谏者相互有益之道。进谏者能得到封爵和赏赐，人君能得到治国安邦的好处；进谏者有献策之名，人君也得到采纳之名。更何况进谏者或许因有失中正而受到批评，而人君纳谏，绝不会招致恶名。如果君王能做到唯恐谏言不够切直，担心天下人还不知道可以进谏，那么纳谏之德就光耀寰宇了。"

皇帝对他的话颇为采用。

## 【华杉讲透】

### 君子最大最难的品德是与人为善

这里说到一个常见的毛病，就是总觉得一句话就把别人看穿了，而且这种看穿往往是带有否定性的，一句话就把对方否定了。

人对他人，有一种天然的否定倾向，否定是稳定状态，肯定则是不稳定的，这是一种人性的缺点。原因在哪里呢？这可以用管理心理学的"自我印象管理"来进行解释。人们总在"管理"自己在大家心目中的印象，如果赞扬某人，就担心自己被其他人"鄙视"——你的见识居然低到赞同他？就像你说某个女明星长得好看，也会被人"鄙视"——你的审美太差了！所以，当人们要赞扬某人或某物时，都要用"免责声明"在前面做挡箭牌——"我虽然并不完全赞同他这个人，但是他有一点我觉得是好的……"你说他哪方面好，就说哪方面得了，为什么要先声明你并不完全赞同他呢？

否定他人，也是人性的一种"自我优越感保护机制"，人总在找自己的优越感，而否定他人，正是通向优越感的捷径。这就是为什么孟子说"君子莫大乎与人为善"的原因了，与人为善，不是对人善，而是看见别人好的地方，就跟着学，照着做。孟子为什么说这是君子最大最难的品德呢？就是因为这需要放弃自己的优越感。

**10** 李怀光按兵不动，数次上表，暴露声扬卢杞等人的罪恶；众论喧腾，也都归咎于卢杞等。皇帝不得已，十二月十九日，贬卢杞为新州司马，白志贞为恩州司马，赵赞为播州司马。宦官翟文秀（曾经是李怀光的监军，事见779年记载），是皇帝所信任的，李怀光又指控他的罪恶，皇帝也因而杀了他。

**11** 十二月二十二日，任命翰林学士、祠部员外郎陆贽为考功郎中（掌管文武官员的功过考核），金部员外郎吴通微为职方郎中（掌天下地图及城隍、镇戍、堡寨、烽候和沿边少数民族内附等事）。陆贽上奏，推辞说："初到奉天，扈从将吏按例只加官两级，如今唯独翰林再次升迁，这样不妥。施行处罚，应该先从地位高、离皇帝近的人开始，然后才到地位低、离得远的人，这样人们就不敢违反命令；赏赐的次序则相反，先从地位低、离得远的人开始，然后才到地位高、离得近的人，这样功劳就不会被遗漏。希望陛下能先录用有大功的人，然后再遍及群臣，那时候，臣也不敢独自推辞。"

皇帝不许。

**【华杉讲透】**

陆贽说了一个赏罚的距离原则，原文为："夫行罚先贵近而后卑远，则令不犯；行赏先卑远而后贵近，则功不遗。"

### 德宗贿赂三王，三王秘密表示效忠

**12** 皇帝在奉天，派人游说田悦、王武俊、李纳，赦免他们的罪名，再以厚重的官爵贿赂他们。田悦等都秘密表示效忠，但是还不敢跟朱滔公开决裂，各自称王如故。

朱滔派他的虎牙将军王郅出使，对田悦说："之前八郎（田悦排行第八）有急，朱滔与赵王（王武俊）不敢爱惜自己的生命，竭力赴救，幸而解围。如今太尉三兄（朱泚排行第三）受命关中，朱滔想要与回纥兵一起前往助战，愿八郎动员部队，与朱滔渡河共取大梁。"田悦内心不愿出兵，但是不忍心拒绝朱滔，于是许诺。朱滔又派他的内史舍人李瑨去见田悦，观察他是否真心。

田悦犹豫不决，密召扈崿等人商议。司武侍郎许士则说："朱滔之前侍奉李怀仙为牙将，与兄长朱泚及朱希彩一起杀李怀仙而立朱希彩。朱希彩对他们兄弟的宠信可以说是到了极致了，朱滔又与判官李子瑗谋杀朱希彩而立朱泚。朱泚做了统帅后，朱滔劝朱泚入朝，而自己为留后，虽然是劝之以忠义，实际上是夺了他的兵权。平生与他同谋共功如李子瑗之徒，被他背弃而杀死的有二十余人。如今他又与朱泚东西相应，假使朱滔得志，朱泚也不为他所容，何况我们这些同盟？朱滔为人如此，大王怎能希望得到他的真心相待而相信他呢？他引幽陵、回纥的十万兵屯驻于郊外，大王出城迎接，就会被他生擒。他囚禁大王，兼并魏国兵马，南向渡河，与关中相应，天下谁还能挡得住他？大王到时候悔之无及。我为大王设计，不如表面假装许诺与他同行，而暗中严密防范，等他来时，大王厚礼迎接慰劳，然后找一个借口，派一员部将，带一部分兵马跟随他。如此，大王外不失报德之名，而内无骤起灾祸之忧了。"扈崿等也都认为这样最好。

王武俊听说李琯到了魏国，派他的司刑员外郎田秀飞驰去见田悦，说："王武俊之前因为宰相处事失宜，担心大祸临头，又因八郎困于重围，所以与朱滔合兵救援。如今天子正在隐忧之中，以恩德化解误会，我们为什么不抓住机会悔过而归顺呢？舍弃九叶天子不侍奉，而去侍奉朱泚与朱滔吗？况且朱泚未称帝之时，朱滔与我等比肩为王，就已经轻视我们了。如果让他平定了汴州、洛阳，与朱泚连衡，那我们都会成为他的俘虏！八郎千万不要与他一起南下，只需闭城拒守。王武俊寻找时机，联合昭义军，将他击灭，与八郎再次扫清河朔，重新担任节度使，共同侍奉天子，这样不好吗？"田悦于是下了决心，欺骗朱滔说："我跟您一起去，必定跟之前的约定一样。"

十二月二十四日，朱滔率范阳步骑五万人，各将领私人军队又一万余人、回纥兵三千人，从河间出发向南，辎重车首尾相连四十里。

**13** 李希烈于汴州攻李勉，驱使百姓运土运木，修筑垒道，准备攻城。因为未能按期完成，李希烈大怒，将民工一起填埋进去，称为"湿薪"。李勉坚守数月，救兵不至，率其部众一万余人逃奔宋州。

十二月二十七日，李希烈攻陷大梁。滑州刺史李澄献出城池，投降李希烈，李希烈任命李澄为尚书令兼永平节度使。

李勉上表请罪，皇帝对他的使者说："朕尚且失守宗庙，李勉不必不安。"待李勉跟从前一样。

刘洽派部将高翼率精兵五千人镇守襄邑，被李希烈攻拔，高翼投水自杀。李希烈乘胜攻打宁陵，江、淮大震。陈少游派参谋温述晋见李希烈，表示归顺，说："濠州、寿州、舒州、庐州，我已下令他们解除防备，放下武器，卷起盔甲，等待您的命令。"又派巡官赵诜前往郓州，结交李纳。

**14** 罢免中书侍郎、同平章事关播，任命为刑部尚书。

**15** 任命给事中孔巢父为淄青宣慰使，国子祭酒董晋为河北宣慰使。

## 德宗下《罪己大赦诏》，四方人心大悦

**16** 陆贽对皇帝说："如今盗贼遍天下，圣驾流亡在外，陛下应该痛切地引咎罪己，以感动人心。当年成汤因为罪己而勃兴，楚昭王因为善言而复国。如果陛下能不吝改过，向天下人道歉，让臣子书写诏书时没有什么避讳顾忌，臣虽愚陋，也可以体会陛下的心意，让反侧之徒革心向化。"皇帝同意，所以奉天时期所下的诏书，就算是骄将悍卒听了，也无不感激挥泪。

术士上言："国家厄运，应该有变更以应时运天数。"群臣请更加尊号一二字。皇帝问陆贽，陆贽上奏，认为不可，其大略说："尊号本来并非古制。行于国泰民安之日，已经显得不够谦虚，在这丧乱之时，尤其有伤事体。"

又说："秦朝德衰无道，兼用皇、帝二字，成为始皇帝。到了后代昏君，才有什么圣刘、天元之类的名号。由此可知，人主轻重，不在名称。减少一些所谓的尊号，有谦逊的美德，能得到稽循古制的美誉；多加尊崇的称号，反将遭到自夸自大、接受谄媚的讥讽。"

又说："如果一定要考虑术数需要，非变更不可，与其增加自己尊号而失去人心，不如废黜已有的旧号以敬奉上天的警诫。"

皇帝采纳陆贽的话，只是改年号而已。

皇帝又把中书所撰写的大赦文告给陆贽看，陆贽上言，认为："用言辞去打动人，力量本来已经很浅，言辞又不恳切，谁能有所感怀呢？而今天子颁布诏书，悔过之意不能不深，引咎之辞不得不尽，以示彻底洗刷弊政，让人们能宣畅心中郁积，人人各得所欲，大家才能听从！同时，把应须改革的事情，一条条详细列清楚，作为附件，一起颁布。除此之外，还有其他值得忧虑的事。臣私底下认为，知道自己过错并不难，改过才难；说一句善言并不难，行善最难。假使赦文写得再精辟，那也只是止于知过言善，不能改过行善，希望陛下再想想这些难以做到的事。"

皇帝认同。

## 【华杉讲透】

成汤罪己，《左传》记载说："禹汤罪己，其兴也勃焉；桀纣罪人，其亡也忽焉。"大禹、商汤罪己而兴，夏桀、商纣归罪于别人，使自己灭亡。之前我们讲过汉武帝的《轮台罪己诏》，现在，唐德宗也要下《罪己大赦诏》了。

楚昭以善言复国，指楚昭王被吴王阖闾攻打，丢失国都出逃，父老们为他送行，楚昭王说："父老们请回吧！还怕没有人做你们的君王吗？"父老们说："我们的国王竟这样贤明。"一起跟从他，有的人奔走到秦国，号哭求救。秦王怜悯他们，为他们出兵复国。

# 兴元元年（公元784年）

**1** 春，正月一日，赦天下，改年号为兴元，皇帝下制说：

"要让国家得到治理，施行教化，必须推诚相待；放下自己，帮助他人，不吝改过。朕嗣位登基，君临万邦，却失守宗庙，流落草莽。不能以身作则，造成如此灾难，过去的事已无可挽回；但永远时刻思过，把希望放到将来。今天，朕坦诚表明心意，以示天下。

"小子唯恐德薄，不能继承祖业，因而从不敢怠慢荒废，但是，毕竟长于深宫之中，不懂经国之务，积久成习，陷于沉溺，居安忘危，不知稼穑之艰难，不体恤征戍之劳苦，恩泽未及于下，下情未能上通，凡事既有拥堵阻隔，人人心怀疑惑隔阂。在这种情况下，仍然未能反省自己，竟然兴师动众，征伐四方，转运粮饷，远达千里，征调车马，远近骚动，壮士离乡，老少送行，全国人民，筋疲力尽，或有一天之内，多次作战，或有一连数年，不能解下盔甲。祭祀无人主持，家室没有依靠，死生流离，怨气凝结，劳役不息，田地荒芜。急征暴敛，政苛令严，百姓疲困，妇女抛下织机，辗转死于沟壑，离去乡间，邑里化为废墟，人烟断绝。天谴于上，而朕不悟，人怨于下，而朕不知道，由此导致祸乱，兵变兴于京师，万品失序，九庙震惊，上累于祖宗，下负于百姓，痛心疾首，罪过实在在于我自己，永怀羞愧哀悼，如同坠入深渊。从今往后，无论朝臣和地方，所上书奏，不得再称呼'圣神文武'之号。

"李希烈、田悦、王武俊、李纳等，都是国家功勋旧臣，为国镇守藩维，朕抚慰驾驭无方，以致心生疑惧；这都是因为上失其道，而下罹其灾，朕实在不像是一个君王，他们又有什么罪？连同他们属下的将吏，朕一切待他们跟从前一样。

"朱滔虽然因朱泚而连坐，但路途遥远，必定没有与朱泚同谋，念及他过去的功勋，自当宽恕，如果他能效顺朝廷，也与他重新开始。

"朱泚反易天常，盗窃名器，暴犯陵寝，他的罪恶，我都不忍心说出口！他获罪于祖宗，朕不敢赦免他。对于他所胁从的将吏百姓等，只要在官军未到京城以前，去逆归顺，并散归本道、本军者，全部赦免。

"诸军、诸道应赴奉天及进军收复京城的将士，全部赐名为奉天定难功臣。

"之前所加收的交易税、房产税、竹税、木税、茶税、漆税、盐铁专卖等，全部停罢。"

大赦令下，四方人心大悦。到了皇帝返回长安的第二年，李抱真入朝，对皇帝说："山东宣布赦书，士卒皆感泣，臣见人情如此，就知道很快要平定逆贼了！"

### 【华杉讲透】

德宗这篇罪己诏在陆贽劝说下写成，为平定祸乱、挽救唐朝起了决定性作用。德宗此时，已经到了说什么都没人信的地步，但是，说什么都没人信，还是要看你说什么、怎么说，如果说得到位，到一个前所未有的位置，还是能赢回人民的信任。所以，陆贽之前就跟他说，要让书写之人行文无所顾忌。

诏书首先自称"小子"，虽然只称了一次"小子"，其他都称"朕"，但是，"朕"能自称"小子"，那就是真把全国人民当父老了。

之后呢，皇帝把罪责全部揽在自己身上，对李希烈、田悦、王武俊、李纳等人，诏书说："皆由上失其道而下罹其灾，朕实不君，人则何罪！"都是我的错，他们是因我而受难，是因为我做得不像一个君王，给他们带来灾祸，他们又有什么罪呢？这个话说得太到位了，胡三省评论说："此等言语，强藩悍将闻之，宜其感服易心。"即便他们不被感化，至少他们也不能拿朝廷对待其如何不公去蛊惑下属了。

对朱泚，皇帝确立的唯一的死敌，诏书说他"盗窃名器，暴犯陵寝，所不忍言，获罪祖宗，朕不敢赦"。所有的罪责都在我，但是朱泚的事跟我没关系，是祖宗的事。这样，把界限划清了，跟罪己诏也不矛盾。

最后，如陆贽所言，光说空话还不行，要把必须改革的事情一条条列清楚同时公布，如取消苛捐杂税，不能笼统地说，而要说明具体取消哪些，一条条列清楚。

孟子说，王天下易如反掌，确实，治理一个国家不难，就是推其至诚。难的是如何面对自己的私心、懒惰、懈怠、侥幸，各种人性的弱点。唐德宗如果一直能听陆贽的，再来一次"贞观之治"，也是易如反掌。但是，唐德宗不是这样的人，发出《罪己大赦诏》，既不是他真的听了陆贽的，也没有很认真地对待这诏书里的内容，因为没有一句话是他想说的，这封诏书把他骂得狗血淋头，他不定怎么怀恨在心呢！全国人民以为是他在骂自己，其实是陆贽在骂他，他只是到了穷途末路，放手让陆贽搞一把罢了。等危机过去了，他就会故态复萌。

所以，无论他说什么，你都不要信；无论他说的是真话还是假话，都是蒙混的不同形式而已。唐德宗在奉天之难之后，更加着力于搜刮钱财，而陆贽呢，还差点被他杀掉。

**2** 任命兵部员外郎李充为恒冀宣慰使。


## 三镇上表谢罪，朱泚更改国号为汉，李希烈建国称帝

**3** 朱泚更改国号为汉，自称汉元天皇，改元天皇。

**4** 王武俊、田悦、李纳见到大赦令，都去除王号，上表谢罪。唯独李希烈自恃兵强财富，准备称帝，派人问颜真卿建国称帝的礼仪，颜真卿说："老夫曾经做过礼官，所记得的，唯有诸侯朝见天子的礼仪罢了！"李希烈于是即皇帝位，国号大楚，改年号为武成。设置百官，任命他的党羽郑贲为侍中，孙广为中书令，李缓、李元平为同平章事。以汴州为大梁府，分其境内为四个节度。李希烈派部将辛景臻去对颜真卿说："不能屈节，就自焚！"在庭院中堆起干柴，浇上膏油，点起大火。颜真卿冲向火堆，辛景臻赶忙拉住他。

李希烈又派部将杨峰带着赦书，去颁赐给陈少游及寿州刺史张建

封。张建封逮捕杨峰，绑到各军营游行示众，然后将其腰斩于街市，陈少游听闻，惊骇恐惧。张建封将陈少游与李希烈交通往来的情况详细汇报朝廷，皇帝喜悦，任命张建封为濠州、寿州、庐州三州都团练使。

李希烈任命部将杜少诚为淮南节度使，派他率步骑兵一万余人先夺取寿州，再前往江都。张建封派部将贺兰元均、邵怡镇守霍丘、秋栅。杜少诚始终无法通过，于是向南，入寇蕲州、黄州，想要截断长江交通。当时皇帝命度支使包佶亲自督办江、淮财赋，逆江而上，运送到皇帝行在。到了蕲口，遭遇杜少诚入寇。曹王李皋派蕲州刺史伊慎将兵七千人拒战，战于永安戍，大破杜少诚军，杜少诚脱身逃走，斩首一万级，包佶这才得以继续前进。后来包佶入朝，详细上奏陈少游强夺财赋的事（事见公元783年记载）。陈少游惧怕，在自己境内横征暴敛，用以偿还。

李希烈认为夏口是长江上游军事要地，派他的骁将董侍招募敢死队七千人袭击鄂州，刺史李兼偃旗卧鼓，闭门以待。董侍把城外民房木材拆下来，用以焚烧城门，李兼率士卒出战，大破董侍军。皇帝任命李兼为鄂州、岳州、沔州都团练使。于是李希烈东边畏惧曹王李皋，西边畏惧李兼，不敢再打江、淮地区的主意了。


**5** 朱滔引兵进入赵境，王武俊准备了丰盛的酒食，犒享他的军队；进入魏境，田悦供应之丰，又比王武俊加倍，迎候的使者络绎不绝，相望于道路。

正月五日，朱滔抵达永济，派王郅去见田悦，约他在馆陶会师，一起渡黄河南下。田悦见了王郅，说："我当然愿意跟从五兄南行，昨日将要出军，将士们勒兵不听指挥，说：'我军刚刚战败，经过一年多的战争，物资储备都空竭了。如今将士们还不能免于冻饿，怎么能全军远征？大王每天亲自慰问安抚，尚且不能安定军心，如果大王离开，早上走，晚上就会发生兵变！'不是我敢有二心，实在是拿将士们没办法！我已令孟祐准备步骑兵五千人，跟从五兄，供砍柴牧马之用。"然后派他的司礼侍郎裴抗等前往，向朱滔道歉。朱滔听闻，大怒，说："田悦逆贼，之前在重重包围之中，命在旦夕，我叛君弃兄，发兵昼夜奔赴，让他得以幸存。他许诺给我贝州，我推辞不取；他尊我为天子，我推辞不受，如今他竟然如此忘恩负义，害我远道而来，他竟托辞不出兵！"即日，派马寔攻打宗城、经城，杨荣国攻打冠氏，都攻拔。又纵容回纥兵抢掠馆陶驿站内的帷幄、器皿、车、牛等而后离去。田悦闭城自守。

正月十日，朱滔遣送裴抗等回去，分兵置官镇守平恩、永济。

**6** 正月十四日，皇帝任命吏部侍郎卢翰为兵部侍郎、同平章事。卢翰，是卢义僖的七世孙。

**7** 朱滔引兵向北，包围贝州，引水灌城，刺史邢曹俊环城拒守。朱滔放纵范阳及回纥兵在诸县大肆抢掠，又攻拔武城，连通之前已经占领的德州、棣州二州，命他们负责供给军食。派马寔率步骑兵五千人屯驻冠氏，以压逼魏州。

**8** 任命给事中杜黄裳为江淮宣慰副使。

**9** 皇帝在行宫四周廊檐下贮藏诸道贡献之物，还挂上牌匾，叫作"琼林大盈库"。陆贽认为，战守之功，将士们的赏赐都还没有颁发，皇帝就划分自己的私人金库，士卒怨愤失望，就不再有斗志了，上疏进谏，其大略说：

"天子与天同德，以四海为家，何必荒废大公之道，而崇尚聚敛私财！降低至尊的身份，去替代一个财赋小吏的司职，辱没万乘之尊，而去效仿一个匹夫聚藏私产，既有违法理，又丧失人心，诱发奸谋，积聚怨愤，这样行事，岂不是太过了？"

又说："之前陛下刚到奉天，什么物资储备也没有，既要抵御城外的凶徒，又要防范城内的危机，昼夜不息，将近五十天，冻饿交加，死伤相枕，上下毕命同力，终于渡过难关。这都是因为陛下不贪图自己的安逸，不放纵自己的私欲，弃绝享受，而与士兵们同劳苦；减少膳食，而

281

分给有功劳的将士。用不着严刑峻法，而人无二心，是因为深受感怀；没有优厚赏赐，而人心不怨，因为陛下的财物已经被全部拿出来了。如今攻城的包围已经解除，衣食已经丰富，而谣言、牢骚、诽谤，随之而起，军心受阻，岂不是因为军人武夫的本性，自以为有功，又贪图利益，患难时和他们有难同当，如今日子好了，却不与他们有福同享，他们内心能没有怨愤吗？"

又说："陛下如果能近的想一想深陷重围的苦难，远的反省一下自己平时放纵私欲的过去，凡在二库的货财，全部拿出来赏赐给有功将士，每次得到珍宝，先给军赏，如此，则祸乱必然被平定，逆贼必定被消平，那时候，再慢慢驾着六匹马拉的御车，回到京师，以天子之贵，还怕受穷吗？这是散小财而成大财，损小宝而固大宝。"皇帝即刻命令撤去"琼林大盈库"的牌子。

### 【华杉讲透】

德宗就这德性，穷途末路的时候，什么都可以给出去；日子稍微缓和一点，就故态复萌。他给那走廊上的财货挂上"琼林大盈库"的牌子，就是告诉大家这些财货是我私人的，不是国家的，你们不要打主意。因为琼林、大盈是他在长安城的两座私库。之前京师兵变是怎么闹起来的？士兵们高喊："我们将要死于战场，却连一顿饱饭都不给，岂能以这条贱命去抵挡刀刃？听说琼林、大盈两座仓库，金帛满盈，都堆不下，要溢出来，不如一起去夺取。"就是要抢皇帝的这两座私库。现在，皇帝在奉天又挂上琼林、大盈的牌子，可以说是相当刺激人了。陆贽进谏之后，他把牌子撤了，但是钱财还是自己守着。皇帝应该守着国家，守着人心；人心失了，国家没了，守着钱，守得住吗？陆贽要他"散小财而成大财，损小宝而固大宝"，他听不懂，陆贽的话，他一句也听不懂。

**10** 宰相萧复曾经对皇帝说："宦官自艰难以来，多为监军，仗恃恩宠，横行霸道。这些人应该只掌管宫掖之事，不宜委之以兵权国政。"

皇帝不悦。萧复又曾经说："陛下即位之初，圣德光耀天下，自从任用杨炎、卢杞，他们黩乱朝政，才导致今天这个局面。陛下如果真的能改变心志，臣敢不竭力？但如果要臣阿谀苟且，臣实在是做不到。"又曾经与卢杞一同奏事，卢杞顺着皇帝旨意说话，萧复正色说："卢杞言不正！"皇帝愕然，退朝之后，对左右说："萧复轻视朕！"

正月十六日，命萧复出任山南东西、荆湖、淮南、江西、鄂岳、浙江东西、福建、岭南等道宣慰、安抚使，实际上是疏远他。不久，刘从一及朝士纷纷上奏请求留下萧复，皇帝对陆贽说："朕考虑到自从迁到奉天以来，江、淮远方，或许传闻过实，想要派重臣去宣旨慰问，与宰相及朝士们商议，他们也都认为应该如此。但现在又如此反复，朕为此怅恨好多天。想来是不是萧复后悔了，不想去，指使他们上奏？卿知道萧复为人如何吗？他不想走，这是什么意思？"陆贽上奏，认为："萧复刻苦修身，砥砺名节，一心要做一个清廉忠贞之臣，行事虽然不见得完美，他的品行我却可以担保。要说轻诈如此，萧复绝不可能。而且，就算是萧复想要留下不走，刘从一又怎肯附会他？如果说他们前后所言矛盾，希望陛下公开明确地质问他们，听他们解释。如果是萧复请求刘从一替他上奏，那刘从一又怎么会替他隐瞒？如果刘从一解释清楚他为什么要上奏，那萧复不应当被怀疑。陛下为什么不把事情搞清楚，而闷在心里怅恨呢？查明事实，就不会迷惘疑惑；给他们辩明的机会，就不会让人冤枉。人生最大的迷惑是被欺诈而不能搞清楚真相，最惨痛的冤屈是被怀疑而又不给机会辩解。如此，让真假掺糅，忠邪不分。这实在是君上驾御臣下的关键，请陛下留意。"

皇帝不再追究，也没给他们机会为自己辩解。

### 【华杉讲透】

来说是非者，就是是非人，皇帝自己心里有小算盘，就是要把萧复撵走，却跟陆贽说一通不明不白的话："卿知道萧复为人如何吗？"这是嚼舌头的口气，难为陆贽给他回答了。得不到陆贽的呼应，皇帝也就不再追究，因为他自己心里知道怎么回事，他不想给他们机会把事情搞清楚。

萧复呢，皇帝撵人，应该马上就走，"君命召，不俟驾而行"，这是《论语》的规矩。再有，"以道侍君，不可则止""用之则行，舍之则藏"，别给皇帝添麻烦。

**11** 正月十九日，皇帝任命王武俊为恒、冀、深、赵节度使。正月二十日，加授李抱真、张孝忠为同平章事。正月二十四日，加授田悦为检校左仆射。任命山南东道行军司马樊泽为本道节度使，前深、赵观察使康日知为同州刺史、奉诚军节度使，曹州刺史李纳为郓州刺史、平卢节度使。

【胡三省注】

把赵州给王武俊，所以把康日知调走，在同州设置奉诚军以安置康日知。李纳本为同州刺史，他的父亲李正己去世时，李纳自领军务，没有朝廷任命，这次正式授任给他，所以先叙其本职，再加以任命。

**12** 正月二十六日，加授刘洽为汴、滑、宋、亳都统副使，知都统事，李勉把部众全部交给刘洽。（李勉失守汴州，事见公元783年记载。）

**13** 正月二十九日，禁军六军各自设置统军，官阶为从三品，以示对勋臣的尊宠。

**14** 吐蕃尚结赞请求出兵协助唐朝收复京城。正月二十八日，派秘书监崔汉衡出使吐蕃，发兵。